Guía del embarazo y eneagrama

3 libros en 1

Mamá primeriza: Qué esperar cuando estas esperando + Eneagrama: Descubre tu verdadero camino con los 9 tipos de personalidades (guía para principiantes)

Madre primeriza: Prepárate para el embrazo

La nueva guía de supervivencia para mamá con todos los tips que necesitas saber mientras estás embarazada

Tabla de Contenidos

Introducción 7
Capítulo 1 - Comienza el viaje 10
   Lista de cosas que una mujer embarazada debe dejar de hacer 10
   La verdad sobre el aumento de peso durante el embarazo 15
   ¿Qué sucede con la aparición de las estrías? 17
   5 suplementos para mejorar la salud de la madre y el bebé 19
Capítulo 2 - El primer trimestre 23
   10 síntomas comunes del primer trimestre y cómo lidiar con ellos 24
   ¿Cuándo llamar a su médico? 28
   5 maneras en que su cuerpo cambiará en el primer trimestre 29
   ¿Qué es una Doula y cómo pueden ayudar? 30
Capítulo 3 - El segundo trimestre 34
   Ejercicios del suelo pélvico que todas las madres deben saber 35
   5 maneras de crear vínculos con su bebé 36
   Preste atención a estos signos de preeclampsia 38
   Las mejores maneras de ejercitarse en el segundo trimestre 39
   10 ideas divertidas para el segundo trimestre 41
Capítulo 4 - El tercer trimestre 45
   Lista de cosas que una madre primeriza debe hacer durante el tercer trimestre 45
   Lactancia materna vs. alimentación con leche de fórmula 48
   ¿Cómo lidiar con el insomnio del tercer trimestre? 51
   Señales de iniciación de trabajo y lo que significan 52
   Contracciones de Braxton Hicks vs. Contracciones de trabajo de parto 54
   ¿Cómo se induce el trabajo de parto de manera segura y natural? 55
Capítulo 5 - Preparación para el gran día 58
   Empaque estos 13 elementos esenciales en su bolsa de hospital .. 58
   22 necesidades de un nuevo bebé y de una madre primeriza 61
   ¿Cómo empezar a crear un plan de parto? 68

Capítulo 6 - Parto y trabajo de parto 71
   10 datos poco conocidos que debe saber sobre el parto vaginal y el trabajo de parto 71
   4 cosas que debe hacer para una cesárea más segura 75
   La verdad sobre la anestesia epidural 76
   7 trucos útiles para expulsar al bebé 77
   Las mejores posiciones para pujar con una epidural 79
   7 datos poco conocidas sobre las cesáreas 79

Capítulo 7 - Cuidados posparto 82
   Lo que toda madre debe hacer después del parto 82
   9 efectos completamente normales a largo y corto plazo del embarazo y del parto 83
   ¿Cómo ayudar a sanar el cuerpo después del parto? 86
   Todo lo que necesita saber sobre la depresión posparto 88
   9 ideas para el autocuidado del alma de una madre primeriza 89

Capítulo 8 - Su bebé recién nacido 93
   11 datos que debe saber sobre los bebés recién nacidos 93
   6 reglas que debe saber sobre la alimentación con fórmula 95
   Alimentos que se debe limitar o evitar mientras amamanta 96
   ¿Cómo prevenir el Síndrome de muerte súbita infantil? 99
   ¡Es la hora del baño! 101

Conclusión 105
Plan alimenticio de 30 días 108
   Semana 1 108
   Semana 2 110
   Semana 3 112
   Semana 4 114
   Semana 5 116
   Lista de bocadillos 117

Introducción

Está a punto de convertirse en madre por primera vez, ¡felicidades! Estos meses serán algunos de los más especiales de toda su vida y también, algunos de los más desafiantes. Por muy contenta que esté de traer una nueva vida al mundo, lo más probable es que también esté increíblemente nerviosa. Llevar un niño no es como dar un paseo por el parque, como probablemente lo ha oído. Y cuando es su primera vez, es un territorio nuevo e incierto. Probablemente se encuentra preocupada por la forma en la que su cuerpo está cambiando, las nuevas sensaciones que está experimentando y, sobre todo, se está preguntando cómo puede mantener sano a su bebé cuando hay tanta información sobre lo que debe hacer y lo que no. Si se siente abrumada por este nuevo capítulo de su vida, nadie la culpará.

El punto es que el embarazo no tiene que ser un momento de confusión y ansiedad. Esta puede ser una experiencia completamente nueva, pero eso no significa que tenga que estar llena de preocupaciones. Todo lo que necesita es la orientación correcta y la información útil y precisa que le sea de fácil acceso en todo momento. Con este libro a su lado, usted puede hacer una transición segura a su papel de madre primeriza. Cada capítulo la guiará a través de los muchos pasos de su embarazo, para que nunca se sienta insegura. No sentirá más estrés ni ansiedad. Solo el total conocimiento y toda la preparación que usted necesita para ser la madre más competente para su nuevo bebé.

En este libro, cada trimestre será completamente desmitificado. Obtendrá información detallada sobre cada trimestre de manera específica y lo que su bebé necesita de usted en cada uno de ellos. Entenderá sus síntomas, cómo manejarlos, las actividades que debe evitar a toda costa, qué comer para la salud óptima de su bebé, cómo prepararse para el trabajo de parto y el nacimiento, y mucho más. Si tiene una pregunta, yo tengo una respuesta. Eche un vistazo a este libro cuando no esté seguro de algo.

Como orgullosa madre de cinco hermosos y saludables niños, puedo decir con seguridad que tengo mucha experiencia cuando se trata del embarazo y el cuidado del bebé. Recuerdo vívidamente lo que fue estar embarazada por primera vez, devoré muchos libros frustrada porque no pude encontrar *uno solo* para cubrir todo. Durante más de una década orienté a mis amigas en sus primeros embarazos, comencé el popular club "Mamá Feliz, Bebé Feliz" en mi ciudad natal y, por supuesto, amplié mis conocimientos a medida que cada uno de mis otros bebés llegaba. No hay dos embarazos iguales, pero lo que he aprendido es que el mejor consejo y apoyo siempre viene de una madre experimentada.

Con los mejores consejos a su alcance, podrá enfrentar las complicaciones del embarazo con confianza. Usted puede concentrarse en su propio bienestar físico y emocional para que, cuando llegue su bebé, sea llevado al mejor ambiente posible. Ninguna madre le dirá que el embarazo es fácil, pero *puede* ser es una experiencia clarificadora y fortalecedora para la vida de la maternidad que está por venir. Con este libro, tendrá todas las herramientas que necesita para tomar el camino correcto.

Las personas a las que capacito y las amigas a las que he apoyado durante sus primeros embarazos siguen agradeciéndomelo hasta el día de hoy. Aunque todas las madres saben que no existe tal cosa como un embarazo "experto", me han dicho que me acerco lo más posible. Los secretos que comparto con las personas a las que ayudo son exactamente los que revelaré en este libro. Usted también puede cosechar los beneficios con los que he visto florecer a otras madres.

Cuando se trata de la preparación para el embarazo, no existe tal cosa como retrasarlo para después. Su bebé en ciernes necesita condiciones específicas *ahora*; ¿usted se está preparando o no? Los primeros días son algunos de los más cruciales para el desarrollo de su bebé, ya que todavía está en riesgo de un aborto espontáneo. Asegúrese de obtener la ayuda correcta tan pronto como sea posible, para que pueda poner a su bebé en el camino hacia una salud óptima.

La oportunidad de ser una buena madre no solo surge cuando su bebé nace, la oportunidad ya está aquí. Lo es ahora. Las decisiones que usted toma mientras su hijo está en su vientre tienen el potencial de afectar su vida entera. No tropiece con la maternidad. Tome medidas enérgicas y empoderadas. Al pasar la página, tenga la seguridad de que el primer paso firme comienza.

Capítulo 1 - Comienza el viaje

Con una década de formación sobre embarazos a mis espaldas, he notado muchas similitudes entre todas las madres primerizas, especialmente en los primeros días. Una vez que la emoción y la alegría de sus buenas nuevas se han asentado, ellas tienen las mismas preocupaciones. "¿Tengo que cambiar mi estilo de vida actual?", este es el meollo de la mayoría de sus preguntas. Me preguntan: "¿Cómo puedo evitar aumentar tanto de peso?" o "¿Cómo puedo prevenir las estrías?". Las nuevas mamás tienden a sentirse culpables por hacer estas preguntas, ¡pero no hay razón para hacerlo! Un bebé cambia todo y eso incluye tu cuerpo. Está bien tener momentos en los que se sienta abrumada, en los que parezca que el mundo se está derrumbando bajo tus pies. Sea paciente consigo misma y sepa que es mucho más fácil empezar a navegar cuando lo hace paso a paso.

En el presente capítulo, trataré todas las primeras preocupaciones que he escuchado de las madres primerizas. Todo lo que necesita saber inmediatamente está aquí, ya que es probable que se aplique a todo su embarazo. El viaje ha comenzado. ¡Acéptelo!

Lista de cosas que una mujer embarazada debe dejar de hacer

Cuando está embarazada, lo último que debería hacer es seguir haciendo su vida como siempre. Usted ya no es la única persona afectada por su dieta y sus hábitos, ahora hay una nueva vida a bordo. Y en algunos casos, el "hacer su vida como siempre" puede tener consecuencias desastrosas en la nueva vida que está creando. Una vez que sepa que está esperando un bebé, tendrá que desechar todos y cada uno de los hábitos que están en esta lista. Esto no es negociable. Es absolutamente esencial que usted y su bebé estén seguros y sanos.

1. **Fumar y el humo de segunda mano**

Fumar puede tener un impacto extremadamente negativo en la salud de su bebé y en su embarazo en general. Las mujeres embarazadas que fuman son mucho más propensas a tener un aborto espontáneo, pasar por un parto prematuro o un embarazo ectópico. Y lo crea o no, el humo de segunda mano es igual de dañino. La exposición puede conducir a las mismas consecuencias que el fumar e incluso puede resultar en problemas de comportamiento o de aprendizaje en el niño en crecimiento.

2. Tareas que involucren productos químicos y gases fuertes

Las mujeres embarazadas no reciben un pase libre en todas las tareas domésticas, pero definitivamente debe evitar las tareas que involucran productos químicos pesados como limpiadores de hornos, productos en aerosol y pesticidas. Es difícil mantenerse alejado de todos los productos químicos, así que si no está segura de si lo que está usando es seguro, lea la etiqueta de advertencia y las instrucciones. Si usted es la única persona que limpia en la casa, considere recurrir a opciones naturales como el bicarbonato de sodio y el vinagre, que a menudo pueden hacer un trabajo igualmente eficiente. Además de esto, siempre use guantes de goma cuando manipule productos de limpieza y asegúrese de que algunas ventanas estén abiertas para que su casa tenga una excelente ventilación. ¡Estas prácticas pueden hacer toda la diferencia!

3. Todo tipo de alcohol

En la actualidad, dejar el alcohol es bien conocido como una parte esencial de un embarazo saludable, ¡y por buenas razones! Cuando una mujer embarazada bebe alcohol, éste llega a su bebé. Esto se debe a que el alcohol puede pasar a través del torrente sanguíneo hasta la placenta. Esto puede dañar el cerebro y los órganos del bebé, resultando en defectos de nacimiento, daño cerebral, mortinato, un aborto espontáneo y más. Durante el embarazo deben evitarse todos los tipos de alcohol, incluyendo el vino, la cerveza y el licor.

4. Más de 200 mg de cafeína

No es necesario que deje el café o el té verde por completo cuando está esperando un bebé, pero sí debe evitar consumir grandes cantidades. Consumir demasiada cafeína pone a las mujeres en un mayor riesgo de aborto espontáneo. Además, los estudios han demostrado que la cafeína puede entrar en la placenta, esto significa que cuando usted ingiere cafeína, también lo hace su bebé. La cafeína puede darle un ligero *zumbido*, pero considere el efecto que puede tener en un ser recién formado sin un metabolismo desarrollado. Si es una bebedora de café, limítese a una taza al día y nada más. Tenga en cuenta que muchas sodas y bebidas energéticas también contienen cafeína. Si le gusta tomar este tipo de bebidas, preste mucha atención a la cantidad de cafeína que contienen.

5. Pescado con alto contenido de mercurio

El pescado puede ser muy beneficioso para la dieta de una mujer embarazada, pero el pescado con alto contenido de mercurio es algo totalmente diferente. Se aconseja a las mujeres embarazadas o en período de lactancia que no consuman peces que contengan grandes cantidades de mercurio en su carne. Esto significa que no se permite el atún, el tiburón, la caballa ni el pez espada.

6. Productos lácteos no pasteurizados

Las mujeres embarazadas *y* los bebés deben evitar los productos lácteos no pasteurizados. En otras palabras, cualquier cosa hecha de leche sin procesar, como el queso sin pasteurizar y, obviamente, la propia leche cruda. El proceso de pasteurización mata las bacterias dañinas, así que cuando usted consume leche cruda, existe la posibilidad de que contenga microorganismos peligrosos con el potencial de presentar consecuencias que pongan en peligro su vida y la de su hijo. Un estudio publicado por el Departamento de Salud Pública de Minnesota reveló que una de cada seis personas que beben leche cruda se enfermará. Se aconseja que todas las mujeres embarazadas lo hagan de forma segura y eviten consumir cualquier forma de leche cruda de cualquier animal.

7. Limpieza de la arena para gatos

Si usted tiene un gato, asigne las tareas de limpieza de la arena del gato a su pareja, miembros de su familia u otros compañeros de su casa. Por muy adorable que sea su gato, podría ser portador del parásito

Toxoplasma Gondii, que podría transmitirle a través del contacto con los residuos de su gato. Este parásito puede causar una infección llamada toxoplasmosis y si usted se infecta durante el embarazo, puede resultar en grandes problemas para el bebé o para su embarazo, como mortinatos o abortos espontáneos. Si no hay nadie más que cambie la arena del gato, entonces tome precauciones adicionales usando guantes, solo alimentando a su gato con comida seca, lavándose bien las manos y manteniendo a su gato en casa.

8. **Levantamiento de peso**

Las mujeres embarazadas deben evitar todas las formas de levantamiento de peso, ya que la tensión causada puede causar diferentes tipos de daño, dependiendo del trimestre. En el primer trimestre, el esfuerzo por levantar objetos pesados puede desencadenar un aborto espontáneo. En los trimestres posteriores, los riesgos solo aumentan. Debido a los cambios hormonales durante el embarazo, los ligamentos del suelo pélvico y las articulaciones de la mujer se aflojan, lo que los hace más propensos al daño y al estrés. Un suelo pélvico debilitado puede provocar grandes problemas de incontinencia (incapacidad para controlar la micción) o incluso puede provocar el colapso del útero dentro de la vagina (prolapso). Aunque algunas mujeres corren más riesgo que los excesos, una regla general es evitar levantar objetos pesados por completo y buscar a alguien que la ayude.

9. **Algunos tipos de ejercicio**

El ejercicio es altamente recomendado para todas las mujeres embarazadas, pero ciertos tipos deben evitarse. Los siguientes ejercicios presentan una variedad de riesgos y no son adecuados para mujeres embarazadas:

- Cualquier cosa que involucre saltar, rebotar o brincar.
- Ejercicios con movimientos espasmódicos o cambios bruscos de dirección.
- Deportes de contacto como el fútbol, boxeo, baloncesto o el hockey sobre hielo.
- Ejercicios abdominales que involucran acostarse boca arriba.
- Ejercicios que requieren acostarse boca abajo.

- Actividades con riesgo de caídas como escalada, esquí, gimnasia y equitación.

10. Ciertos medicamentos de venta sin receta

A las mujeres embarazadas se les aconseja no tomar los medicamentos que usaban antes del embarazo, a menos que hablen primero con un médico al respecto. Muchos medicamentos aparentemente inofensivos de venta sin receta, como la aspirina o el ibuprofeno, son increíblemente riesgosos durante el embarazo. En el primer trimestre, pueden provocar un aborto espontáneo y, más adelante, pueden provocar defectos de nacimiento en su bebé. Una buena regla empírica es hablar siempre con su médico antes de usar cualquier tipo de medicamento.

Guía del embarazo

La verdad sobre el aumento de peso durante el embarazo

Es bien sabido que el aumento de peso debe esperarse durante el embarazo. Aunque la cantidad de peso que se gana varía de una mujer a otra, hay muchas que ganan una gran cantidad de peso y, desafortunadamente, esta perspectiva puede preocupar a algunas madres primerizas. Por supuesto, las nuevas madres no deberían preocuparse por el peso que están ganando, siempre y cuando ellas y sus bebés estén sanos, eso es todo lo que importa. A pesar de ello, es completamente comprensible si algunas mamás quieren controlar su peso y, en algunos casos, deben ser orientadas.

La mayoría de las madres no serán obesas durante el embarazo, que es el único momento en que el aumento de peso puede convertirse en un riesgo significativo. Las madres obesas tienen un mayor riesgo de preeclampsia, diabetes gestacional y parto prematuro. Por lo tanto, si ya tenía sobrepeso antes de quedar embarazada, preste mucha atención a los siguientes datos.

- **Usted no necesita calorías adicionales en su primer y segundo trimestre de embarazo.**

Todos hemos escuchado la frase "comer por dos" usada en mujeres embarazadas, pero desconocido para la mayoría, esto no se refiere a la cantidad de comida ingerida. Las mujeres embarazadas no necesitan comer el doble en el primer y segundo trimestre. No son las calorías de las que necesitan más, sino los nutrientes. En lugar de comer cantidades mayores, necesitan concentrarse en alimentos más ricos en nutrientes. El concepto erróneo de "comer por dos" puede llevar a un aumento de peso innecesario.

- **La cantidad de peso que necesita aumentar depende de su peso inicial**

La mujer promedio necesita aumentar entre 25 y 35 libras para un embarazo saludable, pero algunas pueden necesitar ganar menos o más, dependiendo de cuánto pesan. Cuanto menos peses actualmente, más tendrás que ganar y cuanto más peses, menos tendrás que ganar.

Las que están por debajo de su peso necesitarán aumentar entre 28 y 40 libras, mientras que las que tienen sobrepeso solo deben aumentar entre 15 y 25 libras. Si usted está embarazada de más de un bebé, espere que estos números sean más altos.

- **El peso no es solo grasa**

El aumento de peso es crucial para su embarazo y eso se debe a que no solo está aumentando de peso. De hecho, si una mujer aumenta 35 libras durante el embarazo, solo de 5 a 9 libras serán en reservas de grasa. El aumento del tejido mamario, el suministro de sangre, el crecimiento del útero, el líquido amniótico, la placenta y, por supuesto, el propio bebé, todos ellos asumen ese peso extra. Engordar menos podría significar darle a su bebé menos de lo que necesita para estar completamente sano, así que no intente engordar menos de lo recomendado.

- **El aumento de peso no es consistente**

Usted no aumentará de peso de manera constante durante su embarazo. Pasará muchas semanas permaneciendo en un peso consistente, pero también notará veces, por lo general en el segundo trimestre, donde el aumento de peso ocurre muy rápidamente. Y más tarde en el tercer trimestre, a medida que se acerca la fecha prevista de parto, todo el aumento de peso se detendrá.

- **El ejercicio seguro puede mantener el exceso de grasa alejado**

No solo ayudará con el aumento de peso, sino que también puede aliviar los dolores y molestias durante la última etapa del embarazo. Lo importante es que el ejercicio no sea demasiado agotador. La manera perfecta de mantenerse activo es hacer que caminar sea parte de su rutina. Los médicos recomiendan comenzar con al menos diez minutos de caminata al día y añadir diez minutos cada mes. Y recuerde, ¡la caminata que hace mientras hace sus quehaceres también cuenta! Si le gustaba correr antes de quedar embarazada, siéntase libre de seguir haciéndolo.

¿Qué sucede con la aparición de las estrías?

Cuando la piel se estira debido al rápido aumento de peso, puede provocar estrías. Durante el embarazo, las mujeres pueden tener estrías en el vientre, los senos, muslos, la parte superior de los brazos y, a veces, incluso en los glúteos. Las estrías frescas a menudo aparecen ligeramente rojas o moradas, pero a medida que envejecen, se desvanecen a un color blanco o plateado.

Desafortunadamente, no hay una manera segura de evitar las estrías por completo. Nueve de cada diez mujeres las adquieren hasta cierto punto durante el embarazo. La genética también jugará un papel importante en la determinación de si se producen estrías y su apariencia. Si sus padres o abuelos desarrollaron estrías, es más probable que usted también lo haga.

Incluso si usted está genéticamente predispuesto a tener estrías, hay medidas que puede tomar para reducir sus probabilidades. Las siguientes prácticas han demostrado ayudar a minimizar y prevenir las estrías:

Obtenga suficiente vitamina D

Los estudios han demostrado que los bajos niveles de vitamina D pueden aumentar la probabilidad de contraer estrías. Para aumentar los niveles de esta importante vitamina, considere comer alimentos fortificados con vitamina D (muchos tipos de cereales, leche o yogur) o exponerse más al sol.

Manténgase hidratada

Las estrías son mucho más propensas de aparecer en la piel seca, así que para evitarlas, asegúrese de mantener su piel hidratada. Considere el uso de cremas y aceites de marcas como Mederma, Earth Mama o Bio-Oil, que se sabe que ayudan con las estrías existentes, así como con la prevención.

Manténgase hidratada internamente

La hidratación exterior es importante, pero aumentar la ingesta de agua y los niveles de humedad en el interior puede ser mucho más beneficioso para la prevención de las estrías. Cuando su cuerpo está completamente hidratado, su piel se suaviza y es, por lo tanto, mucho menos propensa a desarrollar estrías. A las mujeres con piel seca les resultará mucho más difícil evitar las cicatrices del aumento de peso.

Obtenga mucha vitamina C

Con o sin estrías, se sabe que la vitamina C es altamente beneficiosa en la búsqueda de una piel sana. Esto se debe a que la vitamina C juega un papel crucial en la producción de colágeno de su cuerpo, una proteína importante responsable de la elasticidad de su piel. Para aumentar sus niveles de vitamina C, coma más frutas y verduras o considere tomar un suplemento de vitamina C.

Controle el peso de su embarazo

Una madre nunca debe limitar su ingesta de nutrientes en la búsqueda de ser de menor talla, pero las madres *pueden* limitar la cantidad de alimentos que comen. Concéntrese en comidas pequeñas pero frecuentes, ricas en todos los nutrientes que necesita. Y cuando pueda, ¡trate de evitar los antojos de comida poco saludable!

Trate las estrías tan pronto como aparezcan

Cuanto antes trate las estrías, mayor será la probabilidad de que mejoren su apariencia. Una vez que vea que se forman marcas púrpuras o rojas, asegúrese de untarse un producto o crema hidratante confiable para el control de las estrías. Para obtener mejores resultados, deberá tratar la zona afectada diariamente, incluso si no ve los resultados tan rápido como desea. Hasta aquellas que hidratan diligentemente pueden terminar esperando un mes para ver grandes mejoras.

5 suplementos para mejorar la salud de la madre y el bebé

Tan pronto como usted quede embarazada, su cuerpo comienza a demandar más nutrientes. Esto es cierto en el caso de los macronutrientes como las proteínas, las grasas y los carbohidratos, pero es especialmente cierto en el caso de los micronutrientes, que incluyen vitaminas y minerales. Para asegurarse de que está satisfaciendo esta creciente demanda, se recomienda que las mujeres se comprometan a consumir una dieta rica en nutrientes o, al menos, que hagan de los suplementos una parte de su rutina diaria. Si usted está experimentando una fuerte aversión a la comida o náuseas durante su embarazo, va a querer mantener una reserva de estos suplementos para que pueda recibir los nutrientes que necesita.

Además de estos suplementos, asegúrese de hablar con su médico sobre las mejores vitaminas prenatales que puede tomar. Tus vitaminas prenatales cubrirán una buena parte de tus necesidades de nutrientes, pero no todo. Siempre es mejor saber qué le dan sus vitaminas prenatales y qué es lo que necesita para obtener la mayor parte de lo que recibe en otros lugares.

Tenga en cuenta que todos los suplementos de esta lista han sido considerados seguros por profesionales de la salud. Si está considerando tomar un suplemento que no está en esta lista, hable con un médico antes de hacerlo.

Ácido fólico

Cantidad recomendada: 600 mcg

Fuentes naturales: Espárragos, huevos, betarragas, palta, espinacas, brócoli.

La vitamina B9, comúnmente conocida como ácido fólico, es conocida por ser vital para el desarrollo y la salud general de un bebé en crecimiento. Numerosos estudios han demostrado que el ácido fólico es directamente responsable de reducir el riesgo de ciertos defectos y anormalidades congénitas. Los médicos incluso recomiendan un suplemento de folato para las mujeres que intentan quedar embarazadas, ya que la ingesta antes del embarazo trae aún más beneficios. A pesar de que es posible, la mayoría de las mujeres no comen suficiente folato a través de su dieta exclusivamente, por lo que un suplemento puede ser de gran ayuda.

Vitamina D

Cantidad recomendada: 50 mcg

Fuentes naturales: la luz solar, pescados grasos como el salmón o la caballa, yemas de huevo, alimentos fortificados con vitamina D, incluidos los lácteos y algunos cereales.

La deficiencia de vitamina D es, desafortunadamente, muy común, no solo en las mujeres embarazadas sino en todas las personas. En el embarazo, una ingesta inadecuada de vitamina D se ha relacionado con fracturas óseas, crecimiento óseo anormal, preeclampsia, vaginosis bacteriana y raquitismo en los recién nacidos. La vitamina D es un nutriente esencial para todas las mujeres embarazadas, ya que juega un papel importante en la formación de los huesos y dientes de su bebé. A diferencia de la mayoría de las otras deficiencias vitamínicas, es posible que tenga deficiencia de vitamina D y no presente síntomas obvios.

Hierro

Cantidad recomendada: 27 mg

Fuentes naturales: ostras, almejas, mejillones, hígado de pollo o de vaca, espinacas.

Su volumen de sangre materna aumentará en un 50% durante el embarazo, así que esto significa que su necesidad de hierro también. El hierro ha demostrado ser crucial para el desarrollo saludable tanto del feto como de la placenta. La deficiencia de hierro, o anemia, se ha relacionado con un mayor riesgo de anemia infantil, parto prematuro e incluso depresión para la futura madre. En el caso del hierro, es importante que solo se consuma la ingesta recomendada y no más que eso. El exceso de hierro puede provocar vómitos, estreñimiento y muchos otros efectos secundarios desagradables.

Magnesio

Cantidad recomendada: 310 mg

Fuentes naturales: Chocolate negro, palta, almendras, castañas, tofu, semillas de calabaza, semillas de lino, espinacas.

La necesidad de magnesio de una mujer aumenta durante el embarazo, y dado que se excreta en mayores cantidades a través de la orina o el vómito (náuseas matutinas), se aconseja que las madres repongan sus niveles de magnesio a través de su dieta o suplementos. Los estudios han demostrado que una deficiencia de magnesio en mujeres embarazadas conduce a un mayor riesgo de parto prematuro, preeclampsia y restricción del crecimiento fetal. Sin embargo, niveles suficientes de magnesio se han relacionado con la reducción de calambres durante el embarazo y, lo crea o no, ¡recién nacidos con mejores ciclos de sueño!

Yodo

Cantidad recomendada: 260 mcg

Fuentes naturales: Bacalao, yogur natural, requesón, camarones, huevos.

Nuestra necesidad diaria de yodo es extremadamente pequeña en comparación con otras vitaminas y minerales, pero esa pequeña cantidad es muy importante. En las mujeres embarazadas, el yodo ayuda a la tiroides regulando las hormonas que controlan la frecuencia cardíaca, el metabolismo y otras funciones. Las madres que no obtienen suficiente yodo aumentan significativamente el riesgo de que su bebé nazca con una tiroides subdesarrollada. Esto puede causar sordera en los niños, defectos congénitos, discapacidades de aprendizaje, un coeficiente intelectual bajo y mucho más. Debido a que demasiado yodo también puede presentar riesgos serios, los médicos recomiendan tomar un suplemento de yodo con solo 150 mcg y nada más.

Antes de sumergirnos en el primer trimestre, por favor tenga en cuenta que todo lo que se encuentra en este capítulo se aplica a todo el embarazo. Haga que los buenos hábitos formen parte de su rutina diaria y, eventualmente, tanto usted como su bebé cosecharán los beneficios.

Capítulo 2 - El primer trimestre

¿Sabías que el primer trimestre comienza antes de que estés embarazada? Desconocido para la mayoría, el Día 1 no es el día de la concepción, sino el primer día de su último período antes de quedar embarazada. El primer trimestre dura desde este día hasta el final de la semana 12. Cuando una mujer descubre que está embarazada, por lo general ya tiene cinco o seis semanas de embarazo. En este punto, generalmente se puede detectar un latido cardíaco. Aunque parezca mentira, su bebé crece más rápidamente en el primer trimestre que en cualquier otro trimestre. En tan poco tiempo ocurren más cambios que en cualquier otro momento del embarazo. ¿Tiene curiosidad por saber cuáles son estos cambios? Aquí están algunos de los mayores desarrollos del primer trimestre:

- El óvulo fertilizado se ha implantado en el útero, donde seguirá creciendo durante los próximos ocho o nueve meses.
- El embrión comenzará a dividirse en tres capas. La capa más alta eventualmente formará la piel, los ojos y las orejas de su bebé. La capa media se convertirá en los huesos, riñones, ligamentos y la mayor parte del sistema reproductivo del bebé. Y desde la capa inferior, los otros órganos de su bebé, como los pulmones y los intestinos, comenzarán a desarrollarse.
- En el momento en que la semana 12 empieza, los músculos y huesos de su bebé se han formado, así como todos los órganos de su cuerpo. Tiene una forma humana distinguible y ahora puede llamarse oficialmente feto.

A medida que se producen estos grandes acontecimientos, el cuerpo de una madre comienza a experimentar muchos sentimientos nuevos. Es probable que ya esté pasando por algunas de estas cosas. Tengan la seguridad de que todo es parte del proceso que es la formación de la vida.

10 síntomas comunes del primer trimestre y cómo lidiar con ellos

Comenzará a sentirse embarazada mucho antes de que empiece a parecerlo. Puede ser en los primeros días, pero el primer trimestre todavía está lleno de sus propios síntomas. Cuando no sabe qué esperar, puede ser difícil distinguir entre lo que es normal y lo que no lo es. No todas las madres experimentarán los síntomas de esta lista, de hecho, es posible que incluso descubra que varía con cada embarazo que tenga. Si usted está experimentando cualquiera de los siguientes síntomas, sepa que es completamente normal y que la mayoría de las madres marcarán por lo menos una o dos casillas. Y lo mejor de todo es que hay algún grado de alivio disponible.

1. **Náuseas matutinas**

No hay una sola causa para las náuseas matutinas, pero se debe en gran parte al aumento de los niveles hormonales. Desafortunadamente, el término "náuseas matutinas" es bastante engañoso. Las náuseas y los vómitos relacionados con el embarazo pueden afectarla en cualquier momento del día, generalmente a partir de la sexta semana. Por horrible que se sienta, los médicos no aconsejan saltarse las comidas; de hecho, es posible que se sienta aún peor con el estómago vacío. En lugar de eso, limítese a las comidas pequeñas, beba mucho líquido y beba un poco de té de jengibre que calme el malestar del estómago. Si las náuseas persisten, considere la posibilidad de adquirir algunas pulseras de acupresión. Afortunadamente, las náuseas matutinas tienden a disminuir en el segundo trimestre.

2. **Cansancio**

Su cuerpo está haciendo muchos ajustes y cambios para acomodar a un bebé, y naturalmente, esto puede resultar en un cansancio extremo. A veces lo mejor es relajarse y descansar a su gusto. Ahora es el momento de cuidarse. Acurrúquese en el sofá y lea, vea la televisión o haga lo que le guste hacer en su tiempo libre. Si usted está frustrado por ser sedentario todo el tiempo, considere agregar alimentos que aumenten la energía a su dieta. Algunos de estos incluyen papas, espinacas y avena. Y de paso, asegúrese de beber suficiente agua, ya que la deshidratación puede aumentar la fatiga del embarazo.

3. Estreñimiento

Es normal tener más problemas de lo normal con las deposiciones durante el embarazo. Si usted no está haciendo ejercicio o bebiendo suficiente agua, esto puede contribuir al problema. También es de conocimiento general que ciertas vitaminas prenatales pueden empeorar aún más el estreñimiento. Si el problema persiste después de hidratarse y hacer ejercicio con más frecuencia, es posible que desee hablar con su médico acerca de cambiar a diferentes vitaminas.

4. Aversiones a ciertos alimentos

Debido a los cambios hormonales, es probable que te sientas completamente repelido por ciertos alimentos. Esto generalmente se relaciona con sentimientos de náuseas matutinas. Algunos de los alimentos a los que usted se sentirá reacio pueden incluir alimentos picantes, carne (especialmente roja), ajo, leche y cualquier otro que desprenda un olor fuerte. La única manera de manejar esto es ser amable con uno mismo. Si cierto alimento te hace sentir enfermo, no te obligues a comerlo. Usted puede encontrar esos nutrientes en otros alimentos. Diviértase en la tienda de comestibles y escoja muchas opciones diferentes para usted. Una vez que esté en casa, separe los alimentos que la hagan sentirse mal, de los que puede soportar o los que realmente le gustan.

5. Antojos de comida

Y luego tiene lo opuesto a la aversión a la comida: ¡antojos! La sensación de que debe tenerlo y debe tenerlo *ahora*. En su mayor parte, no hay nada malo en satisfacer sus antojos de comida. Sin embargo, puede convertirse en un problema si usted tiene antojos de alimentos muy específicos todo el tiempo o si sus antojos son extremadamente poco saludables. Lo creas o no, el 30% de las mujeres reportan tener antojos de artículos no alimenticios como jabón o tiza. Si usted está experimentando antojos no alimenticios, por favor ¡no satisfaga estos impulsos!

Antes de satisfacer un antojo, trate de beber un vaso grande de agua primero. En realidad, es sorprendentemente común confundir la sed con el hambre. Asegúrese de no estar deshidratado antes de apresurarse a darse el gusto. Una segunda manera de mantener los antojos a raya es agregar más proteínas a su dieta. Los estudios han encontrado una relación entre más proteínas en el desayuno y el número de antojos a lo largo del día.

6. Micción frecuente

La necesidad de orinar con frecuencia puede aparecer en la cuarta semana de su embarazo, ¡incluso antes de que sepa que está embarazada! Sus riñones necesitan ser más eficientes para deshacerse de los desechos durante su embarazo, así que este es un molesto efecto secundario del flujo sanguíneo adicional que va a sus riñones y al área pélvica. Desafortunadamente, este síntoma solo se vuelve más extremo a medida que continúa el embarazo. Pronto, su útero comenzará a crecer al igual que su bebé, aumentando la cantidad de presión sobre su vejiga. No hay manera de detener esto por completo y se recomienda encarecidamente que las mujeres embarazadas no minimicen su consumo de agua para intentar controlarlo. Para evitar empeorarlo, limite su consumo de café, té y sodas, los cuales solo aumentan la necesidad urgente de orinar.

7. Senos sensibles e hinchados

Su cuerpo se está preparando para proporcionar alimento a un bebé y cuando el bebé llegue, necesitará el sustento de sus senos. Para prepararse para esto, sus senos comenzarán a crecer y a cambiar. Esto puede resultar en una piel sensible o hinchada. Esto comienza en el primer trimestre y continuará durante todo el embarazo. Si usted todavía está usando sus sostenes antes del embarazo, esto puede estar exacerbando el problema. Dele a sus senos el apoyo que necesitan y considere comprar un sostén de maternidad de alta calidad. Es posible que esto no resuelva el problema por completo, pero definitivamente proporcionará algún alivio.

8. Cambios de humor

Si se siente malhumorada, inquieta, fácilmente irritable o más deprimida de lo normal, puede estar seguro de que es completamente normal. La depresión y los cambios de humor son comunes cuando sus hormonas están en sobrecarga. Una manera clave de controlar estos síntomas es asegurarse de que está durmiendo lo suficiente y de que está consumiendo una dieta nutritiva. Dado que sus niveles de energía ya son bajos, es importante que continúe recargándose para que su bienestar emocional no se vea afectado. Y siempre recuerde hacer tiempo para divertirse. Si se encuentra trabajando mientras está embarazada, asegúrese de que siempre haya tiempo cada día para dedicarse a una actividad que le traiga alegría.

9. Acidez estomacal

Durante el embarazo, una mujer produce niveles más altos de la hormona progesterona. Esta hormona tiene un efecto calmante en ciertos músculos, incluyendo el anillo del músculo en el esófago. Desafortunadamente, cuando este músculo se relaja, le resulta más difícil mantener los ácidos en el estómago, lo que lleva al reflujo ácido y, lo adivinó, a la acidez estomacal. Para reducir sus probabilidades de sufrir de acidez estomacal, los médicos recomiendan evitar los alimentos picantes o ácidos, comer comidas en menores proporciones pero más frecuentes y esperar por lo menos una hora antes de acostarse después de una comida. Y para calmar la acidez estomacal, un vaso de miel y leche o una pequeña taza de yogur pueden hacer maravillas.

10. Cambios en la piel

Es probable que haya oído hablar del "resplandor del embarazo", en el que sus mejillas se ponen sonrosadas y todo su cutis parece un poco más brillante. Las futuras madres tienden a obtener el resplandor del embarazo en el primer trimestre, bastante temprano. Pero desafortunadamente, no todos verán cambios positivos. Algunas mujeres experimentarán más aceite de lo habitual y esto puede incluso provocar acné y brotes. Si usted era propensa a los brotes durante su período, lo más probable es que el embarazo también la haga brotar. Afortunadamente, estos cambios en la piel son temporales y disminuirán una vez que sus hormonas regresen a la normalidad. Haga lo que haga, manténganse alejada de los productos para la piel con ácido salicílico o vitamina A (retinol) a menos que hable primero con un médico, ya que se sabe que estos ingredientes afectan el embarazo.

¿Cuándo llamar a su médico?

Probablemente no tendrá grandes problemas durante el embarazo, pero siempre es importante que se mantenga informada. Si alguno de los siguientes síntomas se aplica a usted, llame a su médico para obtener ayuda adicional, ya que podría indicar un problema más serio.

Sangrado vaginal intenso

Las manchas son muy comunes en las mujeres embarazadas, pero el sangrado intenso suele ser motivo de preocupación, especialmente si hay calambres o dolor abdominal. En los primeros días, todavía existe la posibilidad de un aborto espontáneo o un embarazo ectópico. El sangrado intenso a menudo puede ser un signo de una de estas desafortunadas complicaciones.

Secreción vaginal y comezón

Es completamente normal tener algo de flujo vaginal durante el embarazo, pero tenga cuidado con el flujo inusual que va acompañado de picazón. Esto podría ser un síntoma de una enfermedad de transmisión sexual (ETS). Por lo general, son enfermedades tratables, pero a veces pueden tener efectos negativos en su embarazo. Si es posible que tenga una ETS, acuda a un médico de inmediato para que no afecte a su bebé.

Náuseas o vómitos severos

Las náuseas matutinas es una parte esperada del embarazo, pero si cualquiera de los siguientes datos se aplica a usted, comuníquese con su médico.

- Vomita más de tres veces al día casi todos los días.
- Lleva 12 horas sin beber nada.
- Ha vomitado sangre, incluso si es una pequeña cantidad.

Micción con sensación de ardor

Las infecciones del tracto urinario (ITU) son muy comunes en el embarazo. Aunque por lo general no hay nada de qué preocuparse, se convierte en un asunto más serio cuando usted está embarazada. Si no se trata a tiempo, una ITU puede causar una infección renal, la cual tiene el potencial de desencadenar un parto prematuro o conllevar a un bajo peso del bebé al nacer. Los antibióticos de un médico pueden resolver fácilmente el problema de una ITU, por lo que es esencial que las futuras madres busquen tratamiento para una complicación completamente prevenible.

Fiebre alta

Existen muchas causas potenciales de fiebre alta en el embarazo, aunque algunas de ellas no son motivo de preocupación, es importante descartar las causas más graves. En el peor de los casos, podría tratarse de una infección, lo que podría provocar complicaciones en el desarrollo de su bebé en crecimiento. Incluso si usted cree firmemente que es solo una fiebre normal, los médicos no recomiendan automedicarse, ya que algunos medicamentos para aliviar el dolor son peligrosos durante el embarazo. Manténgase segura ante cualquier signo de fiebre y llame a su médico.

5 maneras en que su cuerpo cambiará en el primer trimestre

Mientras su cuerpo se prepara para hacer un hogar para un bebé, verá una serie de nuevos cambios y desarrollos. Aunque muchos de estos cambios ocurrirán más adelante en el embarazo, una buena cantidad de cambios comenzarán tan pronto como en el primer trimestre.

1. **Sus Senos**

A medida que sus glándulas mamarias aumentan de tamaño, sus senos se hincharán para prepararse para la lactancia. Las areolas (las áreas coloreadas alrededor de los pezones) también se oscurecen y se agrandan. Para algunas mujeres, las glándulas sudoríparas en esta área también pueden agrandarse, resultando en diminutas protuberancias blancas.

2. Secreción vaginal

Las mujeres embarazadas tienden a tener más flujo vaginal del que están acostumbradas. La secreción normal es lechosa y de consistencia liviana. Algunas mujeres se sienten más cómodas usando protectores diarios pequeños.

3. Espesor de cabello

Muchas mujeres embarazadas reportan tener un cabello grueso y brillante que luce aún más saludable que antes del embarazo. Desafortunadamente, esto también puede ir acompañado de un mayor crecimiento de vello en otras áreas del cuerpo, como la cara, el estómago y, a veces, incluso la espalda. Puede agradecer el aumento de los niveles de estrógeno por esto.

4. Uñas quebradizas

Otro efecto secundario de los niveles más altos de estrógeno son las uñas quebradizas. Muchas madres encuentran que sus uñas son más suaves y más propensas a partirse. Sin embargo, no todo es culpa de los estrógenos; muchos expertos piensan que el aumento del flujo sanguíneo en los dedos de los pies y de las manos también podría ser el culpable.

5. Pies más grandes

No te preocupes, esto no les pasa a todas las mujeres que se embarazan. Debido al aumento de las hormonas de crecimiento, muchas futuras madres observan que sus pies se hacen más grandes y a veces más planos. Esto sucederá gradualmente durante el curso de su embarazo. Lo creas o no, ¡algunas mujeres han crecido una talla entera de zapatos!

¿Qué es una Doula y cómo pueden ayudar?

Una Doula es una profesional capacitada cuyo trabajo principal es proporcionar apoyo físico y emocional a las madres durante todo el embarazo. Aunque se pueden contratar en cualquier momento, incluso en el último momento, se recomienda que las madres contraten una doula lo antes posible, para tener más tiempo para sentirse cómodas con ella.

Si decide contratar a una doula, ella le ayudará con lo siguiente:

- Técnicas de respiración, posiciones de trabajo de parto y calmantes a través de masajes u otros métodos de relajación en el día del trabajo de parto y el parto.
- Capacitación y apoyo al padre (u otro compañero de parto) para que ellos también puedan proporcionar el mejor apoyo para la nueva madre.
- Apoyo emocional a través de los altibajos del embarazo, hasta el final y quizás incluso más allá.
- Informarle si está en trabajo de parto y cuándo es el momento de ir al hospital.
- Crear un ambiente más confortable para el trabajo de parto y el parto, por ejemplo, con música suave, luces tenues, velas, etc.
- Ayudarle a ir y volver del baño (cuando sea necesario) y asegurarse de que ha comido y bebido lo suficiente el día del parto.

Las contribuciones de una doula van muy lejos, y muchas mujeres afirman que nunca podrían haberlo hecho sin la ayuda de una. Dicho esto, es importante recordar que una doula no da consejos médicos. Su ayuda no reemplaza la ayuda de un médico.

¿Cuáles son los beneficios de contratar a una Doula?

Las doulas han demostrado tener los siguientes beneficios en una madre y su experiencia en el embarazo y el parto:

- Reducción significativa de la ansiedad.
- Disminuye el tiempo de trabajo de parto en un 25%.
- Es menos probable que necesite una epidural u otro medicamento para aliviar el dolor.
- Probabilidades de necesitar una cesárea reducida en un 50%.
- Mayores posibilidades de éxito en la lactancia materna.

- Una mejor experiencia de vinculación con el nuevo bebé.
- Una experiencia de parto más positiva en general.

¿Cuánto cuesta una Doula?

El costo de una doula varía ampliamente y para algunas personas, pueden estar parcial o totalmente cubiertos por su proveedor de seguro de salud. Si está pagando de su bolsillo, espere que una doula cueste entre $800 y $2,500.

¿Una doula es adecuada para usted?

A pesar de lo notable que puede ser una doula, no todas las madres sienten que son las adecuadas para una, ¡y eso está totalmente bien! Todo depende de tu personalidad. A algunas mujeres no les gusta la idea de que alguien que no conocen esté presente durante los momentos íntimos. Ten en cuenta que tu doula estará allí durante algunos de tus días más difíciles. Ella se acercará y será cercana con usted porque esa es la mejor manera en que puede ayudar. Mientras que la mayoría de las mujeres encuentran que el apoyo de una doula les da poder, otras sienten que reciben suficiente apoyo de otros lugares.

Si usted tiene una familia que la apoya mucho y tiene mucha experiencia en el embarazo y el parto, puede que no sea necesaria una doula. Y si le toma mucho tiempo para sentirse cómodo con una persona que no conoces bien, es posible que su tipo de personalidad no sea el adecuado. Pero a menos que caiga en alguna de estas categorías, he descubierto que las doulas son siempre una ayuda increíble. Muchas familias se mantienen en contacto con sus doulas porque se ganan a un amigo después de muchos meses juntos. Si puede permitírselo, considera una doula.

¿Cómo puedo encontrar una doula?

Hay muchas maneras de encontrar la doula de sus sueños. Intente buscar en directorios en línea como:

- DONA Internacional

- Nacimiento desde adentro
- Asociación Profesional de Parto y Posparto (CAPPA)
- Partido de Doula

Elija la doula que mejor se adapte a sus necesidades (en este caso, necesitarás una doula para el parto) y entrevista a tantos candidatos como puedas. Pasará mucho tiempo con esta persona, así que asegúrese de que sea alguien con quien se sienta cómodo. Y, por supuesto, asegúrese siempre de que tengan la formación y las certificaciones adecuadas. Cuando encuentre la doula para la que está hecho, ¡tendrá un buen presentimiento!

Para muchas mamás, el primer trimestre es el más difícil, especialmente si tiene algunos síntomas intensos. Afortunadamente, se avecinan algunos días más fáciles. A medida que las mamás hacen la transición al siguiente trimestre, encuentran mucho alivio de sus difíciles síntomas.

Capítulo 3 - El segundo trimestre

¡Bienvenidos al segundo trimestre! Está a mitad de camino y probablemente se siente increíblemente aliviada de haber alcanzado este objetivo. Muchas de las dificultades del primer trimestre, como las náuseas matutinas y la fatiga, desaparecerán en el segundo trimestre. Es probable que se sienta con más energía que antes y que reduzca la sensibilidad en sus senos. Si aún no está sintiendo estos avances positivos, ¡espere! Llegarán pronto.

En el primer trimestre, usted habrá aumentado poco o nada de peso (a menos que estuviera muy delgada), pero esto cambiará en el segundo trimestre. Su vientre se expandirá significativamente en los próximos meses y finalmente comenzará a verse embarazada. Dado que se trata de un período de crecimiento rápido, es en este momento cuando las estrías tienen más probabilidades de aparecer. Usted necesitará de ropa de maternidad durante este tiempo, así que asegúrese de estar bien equipada con ropa de embarazo que le ofrezca comodidad y apoyo.

Están pasando muchas cosas dentro de su vientre. Durante el segundo trimestre, estos cambios, entre muchos otros, comienzan a tener efecto:

- Los órganos de su bebé están completamente desarrollados ahora.
- ¡Tu bebé puede oír! Sus primeros sonidos percibidos serán el sonido de la voz de su madre, el latido de su corazón, el refunfuño de su vientre y todos los demás ruidos fascinantes del cuerpo humano.
- Finalmente podrá sentir que su bebé se mueve de un lado a otro. Esto es más común más adelante en el segundo trimestre.

Ejercicios del suelo pélvico que todas las madres deben saber

Ahora que está más involucrada en su embarazo, es hora de trabajar en el fortalecimiento de los músculos del suelo pélvico. Esta es una práctica completamente opcional y no tendrá ninguna influencia en su bebé, pero las madres que fortalecen su suelo pélvico siempre se sienten aliviadas de lo que hicieron. ¡Esta práctica es solo para el beneficio de mamá!

Durante el embarazo y el parto, el suelo pélvico de la mujer se estira más allá de sus límites habituales. Estos músculos son responsables de mantener la vejiga cerrada y controlar la orina que sale o permanece dentro. Cuando los músculos del suelo pélvico se debilitan, es más probable que la mujer escape orina accidentalmente, especialmente mientras estornuda, tose o se esfuerza de alguna manera. Debido a que estos músculos también ayudan a mantener el ano cerrado, incluso puede disminuir el control con respecto a los gases.

Desafortunadamente, los músculos del suelo pélvico no se fortalecen por sí solos. Para evitar dichos momentos vergonzosos, las mujeres deben hacer el esfuerzo de fortalecer sus músculos pélvicos y, mejor aún, hacer de estos ejercicios parte de su rutina. Algunos de estos ejercicios pueden parecer difíciles de hacer al principio, pero con la práctica, usted se acostumbrará a ellos. Así como otros músculos de su cuerpo pueden fortalecerse, también puede hacerlo su suelo pélvico.

Aislamiento de los músculos del suelo pélvico

Este es un primer paso esencial y uno que es mejor intentar mientras se está sentado en el inodoro. Al orinar, detenga el flujo a mitad de la micción. Los músculos que acabas de activar son los del suelo pélvico. Vea si puede dejar de orinar durante dos segundos y luego continúe vaciando la vejiga como de costumbre. Es importante tener en cuenta que no se trata de un ejercicio del suelo pélvico, sino de una forma de ayudar a las principiantes a identificar los músculos del suelo pélvico. No se recomienda dejar de orinar habitualmente a mitad de la micción. Si se encuentra apretando sus nalgas mientras trata de aislar estos músculos, entonces todavía no ha tenido éxito. Pero está bien, siga intentándolo.

Una vez que haya identificado los músculos del suelo pélvico, estará lista para empezar a ejercitarlos. Si usted es principiante, puede ser mejor vaciar su vejiga completamente primero. Y tome como precaución: cumpla a las repeticiones indicadas y no haga demasiado ejercicio o puede que encuentre que esta práctica le resulte contraproducente.

- **Ejercicio #1**

Este ejercicio para principiantes se puede realizar en cualquier lugar y en cualquier momento. Apriete los músculos del suelo pélvico y sosténgalos durante diez segundos. Luego, relaje los músculos durante diez segundos. Realice diez repeticiones, de tres a cinco veces al día.

- **Ejercicio #2**

Ponte en posición sentada e imagina que está sentada sobre una canica. Luego, tensa los músculos del piso pélvico como si estuvieras jalando la canica hacia arriba. Imagínate levantando la canica solo con el suelo pélvico. Sostenga la canica por tres segundos y luego suéltela por tres segundos. Realice de diez a quince repeticiones, tres veces al día.

- **Ejercicio #3**

En lugar de sostener la canica por tres segundos, trate de sostenerla solo por un segundo. Para hacer este ejercicio de ritmo más rápido, tire de la canica imaginaria hacia arriba rápidamente, levántela y suéltela inmediatamente. Realice estas contracciones rápidas así como las más lentas varias veces al día.

5 maneras de crear vínculos con su bebé

Aunque usted puede comenzar a establecer lazos afectivos con su bebé en cualquier momento, el segundo trimestre es un momento especialmente maravilloso para hacerlo. Como se mencionó al principio de este capítulo, su bebé ahora puede oírla. Esto abre muchas más maneras de establecer un vínculo con su pequeño. Estas son algunas de las formas en las que puede empezar a crear lazos afectivos ahora:

1. Cántele a su vientre

Su bebé ya conoce muy bien su voz. Debido a que es la voz principal que él o ella escucha, se ha convertido en un sonido y una vibración muy relajante. Cante una canción o melodía que le guste y envíe esa positividad dentro de tu vientre. A su bebé le gustará que lo calmen de esta manera.

2. Hable con su bebé

Si no es una gran cantante, entonces no se estrese. A su bebé le gusta su voz, independientemente de si está afinada o no. Para establecer un vínculo a través del sonido de su voz, trate de hablarle directamente a su bebé. Dígale lo emocionada que está por conocerle o cuáles fueron las mejores partes de su día.

3. Responder a las patadas

Este método de unión puede ser muy divertido. La próxima vez que su bebé patee, frote o masajee el lugar donde usted sintió la patada. Algunas madres incluso descubren que el bebé volverá a patear. Puede producirse un vaivén, ¡casi como una conversación!

4. Cuidados personales

Cuidar tu mente y tu cuerpo solía significar simplemente cuidarte a *ti*. Sin embargo, con un bebé a bordo está cuidando a dos personas. Durante los actos de autocuidado, usted se sentirá instantáneamente más calmada y en paz, esto significa que su bebé también recibirá el mensaje. La próxima vez que tome un baño caliente o reciba un masaje, tanto usted como su bebé podrán establecer un vínculo a través de las sensaciones tranquilizantes y relajantes.

5. Yoga prenatal

El yoga prenatal no solo le permitirá hacer buen ejercicio, sino que también es una gran oportunidad para sentirse cerca de su bebé. A medida que preste atención a su respiración y mantenga una conciencia abierta del ser que hay dentro de usted, su bebé se sentirá en paz instantáneamente. En general, el yoga prenatal tiene algunos efectos muy positivos en el bienestar de la futura madre.

Preste atención a estos signos de preeclampsia

Durante el primer embarazo de una mujer, su riesgo de desarrollar preeclampsia es mayor. Este riesgo aumenta aún más si es obesa, muy joven o mayor de 40 años, lleva más de un bebé concebido por fertilización in vitro o si tiene antecedentes familiares de preeclampsia.

El mayor riesgo de preeclampsia es que eventualmente lleva a una complicación que pone en peligro la vida, como daño a los órganos, desprendimiento de placenta o eclampsia, una afección muy grave en la que tanto la madre como el bebé están en riesgo de muerte. Desafortunadamente, la única manera de curar la preeclampsia es dando a luz al bebé y, a menudo, la preeclampsia aparece cuando el bebé es demasiado pequeño para nacer. En este punto, la nueva madre debe tomar una difícil decisión: arriesgar dos vidas y llevar al bebé al término del embarazo o abortar. Debido a que la preeclampsia puede comenzar tan pronto (20 semanas de embarazo), es importante que preste atención a los cambios de su cuerpo en el segundo trimestre.

Los síntomas de la preeclampsia son:

- Presión arterial alta en mujeres embarazadas que nunca antes han tenido presión arterial alta.
- Hinchazón repentina en la cara, los ojos o las manos. Sin embargo, tenga en cuenta que la hinchazón de tobillos y pies es completamente normal durante el embarazo.
- Aumento rápido de peso, especialmente en unos pocos días.
- Dolores de cabeza severos.

- Cambios en la visión, tales como visión borrosa, pérdida temporal de la visión o sensibilidad a la luz.
- Micción reducida o no orinar en absoluto.
- Náuseas y vómitos excesivos.
- Dolor abdominal, especialmente si ocurre en el lado superior derecho.
- Falta de aliento severa.

Sus visitas a los controles prenatales mantendrán un registro de los posibles signos de preeclampsia. Pero como muchos de estos síntomas pueden aparecer repentinamente, es esencial que busque ayuda tan pronto como aparezcan. No se arriesgue con los síntomas de la preeclampsia.

Las mejores maneras de ejercitarse en el segundo trimestre

Usted está comenzando a expandirse y probablemente se esté preguntando cómo puede ejercitarse de manera segura. La buena noticia es que todavía puede hacer la mayoría de las actividades que estaba haciendo en el primer trimestre. Siempre y cuando el ejercicio no sea agotador y no conlleve un riesgo de caída, probablemente sea seguro hacerlo. Estos son algunos de los métodos de ejercicio más populares entre las mujeres embarazadas en el segundo trimestre:

1. Natación

No importa el trimestre, ya sea al principio o al final del tercer trimestre, la natación es una de las mejores maneras de ejercitarse para una mujer embarazada. No solo es increíblemente seguro (con un riesgo de caída absolutamente nulo) y de bajo impacto, sino que muchas mujeres lo encuentran calmante para sus dolores y molestias. Si desea incorporar la natación en su rutina de ejercicios, solo asegúrese de evitar esfuerzos que requieran que usted tuerza la sección media y el abdomen. . Haga sesiones de 15 a 30 minutos (dependiendo de cuánto haya nadado antes de quedar embarazada) al menos tres veces por semana. Si usted es una nadadora más experimentada, es seguro hacerlo diariamente.

2. Yoga

¿Recuerdan cuando se mencionó que el yoga es una buena manera de establecer vínculos con su bebé? También es una gran forma de ejercicio para todas las madres embarazadas. El yoga permite que la mamá respire y estire sus músculos doloridos, reduciendo los dolores y molestias del embarazo. También puede enseñarle técnicas de respiración que pueden ser beneficiosas más adelante durante el trabajo de parto. Para mantenerse 100% segura, los médicos aconsejan mantener posiciones suaves y evitar posturas como el Árbol o el Guerrero que hacen posible que la mamá se caiga. Asimismo, manténgase alejada de las posturas que requieren que usted se acueste boca arriba o se tuerza en la cintura. El yoga caliente también es fuertemente desaconsejado durante el embarazo.

3. **Caminar**

Caminar siempre es seguro durante el embarazo, así que tenga la certeza de que si todos los demás ejercicios fallan, una buena tranquila caminata le servirá. Los expertos incluso recomiendan tratar de comprometer los brazos mientras camina; esto puede aumentar la fuerza y la flexibilidad en la parte superior de su cuerpo. Para obtener el mejor ejercicio, camine a un ritmo más rápido para aumentar un poco su frecuencia cardíaca. Siempre y cuando esté libre del riesgo de caídas (¡no es una excursión difícil!), esto es completamente seguro para la madre y el bebé. Esto también es aplicable para las mujeres que se encuentran en sus últimos meses de embarazo.

4. **Trote ligero**

El trotar y correr ligero solo se recomienda si se hizo antes de quedar embarazada. Si usted solía correr antes, siéntase libre de probar una versión atenuada de su rutina anterior. Lo más importante es que preste atención a su cuerpo e inmediatamente deje de correr si siente algún dolor en la espalda o en las articulaciones. El riesgo de caídas también es una preocupación con este ejercicio, así que los expertos recomiendan correr solo en una caminadora con características de seguridad confiables o en una acera plana e ininterrumpida. A las mujeres que no están acostumbradas a trotar o correr no se les aconseja que comiencen a hacerlo ahora.

10 ideas divertidas para el segundo trimestre

Si tuviera que elegir el trimestre que más disfruto, es sin duda el segundo trimestre. Con tantos síntomas de embarazo difíciles fuera del camino, finalmente puedes abrazar y disfrutar de estar embarazada. No más náuseas, lo cual significa que la comida es maravillosa de nuevo. No más fatiga, lo cual significa que finalmente puedes hacer algunas cosas y sentirse bien al respecto. Está en el punto medio perfecto. Aquí están algunas de mis actividades favoritas del segundo trimestre.

1. Organice una fiesta de revelación de género

La mayoría de las mujeres descubren el sexo de su bebé en el segundo trimestre. ¿Sabe lo que significa esto? Es el momento perfecto para una ¡fiesta de revelación de género! Reúna a sus amigos y familiares para celebrar la revelación del sexo de su bebé. Muchas personas disfrutan filmando las reacciones de ambos padres al aprender este nuevo y emocionante detalle sobre su bebé. Si está interesada en organizar una fiesta de revelación de género, ¡hay un sin número de ideas divertidas para revelarlo! Considere la posibilidad de revelar el género de su bebé mediante un pastel, globos, confeti, o si es un poco más atrevida, ¡fuegos artificiales!

2. Anuncie públicamente su embarazo

Anunciar un embarazo en el primer trimestre siempre es arriesgado ya que la probabilidad de que ocurra un aborto espontáneo es mayor en ese momento. Sin embargo, una vez que esté en el segundo trimestre, ¡por fin podrá hacer el anuncio con seguridad! Ya sea que estés organizando una fiesta de revelación de género o no, puede divertirte con tu anuncio a tu grupo más amplio de amigos en la familia. Un adorable mensaje en las redes sociales o una hermosa tarjeta son algunas de las ideas que puede usar. ¡Qué momento tan emocionante!

3. Tenga un Babymoon

Si alguna vez has querido una segunda luna de miel, ¡ahora es tu oportunidad! El segundo trimestre es un buen momento para disfrutar de sus últimas vacaciones antes de tener un hijo. Para cuando llegue el tercer trimestre, verá que la mayoría de las aerolíneas no lo dejarán volar internacionalmente, así que ahora es el momento de obtener su versión de viaje internacional. Si usted no tiene el tiempo o el dinero para unas vacaciones grandes, entonces ¿por qué no conoce una parte diferente del país o se queda en casa relajándose? Cualquiera que sea la forma que adopte, usted y su pareja deben disfrutar absolutamente de sus últimos meses como pareja sin hijos.

4. Compre ropa para maternidad

Usted va a ver un aumento de peso significativo en el segundo trimestre y eso significa que es hora de comprar ropa nueva. Vaya de compras para conseguir su ropa de maternidad por usted misma o con otras amigas embarazadas. Y para una mejor selección, busque en línea. Regálese ropa nueva que le haga sentir fantástica con su nuevo cuerpo. Muchas mamás nuevas prefieren ropa más ajustada a ropa holgada; esto les permite abrazar sus nuevas curvas, haciéndolas sentir instantáneamente más sexy. ¡Merece sentirse bien mamá primeriza!

5. Compre lencería para reavivar el fuego en el dormitorio

Si se siente un poco más sensual de lo normal, puede agradecerle a sus ¡hormonas fluctuantes! Disfrute de estos sentimientos y lleve a su pareja consigo para que también los disfrute. Si sus ánimos son intensos, agregue un poco de lencería nueva la próxima vez que compre su ropa de maternidad. En el tercer trimestre usted se pondrá mucho más grande, así que ahora es el momento de comprar lencería que todavía pueda usar después de estar embarazada.

6. Haga una sesión de fotos de maternidad

Haga alarde de su nuevo cuerpo y ¡siéntase hermosa! Las sesiones de fotos de maternidad no se tratan de vanidad, se trata de conmemorar un momento hermoso en su vida. Como madre primeriza, ¿no sería maravilloso crear recuerdos de su experiencia y plasmarlas en hermosas fotografías? El segundo trimestre es perfecto, ya que se ve lo suficientemente embarazada para una sesión de maternidad, pero no es lo suficientemente grande para empezar a sentirse cohibida. Investigue en internet un buen fotógrafo de maternidad o pida referencias a sus amigos. Puede sonar como una idea descabellada, pero muchas madres aprecian profundamente estas fotos. Siéntase libre de involucrar a su pareja también.

7. Incorpore el ejercicio ligero en su rutina

Ahora que está en el segundo trimestre, es probable que haya recuperado su energía. Sin la fatiga reteniéndola, es un buen momento para empezar a hacer ejercicio ligero. Echa un vistazo a la sección anterior y ¡encuentra el método de ejercicio que más te guste! Si no estaba muy en forma antes de quedar embarazada, tómatelo con calma, ya que no está en mejor forma ahora que está embarazada. ¡Escuche siempre a su cuerpo!

8. Decore y amueble la habitación de su bebé

Cuando llegue su bebé, usted querrá tener la habitación de su bebé completamente lista. Si está planeando pintarlo, es especialmente importante que no haya ningún olor persistente de pintura. En el segundo trimestre saque lo esencial mientras tenga la energía para decorar y amueblar. Cuanto más grande sea, menos tiempo querrá pasar de pie. Si necesita manipular pintura y productos químicos, pídale a su pareja que se haga cargo de este trabajo y asegúrese de que no esté inhalando gases peligrosos.

9. Entreviste a más doulas

Si no se ha decidido por una doula o está tomando decisiones de último minuto sobre tener una, ahora es el momento de tomarse en serio la búsqueda. Las doulas pueden ser contratadas en cualquier momento, pero cuanto antes tenga una, más ayuda puede ofrecerle. Entreviste a más candidatas a doula y toma una decisión antes de que termine el segundo trimestre. ¡Es totalmente posible divertirse con esto! Muchas doulas terminan formando una amistad con la familia, así que puede tratar de ver esto como entrevistar a una posible nueva amiga de la familia. Conozca a estos candidatos y ríase con ellos. Si todavía está luchando para encontrar una doula para el parto, búsquela en internet o pregúntele a otras madres que conozca para que le recomienden una.

10. Tome una clase de preparación para el parto

No es demasiado tarde para tomar clases de parto. Si no asistió a una en su primer trimestre, considere hacerlo ahora. Las madres que se toman el tiempo para tomar estas clases siempre se alegran. Incluso algunos centros de parto requieren que usted las tome. La información que obtendrá es invaluable. ¿Otra ventaja? Conocerá a otras mamás primerizas, ¡las aliadas perfectas en este loco viaje! Conectarse con otras mamás primerizas es una de las mejores cosas que puede hacer por sí misma. Cuando ambos bebés nacen, pueden empoderarse el uno al otro y ayudarse el uno al otro a aprender. Cuando haya terminado con la clase de parto, considere la opción de amamantar a otros bebés o cuidar a un recién nacido.

Capítulo 4 - El tercer trimestre

Finalmente está en la recta final de su embarazo, el tercer y último trimestre. Este trimestre es fácilmente el más emocionante ya que termina con la recompensa final: traer a su bebé al mundo y llegar a sostenerlo en sus brazos. Tenga en cuenta que, aunque tenga fijada una fecha de parto, existe la posibilidad de que su bebé llegue antes de lo esperado. Es importante que usted reconozca las señales de que está entrando en trabajo de parto, tan pronto como se presenten. Pero antes de que abordemos ese tema, aquí tiene un breve resumen de cómo su bebé continúa desarrollándose en estos últimos meses:

- Las pestañas de su bebé se han formado y ahora es capaz de abrir los párpados.
- ¡Por fin está pasando! ¡Su bebé puede patear! Él o ella también puede estirar y sujetar suavemente.
- El cabello ha crecido, y si usted tiene genes de cabello grueso, es posible que su bebé esté comenzando a desarrollar una fantástica melena de cabello.
- Qué hermosa la piel de su bebé, ahora es suave y tiene una apariencia regordeta.

En resumen, su bebé finalmente está empezando a parecerse a un humano diminuto. Su cuerpo está dando los últimos retoques al niño que pronto tendrá en sus brazos. Sin embargo, hay mucho que hacer para preparase para su llegada.

Lista de cosas que una madre primeriza debe hacer durante el tercer trimestre

1. **Termine la habitación de su bebé**

Tan pronto como su pequeño llegue a casa del hospital, usted querrá tener la habitación del bebé lista para acostarlo a dormir. Esto significa que necesitará una cuna. Si planea pintar la habitación del bebé, hágalo lo antes posible para que su bebé no tenga que estar expuesto al olor de la pintura, ya que puede ser perjudicial si la exposición dura más de un breve momento.

2. Prepare todo lo que su bebé necesitará

Cuando su bebé llegue, lo último que querrá hacer es ir corriendo a la tienda. Tanto usted como su pareja querrán disfrutar cada segundo de estar con su recién nacido. ¡Cualquier interrupción sería extremadamente molesto! El tercer trimestre es el momento perfecto para abastecerse de lo esencial de su bebé, de modo que no tenga que salir corriendo a buscarlo más tarde. Necesitará pañales, mantas, ropa para recién nacidos y mucho más. Obtenga la lista completa en el siguiente capítulo.

3. Lea todo lo que pueda

Este nuevo capítulo de su vida es como ningún otro capítulo que haya conocido antes. Por eso, se recomienda encarecidamente que todas las madres se informen plenamente sobre cómo cuidar adecuadamente a sus hijos. Afortunadamente, para todas las madres, hay mucha información disponible, fácilmente accesible para todas. De hecho, al leer este libro, ¡ya está progresando para ser una mamá completamente preparada! Sin embargo, no debería detenerse con un solo libro. Absorba tanta información como pueda, de tantas fuentes como sea posible.

4. Haga del autocuidado una prioridad

Está embarazada y su cuerpo se merece todo el amor que pueda recibir. Haga todo lo que pueda para evitar la tensión y el estrés innecesario. Practique activamente el autocuidado. Consiéntase con un masaje prenatal en un gran spa y cuando se sienta cansada, siéntese en la cama y disfrute de su programa de televisión favorito. Haga lo que le haga sentir bien. Y tenga en cuenta que el autocuidado a veces significa hacer algo que es bueno para usted, incluso si realmente no tiene ganas de hacerlo. Claro, puede darse el gusto de tomar un batido de chocolate si eso le trae alegría, pero la mayoría de las veces cuide de usted mismo buscando opciones más nutritivas. Para operar desde una mentalidad de autocuidado, considere lo que su cuerpo realmente necesita en ese momento para crear el mejor ambiente emocional para su bebé.

5. Haga un lista de regalos del bebé

No hay razón para que usted mismo compre todo lo que necesite. Las lista de regalos del bebé permiten a los futuros padres hacer una lista de todos los artículos que necesitan cuando llegue su bebé. Esto, entonces, permite a los amigos y familiares dar estos artículos como regalo. Considere hacer su propio lista de regalos para su bebé en Amazon, Bed Bath & Beyond o Target.

6. Abastezca su refrigerador

Con un nuevo bebé alrededor, los nuevos padres tienden a tener mucha menos energía para sus comidas regulares. Sin embargo, eso no es excusa para descuidar sus estómagos hambrientos y su ingesta de nutrientes. ¡Van a necesitar esas calorías! El tercer trimestre es el momento perfecto para llenar su congelador con comidas que se puedan preparar en el microondas o cualquier otra cosa que no requiera más de dos pasos. Empaque todo lo que pueda. Ni usted ni su pareja querrán ir al supermercado con un nuevo bebé. Si prefiere las comidas caseras, entonces una alternativa es cocinar sus propias comidas para congelarlas para más tarde.

7. Limpie la casa

Esto puede parecer una actividad extraña, pero créame, se alegrará de haberlo hecho cuando llegue su bebé. Un sorprendente número de madres desean haber limpiado su casa antes de la llegada de su bebé. Una vez que llega el pequeño, simplemente no hay tiempo o energía para lidiar con una casa desordenada. Ya sea que lo haga con un compañero o contrate a otra persona para que lo haga, trate de que su casa esté limpia y sin problemas antes de su gran día.

8. ¡Descanse!

Una vez que las madres entran en el tercer trimestre, se vuelve un poco más difícil dormir. No importa lo que haga, no puede estar tan cómoda como antes. Sin embargo, es importante que las madres descansen lo más que puedan. Con el parto en el horizonte y los días agotadores con un bebé recién nacido en ciernes, ahora es el momento de intentar descansar un poco. No serán solo usted y su pareja por mucho tiempo. Aproveche al máximo el tiempo que tiene para estar acostado todo el tiempo que quiera.

9. Decida si desea amamantarlo o alimentarlo con biberón

La cuestión es: ¿amamantar o alimentar con fórmula? O al menos, es *una de las* preguntas del tercer trimestre. Si aún no lo ha decidido, ya es hora de que lo haga. ¿Por qué? Porque muy pronto tendrá que empezar prepararse para tu nuevo bebé. Y las madres que amamantan y alimentan con biberón necesitan un equipo ligeramente diferente. Si todavía se siente indecisa, examinemos las ventajas de ambas opciones.

Lactancia materna vs. alimentación con leche de fórmula

Pecho

- Cuando se trata del factor nutricional, el pecho es realmente lo mejor. Las madres pasan anticuerpos a través de la leche materna, lo que significa que su hijo es más resistente a ciertas enfermedades e infecciones, como la meningitis y las infecciones del oído.
- La leche materna es más fácil de digerir que otras opciones. Esto significa que hay una probabilidad mucho menor de que su bebé tenga gases o estreñimiento.
- La lactancia materna es la opción menos costosa. Necesitará comprar leche de fórmula, pero la leche materna es, como sabe, completamente gratuita. El dinero que usted gasta en leche de fórmula se acumulará rápidamente, pero los bebés amamantados no son usted, así que debe usar un extractor de leche materna, biberones y muy pocos otros suministros.

- Los estudios han demostrado que existe cierta relación entre la lactancia materna y los bebés con altos niveles de inteligencia, es decir, la función cognitiva.
- La lactancia materna también es excelente para las madres. Hay pruebas de que las madres lactantes tienen un menor riesgo de contraer cáncer de mama, diabetes, cáncer de ovario y más.
- Los expertos no están tan seguros del por qué, pero parece haber una conexión entre los bebés amamantados y un menor riesgo de Síndrome de muerte súbita del lactante (SMSL). Los bebés que son amamantados durante al menos seis meses tienen muchas menos probabilidades de morir mientras duermen.
- Cuando la lactancia materna es regular, puede quemar hasta 500 calorías por día. Si está interesada en perder peso rápidamente después del embarazo, la lactancia materna puede ser de gran ayuda.

Fórmula

- La alimentación con fórmula es mucho más conveniente para las madres. Usted puede alimentar a su bebé con fórmula en cualquier momento y no hay necesidad de tomar tiempo de su horario para bombear leche. Esto significa que su pareja puede alimentar al bebé en cualquier momento, sin necesidad de que lo ayude primero.
- Los bebés no digieren la leche de fórmula tan rápido como lo hacen con la leche materna, por lo que habrá mucho más tiempo entre las alimentaciones con leche de fórmula que entre las alimentaciones con leche materna. En otras palabras, su bebé no necesitará ser alimentado con tanta frecuencia.
- No hay necesidad de restringir su dieta de ninguna manera. Los bebés que consumen leche materna se ven muy afectados por lo que su madre come y bebe, pero con un bebé alimentado con fórmula, la madre puede consumir lo que quiera. Los alimentos

y bebidas que las madres deben evitar mientras amamantan incluyen especias calientes, frutas cítricas, alcohol y cualquier alimento con una alta cantidad de cafeína. Para obtener la lista completa, consulte el Capítulo 8.

¿Cómo lidiar con el insomnio del tercer trimestre?

Como se mencionó anteriormente, el insomnio en el tercer trimestre no es poco común, especialmente para las madres primerizas. Una serie de factores que contribuyen a esta incapacidad para dormir empieza desde la micción frecuente y los dolores corporales, hasta simplemente sentirse enorme y no poder estar cómoda. Todas las nuevas mamás necesitan su precioso sueño; aquí se les presenta algunos consejos útiles para combatir el insomnio durante el embarazo.

1. **Invierta en una almohada de alta calidad para el embarazo.** Usted puede encontrar éstos en la mayoría de las tiendas de maternidad y podrás trabajar maravillosas rutinas para mejorar su sueño. Las almohadas de embarazo proporcionan la cantidad perfecta de apoyo para que la madre pueda finalmente ponerse en una posición cómoda. Los médicos recomiendan que las mujeres embarazadas duerman sobre su lado izquierdo después de la semana 20, ya que esto permite que más flujo de sangre llegue a su bebé. Una almohada de embarazo está diseñada para hacer que esta posición sea más cómoda.
2. **Haga que el ejercicio ligero sea parte de su rutina.** Por mucho que las mamás odien oírlo en este momento de su embarazo, un poco de ejercicio diario puede ser de gran ayuda. Puede ser difícil, pero trate de ejercitarse por lo menos una vez al día, esto le dará más sueño por la noche. Solo trate de no hacerlo demasiado cerca de su hora de acostarse o estará llena de energía.
3. **Use ropa suelta y cómoda para dormir.** Manténgase alejada de la ropa ajustada y péguese a materiales ligeros como el algodón que permiten que su cuerpo respire. Y si dormir desnuda es lo más cómodo para usted, ¿por qué no? Haga lo que necesite para dormir mamá primeriza.
4. **Use tantas almohadas como necesite.** Esto es especialmente importante si usted no puede pagar una almohada para el

embarazo. Junte todos los cojines y almohadas de su casa (aunque probablemente debería dejar al menos uno para su pareja) y experimente con todas las opciones como pueda. Recuerde que dormir de lado izquierdo es lo mejor para su bebé en este momento. Para imitar el soporte de una almohada de embarazo, trate de poner un cojín debajo de su vientre y entre sus rodillas.

5. **Duerma donde se sienta cómoda.** Si está en el sofá de la sala de estar o en un sillón, adelante. No tiene que estar en tu cama. Dondequiera que se encuentre a la deriva, permítase quedarse dormida. El sueño es difícil de conseguir, así que tómeselo cuando quiera.

6. **Hidrátese completamente al atardecer.** De esta manera, reducirá el número de veces que necesita ir al baño en medio de la noche y aun así obtendrá toda el agua que necesita. Comience a hidratarse tan pronto como se levante y deje de beber agua cuando llegue la noche.

7. **Obtenga ayuda de su médico.** Algunos medicamentos para el sueño y ayudas para relajarse funcionan perfectamente bien si las toma durante el embarazo, sin embargo, nunca debe tomarlos sin consultar primero a su médico. Si no funciona ningún otro método, no dude en pedirle a su médico un alivio más serio. Él o ella podrá recetarle un auxiliar para dormir que sea seguro para su bebé y exactamente lo que usted necesita.

Señales de iniciación de trabajo y lo que significan

Ya sea en el nacimiento natural o la cesárea, es vital que cada futura madre reconozca cuándo comienza el trabajo de parto. Incluso si su fecha de parto no es hasta dentro de unas semanas, siempre es posible tener un bebé prematuro. Cada madre va a tener una experiencia ligeramente diferente durante las semanas o días previos al parto, pero aquí están algunas de las muchas señales que usted probablemente experimentará y lo que significan.

- **Su bebé ha "bajado".**

Cuando el bebé comienza a bajar hacia la pelvis, esto es una señal clave de que el cuerpo se está preparando para el trabajo de parto. Pero espere, esto no significa que necesariamente esté a punto de hacerlo. El bebé puede bajar hasta un mes antes del parto.

- **Aumento de dolor en la espalda y calambres**

A medida que su cuerpo se prepara para el parto, sus articulaciones y músculos se mueven y se estiran. Desafortunadamente, esto significa más dolor de espalda y calambres para mamá. Aunque esto es ciertamente una señal de que el trabajo de parto está por llegar, no hay necesidad de apresurarse a ir al hospital. Esta señal significa que el trabajo de parto está tan lejos como a un mes y tan pronto como a unos pocos días.

- **Espectáculo sangriento**

Al final del embarazo, el flujo vaginal espeso mezclado con moco y sangre es liberado por la vagina. Esta secreción de color rosado se llama el "espectáculo sangriento" y es una señal de que el cuello uterino se está preparando para el trabajo de parto. El espectáculo sangriento puede indicar que el trabajo de parto está en cualquier lugar, desde unas pocas semanas hasta unas pocas horas de distancia. Si está acompañado de otras señales en este último, entonces el trabajo de parto puede estar cerca.

- **La rotura de fuente**

La rotura de fuente es uno de los últimos signos de trabajo de parto que una mujer experimentará. En otras palabras, si esto le sucede, seguramente está en trabajo de parto y su bebé está en camino pronto. Las películas han engañado a la gente para que piense que una ruptura de fuente pública es común, pero en realidad, una ruptura prematura rara vez ocurre. Para la mayoría de las mujeres, la ruptura de agua ocurre bien en el trabajo de parto o a veces incluso momentos antes de que el bebé emerja.

- **Contracciones**

Durante el trabajo de parto, se sabe que las contracciones intensas preceden al momento del parto, pero existen contracciones de falsa alarma. Y esto puede confundir a muchas mujeres. Las contracciones de Braxton Hicks no son contracciones de parto. En cambio, indican que el cuerpo se está preparando o calentando. Hay muchas maneras de diferenciar las contracciones de Braxton Hicks de las contracciones del trabajo de parto, la diferencia más notable es que las contracciones reales se vuelven más intensas y son más seguidas. Cuando esto se siente, ¡definitivamente está en trabajo de parto!

Contracciones de Braxton Hicks vs. Contracciones de trabajo de parto

Aunque se ha descubierto una manera de distinguir entre una falsa alarma y una contracción de trabajo de parto real, también existen otras señales. Nadie quiere arrastrarse hasta el hospital solo para que le digan que se vaya a casa de nuevo, ¡así que vamos a asegurarnos de que entienda estas diferencias clave! He aquí cómo saber si realmente está en trabajo de parto o no:

Intensidad

Braxton Hicks - Estas contracciones suelen ser leves en intensidad, sin mucha variación en la fuerza. Muchas mujeres también las han experimentado como fuertes al principio, pero más ligeras con el tiempo.

Trabajo de parto - Las contracciones que indican el trabajo de parto real no tienen adónde ir sino que aumentan en intensidad. Solo se hacen más y más fuertes con el tiempo.

Dolor

Braxton Hicks - El dolor se localiza en la parte delantera del cuerpo, en la parte inferior del abdomen.

Trabajo de parto - El dolor existe tanto en el abdomen como en la espalda. Algunas mujeres incluso informan que el dolor es *más* extremo en la parte posterior del cuerpo. Esto se debe a que todo el cuerpo se prepara para el trabajo de parto real, no solo un lado.

Tiempo

Braxton Hicks – No hay un patrón discernible entre las contracciones. Aparecen aparentemente al azar y sin regularidad específica. No se vuelven más frecuentes.

Trabajo de parto - Las contracciones vienen regularmente y se acercan.

Ajustes

Braxton Hicks - Las contracciones se detienen o debilitan con un cambio de posición como sentarse, acostarse o caminar.

Trabajo de parto - No importa lo que usted haga, las contracciones del trabajo de parto todavía continúan.

¿Cómo se induce el trabajo de parto de manera segura y natural?

Para que el trabajo de parto suceda, se necesitan dos hormonas: las prostaglandinas y la oxitocina. Estas dos hormonas desencadenan contracciones y ayudan a expandir el cuello uterino para que el bebé pueda emerger. La clave para inducir el trabajo de parto gira principalmente en torno a tratar de estimular estas hormonas y, por lo tanto, el trabajo de parto. Aunque existen muchos "cuentos de viejas" sobre el uso de ciertas hierbas, aún no se han realizado estudios para probar su eficiencia o seguridad. Además, muchas personas sugieren el aceite de ricino como una forma de inducir el trabajo de parto. Puedo confirmar que este método *funciona*, pero recomiendo encarecidamente no utilizarlo ya que también es un laxante. Las madres que usan aceite de ricino terminan teniendo un parto deshidratado y con diarrea. ¡No haga más difícil el trabajo de parto!

También es extremadamente importante tener en cuenta que nadie debe tratar de inducir el trabajo de parto a menos que sea a tiempo o después de la fecha prevista de parto. No se debe inducir el trabajo de parto antes de su hora a menos que un médico le dé su consentimiento.

- **Estimulación del pezón**

Dejemos una cosa clara: ¡este tipo de estimulación del pezón no es sexual en absoluto! Para que este método tenga éxito, la estimulación necesita imitar la succión de un bebé. Hacer esto liberará oxitocina en el cerebro y puede resultar en que su útero se contraiga, por lo tanto comenzando el proceso de trabajo de parto.

- **Barrido o despegado de la membrana**

Si está desesperada, el barrido de membranas es siempre una opción, aunque debe ser realizado por su médico. Con el uso de un dedo enguantado, el médico introducirá la mano dentro de usted para separar el saco amniótico de un área justo dentro del cuello uterino. Esto libera prostaglandinas y estimula las contracciones para inducir el trabajo de parto. Espere alguna molestia durante este procedimiento.

- **Tener relaciones sexuales**

Es importante notar que el sexo no siempre funciona para inducir el trabajo de parto. Aun así, hay una posibilidad de que así sea. No solo el sexo libera prostaglandinas, sino que la eyaculación masculina también lo contiene. Si el hombre eyacula dentro de la vagina, es posible que el cuello uterino se despierte y comience a contraerse.

- **Coma dátiles**

Este método no inducirá el trabajo de parto instantáneamente, pero si usted comienza unas semanas antes del embarazo, es posible que nunca tenga que inducir el trabajo de parto. Los estudios han demostrado que comer de 60 a 80 gramos de dátiles por día al final del embarazo puede reducir la necesidad de inducción y mejorar el trabajo de parto en general. Las mujeres que comieron dátiles regularmente disminuyeron la duración de la primera etapa del trabajo de parto a casi la mitad del tiempo de las mujeres que no lo hicieron.

Capítulo 5 - Preparación para el gran día

Cuando llega el gran día, lo último que quiere es no estar preparado. No importa el tipo de parto que esté teniendo, hay una variedad de maneras en las que puede y debe sentirse más cómoda. Un poco de preparación puede servir de mucho. Las madres primerizas que no están preparadas se encuentran mucho más estresadas e incómodas cuando llega el gran momento, así que evite esto, ahora que tiene la opción. Siga estos sencillos pasos y tendrá todo lo que necesita para dedicar toda su atención a usted y a su bebé.

Empaque estos 13 elementos esenciales en su bolsa de hospital

Existe la posibilidad de que su pequeño venga antes de lo que usted piensa, ¡así que empiece a hacer las maletas del hospital por si acaso! Las madres que empacan en el último minuto (¡o permiten que alguien lo haga por ellas!) han admitido que terminan con muchas de cosas inútiles que realmente no necesitaban y sin las cosas que realmente necesitaban. El nacimiento de su primer hijo será un momento tan especial y lo último que usted desea es ser molestado por algo para lo que podría haberse preparado.

1. **Artículos de aseo diarios**

¿Qué artículos de aseo esenciales forman parte de su rutina matutina y nocturna? Empaque versiones de tamaño de viaje en su bolsa. Una estadía en el hospital no es razón para descuidar su autocuidado; de hecho, es una razón más grande para convertirlo en una prioridad. Traiga su cepillo de dientes, pasta de dientes, desodorante y cualquier otra cosa que la haga sentir cómodo y en casa. Para mayor eficiencia y facilidad, considere la posibilidad de usar toallitas de limpieza facial en lugar de las habituales para el lavado de la cara.

2. **Ligas y clips para el cabello**

Lo último que quiere es que su pelo se meta en su cara mientras das a luz. Empaque ligas y/o clips para mantener su cabello recogido, y así pueda concentrarse en la gran tarea sin molestias menores.

3. Refrigerios y bebidas

Este es fácil de pasar por alto. No es que la comida y la bebida no estén disponibles donde usted estará, se trata más sobre el hecho de que mamá y papá a menudo quieren estar juntos. Atrapado en el momento especial, no es raro que papá opte por quedarse con mamá en lugar de ir a buscar comida. Sin bocadillos fácilmente disponibles, muchos padres nuevos pueden olvidar que han pasado varias horas desde su última comida.

4. Bálsamo labial

Tenga algo que mantenga sus labios hidratados. Muchas madres encuentran que sus labios se agrietan al soportar el intenso trabajo de parto. ¡Mantenga esos labios hidratados!

5. Zapatos cómodos

Lo ideal es que sean fáciles de poner y quitar, ya que es posible que desee hacer algunas caminatas por el hospital. Evite todos los zapatos que requieran que usted se agache y/o se esfuerce de alguna manera para ponérselos.

6. Almohadas

Todos los hospitales le proporcionarán almohadas, pero no espere que sean tan cómodas como las que tiene en casa. Para asegurarse de que se sienta lo más cómodo posible durante este momento especial pero físicamente difícil, traiga su almohada favorita de su casa. Su pareja también puede traer una almohada.

7. Una bata de baño de color oscuro

Ya sea en el trabajo de parto temprano o en la sala postnatal, definitivamente usted estará en el hospital en algún momento. Asegúrese de estar abrigado y cómodo trayendo algo para usar sobre su ropa de hospital. Si le preocupan las manchas, empaque algo de color oscuro.

8. Entretenimiento

Ya que mamá estará preocupada la mayor parte del tiempo, esto es más bien una "necesidad" para papá. Empaque algo que pueda proporcionar entretenimiento durante muchas horas. Esto podría ser un libro, una revista, un reproductor de música u otra cosa. Sea lo que sea, ¡asegúrese de que no se estrese o abrume a mamá!

9. Ropa suelta

Lleve ropa cómoda, no solo para el hospital sino también para su primer viaje a casa con su bebé. Es importante que no lleves nada demasiado apretado ya que te sentirás sensible después del parto. Empaque ropa que se abra fácilmente en la parte delantera. De esta manera, usted podrá alimentar a su bebé sin dificultad tan pronto como sea necesario.

10. Ropa interior de posparto

Muchas mamás primerizas tienen la impresión equivocada de que el hospital les suministrará ropa interior adecuada. Aquellos que no tienen *esa* impresión equivocada asumen erróneamente que está bien traer la ropa interior que usan normalmente. Para empezar, *no* traiga ropa interior que pueda arruinarle la vida. Sangrarás mucho después de dar a luz y necesitarás algo que esté a la altura de la tarea. Obtenga ropa interior posparto de alta calidad que le brinde soporte, protección y comodidad.

11. Gafas

Esto solo se aplica si usted los necesita, por supuesto. Las nuevas madres tienden a no querer lidiar con sus lentes de contacto cuando dan a luz en un hospital. Debido a que el trabajo de parto puede tomar un tiempo y es posible que esté entrando y saliendo del sueño, los anteojos tienden a ser la opción más fácil. Esto puede deberse a preferencias personales. Pero si se va a realizar una cesárea, tenga en cuenta que se le pedirá que se quite los lentes de contacto de antemano.

12. Todo lo que necesite para estar lista para las fotos

Para algunas mamás, esto puede no significar nada en absoluto, pero a otras les gustaría traer máscara o polvo para lucir un poco menos desgastadas en las fotos. Esto depende completamente de mamá y de sus preferencias. Es probable que su pareja y los miembros de su familia estén emocionados de documentar el día especial, así que traiga la ropa o el maquillaje que necesite para sentirse de maravilla.

13. Aceite o loción para masajes

Durante las horas antes del parto o incluso después del nacimiento, muchas mamás encuentran el masaje increíblemente relajante. Dale un empujón a esto trayendo un aceite de masaje o loción con una fragancia que le parezca placentera.

22 necesidades de un nuevo bebé y de una madre primeriza

Por supuesto, la preparación no se limita a la visita al hospital y al parto. También se trata de ese otro día especial. El día en que usted puede traer a su pequeño a casa. Tan pronto como llegue a casa, necesitará tener todo listo. Además de una habitación completamente terminada con una cuna o moisés, también necesitará las necesidades más pequeñas de su hijo. Tome nota de los siguientes puntos esenciales; si no los consigue a través de su lista de regalos del bebé, hágalo usted mismo tan pronto como pueda.

1. Pañales

Su recién nacido va a ser un gran aguafiestas, ¡no hay manera de evitarlo! No hace falta decir que vas a necesitar pañales y muchos de ellos. Cada mamá puede elegir entre pañales desechables o pañales de tela.

- Desechable

Pros: *La opción más conveniente, más absorbente, que consume menos tiempo.*

Los pañales desechables siguen siendo una opción muy popular y no es de extrañar por qué. El método de tirar cuando lo haya hecho es muy conveniente y no requiere limpieza extra por parte de mamá o papá. Pero esté preparado para gastar más dinero a largo plazo. En promedio, los padres que usan desechables gastan más de $2000 en dos años. No solo esto, sino que la cantidad total de pañales utilizados crearán una gran cantidad de residuos no biodegradables para el medio ambiente. Si prefiere la facilidad de los pañales desechables, considere la posibilidad de obtener productos ecológicos de compañías como *Honest*.

- Tela

Pros: *Mucho más barato a largo plazo, ajustable, piel sensible, menos irritable, reutilizable, ecológico.*

En los últimos años, los pañales de tela se han vuelto más utilizados. No solo es una opción que ahorra dinero, sino que los pañales de tela son hoy en día mucho más eficaces de lo que solían ser, gracias a la innovación en torno a los productos para bebés respetuosos con el medio ambiente. Para protegerse contra la posible irritación de la piel, los pañales de tela son el camino para seguir, ya que los productos químicos absorbentes en los desechables pueden causar malas reacciones cutáneas en algunos bebés. Sin embargo, todos los padres que eligen esta ruta deben tener en cuenta que los pañales de tela requieren mucho más esfuerzo y tiempo. Una vez que su lote de pañales ha sido ensuciado, tendrá que lavarlos a fondo.

2. **Ropa de bebé de una pieza**

Guarde las prendas bonitas dos piezas para cuando su bebé sea un poquito mayor. Para empezar, enfóquese en enterizos o ropa de una sola pieza que sea fácil de poner y quitar. Dado que los bebés son extremadamente desordenados, tendrá que cambiar la ropa de su bebé muchas veces al día. ¡Ten en cuenta esto cuando elijas la ropa! Lo ideal es que estas prendas se abran en la parte inferior para que puedas cambiar el pañal con la mínima molestia.

3. **Manoplas**

Si los guantes que usted ha comprado no cubren las manos de su recién nacido, entonces las manoplas le servirán a su recién nacido. Estos son para asegurarse de que no se rasquen con sus pequeñas uñas. Solo dos pares bastarán.

4. Toallitas para bebés

Trate de conseguir toallitas para bebés que sean adecuadas para pieles más sensibles. Aunque su bebé puede no necesitar una solución sensible, siempre es mejor estar seguro con un recién nacido. Estas toallitas se utilizarán para limpiar la parte inferior del bebé durante el cambio. En estas áreas sensibles, se necesita más cuidado.

5. Mantas para recibir al bebé

Estas mantas multiusos pueden ser usadas para una gran variedad de cosas y serán tus mejores amigas en los próximos meses. Las mantas para bebés son suaves, hechas de algodón fino, y generalmente vienen en un paquete de tres o cuatro. Estas mantas no solo le brindarán comodidad y calor a su bebé, sino que también son excelentes para ayudarlos a hacerlos eructar, se usan como tapete de juego y como manta para alimentar a los bebés, obteniendo más privacidad durante la lactancia materna en público.

6. Baberos

Como su nombre lo indica, los baberos son para cubrir la ropa y limpiar los derrames, en caso de que su bebé escupa. Y créame, pasará mucho. Llevar mantas puede ser un buen sustituto de los baberos, pero los baberos tradicionales son mucho más pequeños y fáciles de transportar. Aunque esa superficie adicional puede ser agradable, no siempre es totalmente necesaria.

7. Mantas envolventes

Para mantener a su bebé cómodo y totalmente apoyado, usted querrá arroparlo en una manta para envolverlo. Una vez más, una manta para recibir a su bebé puede ser utilizado como uno, pero las mantas envolventes reales son más grandes de tamaño, más elásticas, y a menudo, especialmente diseñadas para que la mamá y el papá puedan envolver a su bebé con un mínimo de molestias.

8. Una mochila porta bebé

Usted va a necesitar una manera fácil y cómoda de llevar a su bebé con usted. Aquí es donde entra en juego la mochila porta bebé. De esta manera, su pequeño puede acurrucarse cerca mientras usted se mueve para hacer lo que necesita hacer. Una buena mochila porta bebé le ofrece estabilidad, seguridad y comodidad. En los primeros días, una mochila porta bebé es la mejor manera de viajar con su bebé, ya que promueve la intimidad y el contacto piel a piel. Si tiene un bebé grande o sufre de problemas de espalda, es posible que encuentre incómoda esta opción, en cuyo caso es posible que tenga que pasar las tareas de la mochila porta bebé a su pareja.

9. Biberones con chupones

Necesitará biberones, ya sea que esté amamantando o alimentando con biberón. Si usted está alimentando a su bebé con leche materna, necesitará una manera de alimentarlo para cuando que usted no se encuentre cerca. Hoy en día, la mayoría de los padres prefieren usar botellas de vidrio para evitar que los productos químicos del plástico pasen a la leche.

10. Cambiador

La mayoría de los padres designan un área en la habitación para cambiar el pañal de su bebé. Este cambiador suele estar formada por un cambiador sobre una superficie sólida y resistente. Tenga en cuenta que usará este cambiador varias veces al día, por lo que es importante que no se tambalee, que esté en un área que reciba suficiente luz y que no requiera que mamá o papá se agachen en una posición incómoda. A algunos padres también les gusta tener un cambiador de respaldo en caso de que el principal se ensucie.

11. Un tacho de basura para pañales

Vas a necesitar un lugar apropiado para guardar los pañales sucios entre los tiraderos de basura. Los tachos de basura comunes no siempre hacen un gran trabajo para enmascarar los malos olores, y aquí es donde entra un tacho de basura específicamente para los pañales. Este es capaz de almacenar una gran carga de pañales sucios sin dejar que los malos olores entren en la habitación. Si usted tiene una casa grande, un tacho de basura para los pañales puede no ser absolutamente necesario, pero si su casa es más pequeña, usted va a querer mantener ese olor a pañal fuera de las otras habitaciones.

12. Asiento de seguridad para bebés

Usted va a necesitar un asiento de seguridad tan pronto como suba al auto con su bebé para salir del hospital y regresar a casa. Para un bebé recién nacido, se aconseja que compre un asiento de seguridad orientado hacia atrás. Hasta la edad de dos años, su bebé *no* debe usar un asiento de seguridad que mire hacia adelante.

13. Cochecito

Mientras que una mochila porta bebé siempre es suficiente para llevar a su bebé a cualquier lugar, eventualmente va a anhelar la libertad de un cochecito, especialmente para llevar a su bebé al exterior. Y una vez que su bebé empieza a ponerse incómodo, una silla de paseo se convierte en una necesidad absoluta. A diferencia de una mochila porta bebé, una silla de paseo permite que el bebé se acueste boca arriba y duerma cómodamente. Y una vez que su bebé este en su coche, puede interactuar fácilmente con el mundo mientras se mantiene cómodo. Una de las otras grandes cosas acerca de un cochecito es que también le da a la mamá un lugar para almacenar lo esencial del bebé mientras viaja.

14. Una bañera para bebés

Muchas madres sobreviven bien sin una bañera de bebé, pero hacen que las cosas sean mucho más convenientes cuando bañan a su bebé. Hoy en día, las bañeras de bebé vienen con todo tipo de características de alta tecnología, incluyendo indicadores de temperatura. Siéntase libre de comprar lo que mejor se adapte a su presupuesto. La característica más esencial es el espacio que proporciona para que su recién nacido se moje, pero no demasiado sumergido. Las mamás que optan por no ir a la bañera del bebé eligen meterse en la bañera grande con su recién nacido en la ducha o usando el fregadero. Si no tiene mucho espacio en su casa, estas dos alternativas pueden ser la mejor opción. Haga lo que haga, con o sin bañera de bebé, no coloque anillos de bañera, ya que estos representan más peligros de los que previenen.

15. Un sostén de lactancia

Cuando la leche empieza a brotar, los pechos se van a agrandar mucho. Esto significa que ninguno de sus sostenes actuales va a ser de mucha ayuda, incluyendo los de su embarazo. Para asegurar que usted obtenga la mayor comodidad y soporte para sus senos, póngase un sostén de lactancia. Lo ideal es que lo haga lo más cerca posible de la fecha prevista de parto y no antes de un mes. Es poco probable que usted esté de humor después de que nazca su bebé, por lo tanto, lo mejor es hacer esto de antemano.

Para amamantar

16. Un extractor de leche

Si usted planea amamantar, un extractor de leche es una necesidad fundamental. Esto le permite extraer y almacenar la leche por adelantado para que su bebé pueda ser alimentado incluso si usted está dormida o fuera de casa. Si se encuentra congestionada o con un exceso de leche, un extractor de leche materna será su mejor amigo.

17. Contenedores o bolsas para el almacenamiento de leche

Después de extraer la leche, va a necesitar un lugar para guardarla hasta que sea necesaria. Idealmente, debe estar en algo que está diseñado para almacenar la leche materna. Hay muchas opciones para esto y todo se reduce a las preferencias personales. Las madres pueden elegir entre recipientes de vidrio, bandejas de leche materna, bolsas de almacenamiento o botellas de plástico para la leche.

18. Crema para pezones o ungüento de lanolina

Créame, le van a doler los pezones. Si bien no hay una manera segura de prevenirlo por completo si está amamantando, puede tomar medidas para evitar los pezones agrietados y secos. Aplicar crema o ungüento en los pezones todos los días puede hacer maravillas.

19. Almohadillas para los senos

Cuando se amamanta a un bebé, no es raro que el otro pecho (el que no está amamantando a su bebé) también suelte leche. Como era de esperar, esto puede llevar a que se produzcan pequeñas y a veces grandes fugas. Algunas mamás, naturalmente, filtran más que otras y puede que tenga que ver con su suministro. Incluso cuando no esté amamantando, es probable que experimente pérdidas, especialmente cuando su bebé empiece a dormir más horas y su cuerpo no se haya adaptado al nuevo horario. Y aquí es donde las almohadillas de pecho o de lactancia entran para salvar el día. Evitan que la leche se filtre a través de la ropa. Las madres que no tienen la intención de amamantar también encuentran útiles a veces las almohadillas para los senos, ya que es posible que experimenten algunas pérdidas antes de que la producción de leche se seque.

Para la alimentación con fórmula:

20. Fórmula

¡Esto es un hecho! Si planea alimentar a su bebé con fórmula, asegúrese de tener un gran stock de toda la fórmula que necesite durante las próximas semanas. Es importante que la fórmula que usted compre sea adecuada para su recién nacido. Los tres tipos de fórmula son: líquidos listos para usar, en polvo o concentrados. Hable con su médico para determinar el tipo correcto de fórmula para su bebé.

Para la curación posparto

21. Toallas higiénicas

Si está planeando un parto vaginal, abastézcase de varias toallas higiénicas, ya que sangrará mucho después de dar a luz. Asegúrese de que su ropa interior y su ropa estén completamente protegidas con estos elementos esenciales de la nueva mamá. Los usarás durante varias semanas después de dar a luz y créame, los tampones no sirven. Si eres una persona consciente de los residuos y prefieres no utilizar productos desechables, debes saber que también hay muchas toallas higiénicas de tela reutilizables. Muchas mamás encuentran estos tipos de toallas aún más cómodas que las desechables.

22. Una faja

Después del embarazo, muchas mujeres experimentan la separación abdominal. Es decir, cuando los músculos del estómago izquierdo y derecho se separan ligeramente, resultando en grasa abdominal que se ve desarticulada del resto del estómago. Esto no es solo una preocupación estética, también puede causar estreñimiento, dolor en la parte baja de la espalda y, en su punto más extremo, una hernia.

La separación abdominal es muy común y le sucede a aproximadamente dos tercios de las mujeres embarazadas. Desafortunadamente, hacer abdominales pueden empeorar el problema y aunque el tiempo puede curar la mayor parte de la separación abdominal, muchas mamás todavía se quedan usando una faja. La faja es la forma más fácil y segura de minimizar el problema después del nacimiento. Esta envoltura de compresión aplica una ligera presión para que el cuerpo de la madre tenga apoyo y la cantidad justa de "empuje" hacia adentro. Incluso si la separación abdominal no es una gran preocupación para usted, muchas mamás encuentran que una faja de compresión es muy reconfortante.

¿Cómo empezar a crear un plan de parto?

En el día del nacimiento de su hijo, es probable que no tenga ganas de tomar grandes decisiones. Aquí es donde entra en juego el plan de parto. Tener un plan de parto preparado significa que sus decisiones y deseos sobre el parto de su bebé están documentados con anticipación. Cuando su bebé llama a la puerta, esto significa que todas sus preferencias están claramente delineadas, así que usted puede concentrarse en dar a luz a su pequeño bebé.

Tenga en cuenta que a veces se presentan circunstancias impredecibles durante el parto, por lo que siempre existe la posibilidad de que los médicos insistan en una de decisión diferente. Y usted, usted misma, podría querer hacer estos cambios. En cualquier caso, siempre es útil crear un plan de parto. Este paso es completamente opcional, pero a muchas mamás les gusta tener la oportunidad de discutir y pensar en estas decisiones con anticipación. Esto es lo que debe incluir en su plan de parto:

- **Enumere los conceptos básicos**

Estos incluyen su nombre, información de contacto y el nombre de su médico. Si sabe en qué hospital dará a luz, incluya también el nombre de este hospital.

- **Nombre de todos los asistentes**

¿Quién de sus amigos y familiares le gustaría estar presente en la sala de partos? Tener esto en su plan de parto asegurará que todos puedan entrar durante su gran momento.

- **Preferencias del ambiente**

Piensa en el ambiente en el que más te gustaría dar a luz. ¿Qué encuentras calmante o tranquilizante? ¿Desea que se atenúen las luces o que se reproduzca cualquier tipo de música de fondo? ¿Hay algún artículo de la casa que necesite a su lado para darle fuerzas?

- **Sus preferencias en el trabajo de parto**

¿Quiere ser fotografiada o filmada? o ¿le gustaría caminar libremente? El equipo para el parto tiene que estar disponible, tanto como para tener un taburete o una silla para el parto. Si le gustaría algo como esto, inclúyalo. Si le gusta la idea de estar en una bañera durante el trabajo de parto y el parto, incluya esto en su plan también. Y si usted prefiere optar por no someterse a una episiotomía (cortar el perineo para facilitar el parto), dígalo y esté preparado para discutirlo con su médico.

- **Preferencias para el control del dolor**

Cuando se inicia la intensidad del trabajo de parto, ¿cuáles son sus preferencias en cuanto al uso de la epidural? ¿Y con respecto a otros medicamentos para el dolor? Si está de acuerdo con el uso de una epidural u otro tipo de alivio del dolor, ¿le gustaría hacerlo lo antes posible o le gustaría esperar y ver si puede prescindir de ello primero? Si usted no desea ninguno de los medicamentos para el dolor mencionados anteriormente, ¿hay alguna alternativa que prefiera?

- **Preferencias de parto**

¿Le gustaría tener la oportunidad de ver a su bebé emerger con un espejo? Muchas madres incluso quieren tocar la cabeza de su bebé mientras se corona. Si usted tiene preferencias sobre si someterse a una episiotomía cuando sea necesario o permitir el desgarro natural, mencione esto. Cuando su bebé salga, ¿quiere que el padre corte el cordón umbilical? Si le van a hacer una cesárea, ¿quiere que le quiten la cortina para que pueda ver cómo le sacan a su bebé? ¿Quiere que todos los demás en la habitación se callen para que su voz sea lo primero que su bebé oiga? Es posible que también le inserten una vía intravenosa o un catéter, así que si desea evitar esto, inclúyalo en su plan.

Para mayor claridad, siempre es mejor si el plan de parto tiene menos de una página y es fácil de leer. Una vez que haya terminado, comparta su plan de parto con su pareja y su médico. Su aporte puede ser útil antes de que se finalice el plan.

Capítulo 6 - Parto y trabajo de parto

¡Por fin ha llegado el momento! El gran día ha llegado y todo lo que ha preparado para su clase de parto está justo frente a ti. Con suerte, su bolsa del hospital ya está completamente empacada, y si no lo está, haga que su pareja o miembro de la familia aliste lo que más necesite (almohadas, ligas para el cabello y bocadillos) y acepte que puede que tengan que volver más tarde. Si es su primer parto, es probable que lo tenga en el hospital, ya sea por cesárea planificada o no planificada, o por parto natural. Si tiene una doula y aún no está contigo, es hora de hacerle saber que por fin ha llegado su hora.

A estas alturas, usted, su pareja, su médico y su doula (si la tiene) deben estar bien informados de las decisiones establecidas en su plan de parto. Todos harán todo lo posible para cumplir sus deseos, pero manténgase flexible. Pueden suceder cosas inesperadas que dificultan el cumplir sus preferencias muy específicas. Solo sepa que cualquiera que sea la decisión que se tome, será en el mejor interés de usted y de su bebé.

Cuando se trata de dar a luz, una buena regla empírica es esperar siempre lo inesperado. No hay dos nacimientos exactamente iguales, ni siquiera de la misma madre. Dicho esto, hay muchas cosas para tener en cuenta en este gran día. Es posible que no todo esto se aplique a usted, pero siempre es útil prepararse para lo inesperado lo mejor que pueda.

10 datos poco conocidos que debe saber sobre el parto vaginal y el trabajo de parto

Todo el mundo sabe que el parto vaginal es difícil y doloroso, pero ¿qué otro dato debemos saber? Pasan tantas cosas durante el parto, cosas que nunca sabría si no hubiera pasado por ello, por esta razón todas las mujeres embarazadas deben tener el panorama completo de esto.

1. **Es posible que su médico no esté con usted hasta el final y, en algunos casos, que ni siquiera esté presente en el parto.** A pesar de sus muchas visitas al médico, él o ella realmente no será necesario hasta que el parto tenga lugar. Dado que las parteras y otros profesionales están totalmente equipados y capacitados para manejar el trabajo, no hay necesidad de que el médico esté presente durante esta parte del proceso. El médico puede entrar y salir para ver cómo está usted, pero no espere más atención que eso. También es posible que su médico ni siquiera atienda el parto de su bebé, especialmente si él o ella tiene parejas en la institución.

2. **Es posible que la manden a casa, incluso si sus contracciones son contracciones de parto reales.** Aunque las contracciones definitivamente significan que usted está en trabajo de parto, la realidad es que el trabajo de parto puede durar días. A menos que sus contracciones sean muy frecuentes, viniendo cada cinco minutos o menos, entonces existe la posibilidad de que le den la espalda en el hospital y le digan que regrese más tarde.

3. **El dolor puede ser mucho más tolerable de lo que usted piensa, o mucho peor.** No hay forma de predecir lo doloroso que será su parto. Por supuesto, todas las mujeres deben esperar algo de dolor, pero he conocido a muchas mujeres que fueron bendecidas con trabajos de parto relativamente fáciles y un bebé en menos de diez minutos. Por otro lado, también he conocido a mujeres que afirmaban que el parto era aún peor de lo que pensaban. No hay una forma segura de saberlo.

4. **Probablemente defecará a la mitad del parto.** Muchas mujeres se horrorizan al enterarse de este hecho, pero desafortunadamente no hay manera de asegurar que no ocurra. La razón detrás de esto es simple: cuando usted empuja a su

bebé, usted contrae los mismos músculos que usa para defecar. Además de esto, su bebé crea mucha presión sobre el recto y el colon a medida que se desliza a través del canal de parto. Es absolutamente esencial que las mujeres no sean consumidas por la autoconciencia cuando esto sucede. Los médicos están completamente acostumbrados a que esto suceda en la sala de partos, como les sucede a la mayoría de las mujeres. Lo que sí les importa a los médicos es que esta timidez a menudo puede impedir que las mujeres empujen correctamente, lo que hace que el trabajo de todos sea mucho más difícil. Solo concéntrese en dar a luz a su bebé y sepa que no hay razón para preocuparse por nada más.

5. **Hay una posibilidad de que vomites o tengas náuseas.** No todas las madres experimentan esto, pero muchas lo hacen y es completamente normal. Si usted está usando una epidural, la cual causa que la presión arterial baje, esto puede provocar náuseas o vómitos a medida que se instala. Y aunque no esté usando una epidural, estos efectos secundarios siguen siendo una posibilidad. Mientras está dando a luz, muchas de las funciones de su cuerpo disminuyen o se detienen, incluyendo la digestión. Y si tiene mucha comida en el estómago, es posible que tenga que volver a subir. Si desea minimizar su riesgo de vomitar, deje de comer y manténgase en contacto con el agua una vez que esté en trabajo de parto activo. Y en el trabajo de parto temprano, trate de comer solo alimentos ligeros.

6. **Mucha gente estará allí durante el transcurso de su trabajo de parto y el parto.** Aunque esto depende en gran medida del tipo de centro en el que vaya a dar a luz, en la mayoría de los casos, se necesitan más de dos o tres personas para dar a luz a un bebé. Si va a tener a su bebé en un hospital grande, espere ver muchas caras diferentes en el transcurso del trabajo de parto y el parto. No solo necesitará una enfermera o dos, sino también una partera, el médico, varios asistentes y, si su

hospital es un hospital universitario, posiblemente incluso residentes médicos. No se alarme cuando vea más que unas cuantas caras nuevas. Todo es completamente normal y todos están ahí para ayudar.

7. **Es posible que su médico necesite abrirla más.** Para ayudar a sacar a su bebé, su médico puede pensar que es necesario hacerle una episiotomía. Es decir, cuando se hace una incisión a lo largo del perineo (la piel entre la vagina y el ano) para que su bebé pueda nacer más fácilmente. Los médicos suelen hacer esto por una buena razón, pero en muchos casos, es posible optar por no hacerlo. Hable con su médico de antemano si desea evitar una episiotomía. Pero también sepa que usted puede querer uno. ¡Puede hacer que las cosas avancen cuando se está quedando sin fuerzas!

8. **Va a dar a luz a mucho más que un bebé.** No se preocupe, esto no es tan aterrador como parece. Después de dar a luz, la madre va a tener que expulsar algunas cosas que ya no necesita en su cuerpo, es decir, la placenta junto a mucha sangre y tejido. Las nuevas mamás siempre están alarmadas por la cantidad de sangre que sale de su cuerpo después del nacimiento, espere y no se ponga nerviosa.

9. **La felicidad abrumadora puede no ser su primera emoción después de dar a luz.** Después de un parto física y emocionalmente agotador, y un parto que puede haber durado horas o días, es normal que la madre se cierre emocionalmente. Esta es una respuesta normal cuando se está extremadamente agotado y es importante que todos dejen descansar a la mamá. Y mamá tampoco debería avergonzarse de no estar saltando de alegría después de una experiencia tan agotadora físicamente. Solo dele a mamá algo de tiempo para recargarse y se despertará con la increíble alegría que todos los demás también sienten.

10. **El parto también es difícil para las parejas.** Por supuesto, no será tan difícil como lo es para la mamá, pero eso no significa

que no sea un desafío para el papá u otras parejas de nacimiento. No es raro que las enfermeras saquen a alguien de la sala de partos porque es demasiado molesto ver a su ser querido con tanto dolor. Si esto sucede, no culpe a su pareja por tener esta reacción. Muchas parejas lo hacen.

4 cosas que debe hacer para una cesárea más segura

No hay necesidad de preocuparse por su cesárea. Es cierto que viene con más riesgos que un parto vaginal, pero esto es cierto para todas las cirugías. Las complicaciones de las cesáreas son raras y las mujeres generalmente tienen mucho control cuando se trata de evitar estas complicaciones. Muchas madres primerizas están interesadas en las precauciones que pueden tener antes y después de su cesárea. Esto es lo que puede hacer para asegurarse de evitar los riesgos de una cesárea.

1. **Lávese con jabón antibacteriano antes de la cirugía.** Hacer esto asegura que haya menos bacterias en el área donde se le cortará, reduciendo así su riesgo de infección (uno de los mayores riesgos asociados con las cesáreas).
2. **No se afeite usted mismo el vello púbico antes de la cirugía.** Si es necesario retirarlo, será recortado cuidadosamente por el personal quirúrgico. Afeitarse puede aumentar el riesgo de infección.
3. **Manténgase caliente lo más que pueda.** El resfriarse antes o durante una cesárea puede aumentar ligeramente su riesgo de infección. Asegúrese de estar cómodo y abrigado en todas las mantas que necesite.
4. **Camine tan pronto como pueda después de la cirugía.** Sí, usted estará adolorido, pero caminar poco después de la cirugía hace que su sangre se mueva de nuevo, y esto es esencial para reducir el riesgo de coágulos sanguíneos. Haga lo que haga, no abuse de la actividad física. Solo asegúrese de tener algo de tiempo de pie para comenzar el proceso de curación.

La verdad sobre la anestesia epidural

Cuando se trata de aliviar el dolor durante el parto, la anestesia epidural es la más utilizada. No solo se administra para cesáreas y partos vaginales, sino que también alivia el dolor de otras cirugías y el dolor corporal de un disco prolapsado.

¿Cómo se administra una epidural?

La epidural se inyecta con una aguja en la parte baja de la espalda, específicamente en el área alrededor de los nervios espinales. En esta misma área se aplica anestesia local antes de la epidural, para que las madres no sientan demasiado dolor a partir de la segunda ronda de anestesia. Las epidurales adormecen el cuerpo debajo del lugar de la inyección, por lo que los dolores de parto de la madre disminuyen significativamente y, sin embargo, puede permanecer despierta durante el parto o la cesárea. Toma aproximadamente 15-20 minutos para que el anestésico haga efecto. Debido a que la mitad inferior del cuerpo está adormecida, generalmente se inserta un catéter hasta que los efectos de la epidural desaparezcan.

¿Por qué debe hacerse una epidural?

Una epidural es completamente opcional para los partos vaginales. Muchas mujeres afirman que lo necesitan absolutamente y otras se las arreglan bien sin uno. La mayor y más obvia ventaja para la epidural es, por supuesto, tener un parto mucho más indoloro o, en algunos casos, *completamente* indoloro. Muchas mujeres encuentran el dolor del parto insoportable y si el trabajo de parto también fue difícil, algunas madres ya no pueden soportarlo. Sin dolor, muchas madres se dan cuenta de que son completamente lúcidas durante el trabajo de parto.

¿Por qué no debería hacerse una epidural?

Hay algunas razones por las que algunas mamás optan por no recibir la epidural. A algunas mujeres no les agrada los efectos secundarios, que pueden incluir dolores de cabeza, náuseas, micción durante el parto e incapacidad para controlarla por un corto tiempo después, daño nervioso temporal y dificultad para caminar. Debido a la falta de sensibilidad en la mitad inferior del cuerpo, las mujeres bajo anestesia epidural también tienden a tener dificultades para empujar eficazmente durante el parto. Así que aunque el nacimiento se vuelve indoloro, una epidural puede prolongar el tiempo total de trabajo de parto. Después del nacimiento, el anestésico aún necesita tiempo para desaparecer, por lo que la madre no podrá sentir sus piernas por un corto tiempo después.

Como con la mayoría de las cosas, las epidurales vienen con sus propios riesgos. Siempre existe una pequeña posibilidad (aproximadamente 0.5%) de que las mamás desarrollen un dolor de cabeza posterior a la punción dural (un dolor de cabeza severo que aparece en cualquier momento), el cual puede durar desde un día hasta una semana después de la epidural. Este dolor de cabeza se intensificará cuando esté erguido, en posición sentada o de pie, pero disminuirá cuando esté acostado. Acompañando el dolor, también puede haber náuseas, vómitos, dolor de cuello y una sensibilidad extrema a la luz. A pesar de ser doloroso, es fácil de tratar por un médico.

¿Una epidural puede afectar al bebé?

Desafortunadamente, se necesitan muchos más estudios sobre este tema. Existe poco evidencia que demuestra que las epidurales tienen un efecto sutil en los recién nacidos, pero esto no ha sido explorado en detalle. Lo que sí sabemos es que las epidurales no dañan al bebé, por lo que sabemos, y si hay efectos secundarios, no son graves. Por ejemplo, algunos estudios han demostrado que las epidurales pueden causar problemas con la lactancia materna, es decir, que el bebé se "enganche" a la mama, pero esto no causa daño duradero al bebé.

7 trucos útiles para expulsar al bebé

1. **Puje como si fuera a ir al baño, es decir, como si fuera a defecar.** ¡Esto siempre despista a las madres primerizas!

Naturalmente, piensan que si están tratando de empujar a un bebé y *no* de ir al baño, no deberían usar esos músculos. ¡Esto está mal! Y es por eso por lo que es difícil evitar tener una evacuación intestinal durante el parto. Si se siente como si estuvieras defecando, ¡está en el camino correcto! No se avergüence y hágalo.

2. **Use pujadas grandes y enfocadas, en lugar de pujadas frenéticas más frecuentes.** Muchas personas que pujan por primera vez tratan de conservar su energía y optan por pujadas ligeros pero frecuentes. Éstos resultarán ser muy ineficaces y pueden prolongar el tiempo que se pasa en el trabajo de parto. ¡Concéntrese y ponga mucha energía en cada puje! Las pujadas frecuentes e intensos son mucho mejores que las pujadas prolongadas.

3. **No se esfuerce ni puje con la parte superior del cuerpo.** Esto no afectará el nacimiento de su bebé, pero puede dejar a la madre con moretones en la cara u ojos inyectados de sangre. Cuando las madres dejan salir un pujo intenso, instintivamente tiran de la parte superior de su cuerpo hacia él también. Para evitar los moretones en la parte superior del cuerpo, empuje solo con la parte inferior del cuerpo y no fuerce demasiado la cara.

4. **No tenga miedo de intentar una posición diferente.** La mayoría de las mujeres dan a luz tumbadas boca arriba, pero otras posiciones han demostrado ser mucho más útiles para sacar al bebé. Si acostarse boca arriba no está funcionando, trate de ponerse en cuclillas. De esta manera, la gravedad puede ayudar a dar a luz a su bebé.

5. **Siga respirando y no contenga la respiración durante más de unos segundos.** Cuando el dolor es intenso, muchas personas comienzan a contener la respiración de forma natural. Resiste hacer esto cuando esté dando a luz. Respire profundamente siempre que pueda y especialmente antes de cada gran pujada.

6. **No puje hasta que tenga ganas de pujar.** Estar en trabajo de parto no significa que esté lista para pujar. ¡Lo sabrá cuando lo esté! Y cuando llegue el momento adecuado.
7. **¡Puje cuando tenga ganas de pujar!** Su cuerpo sabe cuándo es el momento adecuado. De hecho, pujar es más como una respuesta y un reflejo involuntario. Tendrás que hacer un gran esfuerzo para no hacerlo. Si usted sabe que está completamente dilatado y le viene el impulso, vaya por ello.

Las mejores posiciones para pujar con una epidural

Las epidurales harán que el dolor del parto sea mucho más manejable. En algunos casos, puede eliminar el dolor por completo. Desafortunadamente, junto con la eliminación del dolor, la epidural también puede adormecer o disminuir las ganas de pujar. Estos impulsos son muy útiles cuando se trata de sacar a un bebé, ya que básicamente le dicen a la madre cuándo debe pujar. Cuando la madre no puede saber lo que está pasando con su cuerpo, empujar al bebé hacia afuera se vuelve mucho más complicado. Afortunadamente, hay muchas posiciones de parto que pueden facilitar las cosas para la madre y el bebé. Si piensa colocarse una epidural, tenga en cuenta estas posiciones:

- Echarse de costado.
- Arrodillarse al lado o al pie de la cama mientras se inclina.
- Acuclillarse con el apoyo de otros.
- Recostarse sobre la espalda con las piernas en estribos o soportes.
- Posición sentada erguida.
- Medio sentada con las rodillas estiradas hacia usted.

7 datos poco conocidas sobre las cesáreas

1. **Seguirá sintiendo que su bebé está saliendo.** No será doloroso de ninguna manera, pero podrá sentir un ligero tirón

en el abdomen. Si usted ha tenido otros tipos de cirugía antes, no es muy diferente de eso.
2. **El equipo quirúrgico puede parecer inusualmente casual.** A pesar de que este es su primer parto, el personal quirúrgico que la atiende lo ha hecho muchas veces antes. Muchas mamás primerizas se sorprenden de la charla casual y relajada entre el personal. ¡Aprenda a ver esto como algo positivo! Significa que todo va exactamente como lo planeado para que pueda relajarse.
3. **Si quiere ver a su bebé salir, puede hacerlo.** Incluso si usted no ha incluido esta preferencia en su plan de parto, puede solicitar que se le haga este arreglo el mismo día. ¡Solo asegúrese de que está lista para ver mucha sangre!
4. **Es posible que su pareja no esté preparada para verla cortada.** Es costumbre que los médicos adviertan a las parejas sobre lo que pueden ver y la mayoría aconsejará que se concentren solo en su cara. Pero con o sin presión, las parejas a veces no pueden resistirse a la tentación de mirar. No es lo más fácil de ver, así que prepárese para ver a su pareja ponerse un poco pálida.
5. **Los médicos podrían atarla.** Esto no siempre sucede, pero no es raro. Muchas madres encuentran esto inusual, pero todo esto es para garantizar la máxima seguridad. Lo último que alguien quiere es un movimiento que dificulte la cirugía. La buena noticia es que usted apenas sentirá sus brazos y es posible que incluso se desate una vez que su bebé haya salido.
6. **El parto será rápido, pero coserla llevará algún tiempo.** De hecho, su bebé saldrá dentro de los primeros diez minutos de la cirugía. Sin embargo, coserla puede tomar hasta 45 minutos. Dicho esto, muchas mamás apenas notan el tiempo que pasa cuando se les cose. ¿Por qué? ¡Porque están encantadas de que el bebé haya salido!
7. **Estarás entumecida durante bastante tiempo.** Gracias a la medicación para el dolor, no sentirá la primera vez que se toque

la cicatriz de su cesárea. También es posible que no sienta nada la primera vez que su bebé amamanta. Esto molesta a algunas mamás pero no hay razón para estarlo, créame, sentirá que su bebé está amamantando *mucho* después de este punto. Lo más importante es que usted y su bebé estén sanos, y le espera un largo y hermoso viaje.

Capítulo 7 - Cuidados posparto

Madre primeriza, usted es un pilar de fuerza. Finalmente ha traído a su bebé al mundo y ahora, nadie subestima la fortaleza que claramente posee. El viaje solo continúa. Después de las dificultades del embarazo y el parto, es absolutamente crucial que adquiera el hábito de cuidarse a sí misma y a su bebé. Siendo la madre fuerte que es, le vendrá naturalmente a usted el poder, sin importar cómo te sientas. Aunque esta es una habilidad admirable, esta actitud no debería dictar su estilo de vida de ahora en adelante. No solo está en transición hacia un nuevo gran papel, sino que su cuerpo también está sanando.

Para asegurarse de que se cuida de la mejor manera posible, aquí están algunas de las muchas cosas que puede hacer para nutrir su bienestar interior y exterior. Acostúmbrese a escuchar a su cuerpo para que pueda identificar mejor lo que necesita en cualquier momento.

Lo que toda madre debe hacer después del parto

1. **Descanse mucho**

No hace falta decir que mamá va a necesitar descansar y recargarse. Esto puede ser difícil cuando usted tiene un recién nacido. Usted encontrará que su bebé se despierta cada pocas horas, necesitando ser alimentado, así que conseguir unas sólidas 7-8 horas será casi imposible. Una buena regla empírica es dormir siempre que su bebé duerme. Incluso si el sueño solo dura una o dos horas, estas horas se suman y realmente pueden ayudar.

2. **Obtenga ayuda de sus seres queridos**

Ya sea su pareja, familia, amigos o todo lo anterior, asegúrese de obtener toda la ayuda que necesite con las tareas domésticas y otras responsabilidades. Lo ideal es que se ocupe de todo lo que hay en la casa, dejando que usted se concentre en alimentar al bebé y cuidarse a sí misma, hasta que haya tenido más tiempo para recuperarse.

3. Obtenga una buena nutrición

De tanto amamantar algunas madres terminan descuidando su dieta y nutrición porque están muy cansadas. Aquí es donde entran sus seres queridos. Consiga que un miembro de su familia o su pareja le ayude a seguir una dieta saludable. Esto le ayudará mucho en el camino hacia la recuperación. Según los expertos en lactancia, es mejor que la madre coma siempre que tenga hambre, pero lo ideal es que coma una dieta equilibrada general con la cantidad adecuada de calorías y grasas. Estos incluyen:

- Granos integrales, como trigo integral o avena.
- Productos lácteos no pasteurizados, como la leche o el yogur. Si es posible, siga las opciones bajas en grasa o sin grasa.
- Frutas en cualquier forma, incluyendo jugo de fruta 100% natural. Las mamás cansadas pueden encontrar que el jugo o un batido es la mejor y más fácil manera de llenarse de fruta.
- Verduras, idealmente una variedad de ellas, incluyendo verduras de hojas verdes, legumbres, naranjas, rojas y verduras con almidón.
- Proteína con menos énfasis en las carnes, especialmente las rojas. Las mejores proteínas para la recuperación de las nuevas mamás son los frijoles, las semillas, las nueces y el pescado. Para otros tipos de carne, asegúrese de que solo consume carne magra.

9 efectos completamente normales a largo y corto plazo del embarazo y del parto

1. Pérdida de cabello

¿Recuerdas cuando las hormonas del embarazo te daban un cabello grueso y exuberante? Una disminución en el nivel esas hormonas significa que va a experimentar lo contrario. Después de dar a luz, muchas madres pasan por un período de pérdida de cabello. Pero no se preocupe, esto no es para siempre. Esto no debería durar más de cinco meses.

2. Hemorroides

Va a haber dolor general en sus regiones inferiores después del nacimiento, si nota que algo de este dolor viene de su ano, entonces hay una buena probabilidad de que tenga hemorroides. Esta inflamación puede hacer que las deposiciones sean aún más difíciles de lo que ya lo son con una herida o desgarro de episiotomía. Si su médico aún no le ha dado un ablandador de heces, es hora de pedirlo. Si desea otras formas de tratamiento, pruebe una crema para las hemorroides o use almohadillas que contengan una solución anestésica. Las hemorroides se tratan fácilmente, así que no hay necesidad de preocuparse por ésta.

3. Incontinencia

Le advertí sobre esto ¿no? El embarazo y el parto pueden hacer que los músculos del suelo pélvico se aflojen. Cuando los músculos que controlan la micción, las evacuaciones intestinales y el paso de gases se estiran o lesionan, pueden provocar algunos efectos secundarios frustrantes. La mayoría de las madres experimentan niveles de incontinencia por estrés, que es cuando se filtra un poco de orina mientras se ríen, tosen o estornudan. La incontinencia tiende a mejorar después de unas pocas semanas, pero no es raro que tenga algunos efectos duraderos. ¡Esperemos que haya estado practicando sus ejercicios del suelo pélvico! Si no lo ha hecho, intente hacerlo ahora.

4. Contracciones

Aunque las peores contracciones han quedado atrás, es normal que experimente algunos calambres después de dar a luz. Estos dolores se llaman dolores de posparto y serán más intensos a los pocos días, inmediatamente después del parto. Estas contracciones son el resultado natural de que el útero vuelva a su tamaño normal antes del embarazo. Después de unos días, puede esperar que los dolores después del parto desaparezcan gradualmente.

5. Estreñimiento

En los días siguientes al parto, es extremadamente común tener algo de estreñimiento. Esto tiende a ser causado por la anestesia y los medicamentos para aliviar el dolor que se le administran en el hospital. Estos pueden ralentizar el funcionamiento de sus intestinos por un corto período de tiempo. Algunas madres también se encuentran estreñidas por el miedo y la ansiedad de lastimar su periné. Manténgase completamente hidratada y coma alimentos ricos en fibra para aliviar el estreñimiento. Si cree que podría ser la ansiedad la causa de este problema, hable con su médico sobre el uso de un ablandador de heces. El estreñimiento generalmente no es un problema real a menos que haya pasado cuatro días después del nacimiento sin tener una sola evacuación intestinal. En ese momento, comuníquese con su médico de todos modos.

6. Caderas más anchas

Muchas mujeres descubren que la forma de su cuerpo ha cambiado después de dar a luz. Es decir, sus caderas parecen un poco más anchas. Aunque parte de esto se debe al aumento de peso del embarazo que disminuirá después de unos meses, no es raro que la forma de una mujer vea algunos cambios permanentes. Durante el embarazo, la estructura ósea de la pelvis de la mujer cambia para permitir que el bebé se mueva suavemente a través del canal de parto. No todas las mujeres encontrarán que este cambio persiste, pero un número significativo lo hace.

7. Cambios de humor

Diré esto ahora y se lo recordaré más tarde: ¡no se sienta culpable por sus cambios de humor! Muchas mamás tienen la impresión equivocada de que van a tener un bebé y que van a tener una alegría impermeable. Esto es un mito total y conduce a una vergüenza innecesaria para una madre que solo necesita un descanso. Sí, te sentirás feliz pero también pasarás por una montaña rusa de otras emociones. Es una combinación de hormonas y el hecho de que está agotada después de los últimos nueve meses. ¡No sea dura consigo misma! Hablaremos más a fondo de esto más adelante.

8. Deseo sexual inferior

Por la misma razón que los cambios de humor, un menor deseo sexual es muy común en el posparto. Esto es especialmente cierto para las mujeres que amamantan cuyos niveles de estrógeno se desploman aún más al alimentar a su bebé. La mayoría de las mujeres afirman que su deseo sexual tarda, en promedio, un año en volver a su estado normal. Pero algunos solo sienten estos efectos durante unos meses. Estos efectos variarán de una mujer a otra, como ocurre con la mayoría de los cambios.

9. Melasma

Si usted ha notado manchas oscuras en su piel, específicamente en sus mejillas, frente y/o labio superior, entonces tiene melasma, y no es la única. El melasma se desencadena por cualquier cambio en las hormonas. El 50-70% de las mujeres embarazadas se ven afectadas por ella y muchas encuentran que perdura mucho tiempo después de dar a luz. La mayoría de los signos de melasma desaparecen después de un año, pero es posible que algunas manchas oscuras necesiten tratamiento adicional. Antes de buscar el cuidado de la piel de alta resistencia que generalmente se receta para el melasma, espere hasta que ya no esté amamantando a su bebé.

10. Piel más oscura en las areolas y labios

Como mencioné en un capítulo anterior, las areolas de una mujer se oscurecen y a veces se agrandan durante el embarazo. Algunas mujeres descubren que sus pezones y areolas permanecen más oscuros incluso después de dar a luz. Sin embargo, esto no es lo único que cambia; los labios también pueden volverse más oscuros e incluso se puede ver este mismo oscurecimiento con lunares.

¿Cómo ayudar a sanar el cuerpo después del parto?

Todas las madres están adoloridas y con dolor después del parto. Dependiendo del tipo de parto que haya tenido, es probable que sienta dolor en más de un lugar. Cesárea o parto vaginal, los médicos recomiendan que se abstenga de tener relaciones sexuales durante unas pocas o varias semanas. Absolutamente no intente hacerlo de todos modos o su cuerpo pagará el precio.

Siga las instrucciones de su médico y no habrá nada de qué preocuparse. Definitivamente, ya está en el camino de la recuperación, pero aquí hay algunas otras cosas que puede hacer para acelerar el proceso de curación.

El cuidado de la cicatriz de la cesárea

Su médico o enfermera debería haberle dado algunas instrucciones útiles sobre cómo cuidar su cicatriz de la cesárea. Todo se reduce a dos cosas: limpio y seco. Lo ideal es que lo limpie suavemente todos los días con un poco de agua y jabón suave. Después del lavado, seque la cicatriz con una toalla limpia. La mayoría de los médicos le dirán que está completamente bien aplicar un poco de vaselina o un ungüento antibiótico en la cicatriz. Sin embargo, algunos médicos creen que es mejor dejarlo después de lavar y secar, sin aceite ni pomada. Ninguna de estas prácticas dañará su cicatriz, así que siéntase libre de elegir lo que considere adecuado para usted o pregúntele a su médico cuál es su método preferido.

Siempre que pueda, deje su cicatriz al aire. El aire puede ayudar a que las lesiones cutáneas se curen más rápido. Además de esto, trate de usar ropa suelta para evitar frotarse contra la cicatriz. Su médico también debería haber mencionado esto, pero evite todo ejercicio, especialmente durante las primeras semanas.

Si su cicatriz muestra signos de hinchazón o enrojecimiento en la piel que la rodea, o comienza a supurar cualquier líquido, asegúrese de contactar a su médico tan pronto como sea posible.

El cuidado de su perineo

El perineo tiende a ser una de las zonas más dolorosas después del parto. Ya sea que se lo hayan cortado durante el parto o que se haya desgarrado naturalmente, es probable que esté ansiosa por sentir alivio. Usar una bolsa de hielo en el área cada pocas horas puede hacer maravillas, especialmente el día después de dar a luz. Después de orinar, tenga especial cuidado para limpiar suavemente el área, ya que la orina puede irritar la cortada o la piel desgarrada. Rocíe o salpique ligeramente con agua tibia el perineo para prevenir la irritación. Haga esto antes y después de orinar.

¿Cómo mejorar la incontinencia urinaria o fecal?

Con suerte, ¡ha estado haciendo los ejercicios del suelo pélvico del capítulo tres! Esto le habrá dado algo de fuerza contra la incontinencia. Si no fue tan diligente al respecto, ¡está bien! Usted puede comenzar a hacerlos tan pronto como sienta que está lo suficientemente bien. Éstos tendrían efecto inmediatamente, pero si usted se atiene a ellos, verá mejoras muy pronto.

Alivio de los senos dolorosos o adoloridos

Además de usar ungüento de lanolina en los pezones, asegúrese de dejar que sus senos respiren después de cada sesión de alimentación. La exposición al aire fresco puede tener un efecto calmante en la piel. Algunas madres encuentran que usar una compresa tibia o una almohadilla térmica en los senos adoloridos puede ayudar mucho.

Alivio del malestar general "allá abajo"

Si el dolor es demasiado molesto, el uso de analgésicos es siempre una opción, especialmente el acetaminofén puede ayudar mucho con el dolor en el perineo. Otros métodos calmantes incluyen tomar un baño sentada y usar paños térmicos. Muchas madres también optan por las almohadillas de hamamelis, que se pueden usar junto con una compresa de hielo para aliviar el dolor en la vagina y/o las hemorroides posparto.

Todo lo que necesita saber sobre la depresión posparto

El nacimiento de un bebé trae una alegría increíble a la vida de dos padres afortunados. Sin embargo, es muy común sentir una variedad de otras emociones. Con alegría, también puede haber temor y ansiedad de ser un buen cuidador o padre. Y las madres pueden incluso pueden sentir la "melancolía posparto" a partir de un par de días después del parto. Estos sentimientos son muy normales y para muchas madres, la tristeza puede desaparecer en solo un par de semanas. Sin embargo, cuando la melancolía posparto dura un período de tiempo prolongado, esto se denomina depresión posparto. Los síntomas de la depresión postparto incluyen:

- Una sensación generalizada de que no puede establecer lazos afectivos con su bebé.
- Agotamiento total de la energía.
- Insomnio o dormir demasiado.
- Pérdida de apetito o comer en exceso.
- Aislamiento de amigos y familiares cercanos.
- Episodios de llanto excesivo.
- Sentimientos fuertes de ser una madre inadecuada o mala.
- Inquietud y ansiedad.
- Cambios de humor o depresión general.
- Culpa, vergüenza y sentimientos de inutilidad.

Si estos síntomas persisten durante más de dos semanas, es esencial que las nuevas madres busquen ayuda para la depresión posparto. Esto es especialmente importante si los síntomas cruzan la línea de la psicosis postparto, marcada notablemente por sentimientos de confusión, delirios o alucinaciones, pensamientos obsesivos que giran en torno al bebé, paranoia, y quizás incluso pensamientos o intentos de hacerse daño a ella misma o al bebé. Cuanto más tiempo se dejen sin tratar estas afecciones, más tiempo continuarán. La ayuda de un profesional médico puede permitir que las nuevas madres recuperen un estado de ánimo saludable para que puedan disfrutar de su nuevo rol, como se merecen.

9 ideas para el autocuidado del alma de una madre primeriza

1. Invite a un amigo a visitarlos

Si te sientes bien, ¿por qué no invitas a un amigo? Una vez que su recién nacido esté un poco más asentado y haya tenido tiempo de recargarse, pasar algún tiempo con un amigo cuya compañía usted ama puede ser increíblemente sanadora. Mientras su bebé duerme la siesta, pueden almorzar juntos en su casa y disfrutar de una película o un programa de televisión. Este también es un buen momento para hacer nuevas amistades con otras mamás primerizas. Si usted conoce a alguien más que acaba de tener un bebé, este puede ser el momento perfecto para formar un vínculo.

2. **Disfrute de un baño tibio o caliente**

Este método de autocuidado no solo calma el alma, sino que también calma el cuerpo, especialmente en las zonas sensibles que están adoloridas. Siéntase libre de apagar las luces, poner música de fondo o encender velas si lo encuentra más reconfortante. Puede hacerlo a cualquier hora del día, cuando más lo necesite. Hágalo entre las siestas de su bebé o simplemente pídale a su pareja que se haga cargo por un tiempo. Ya que probablemente esté cansada, ¡solo asegúrese de no quedarse dormida en la bañera!

3. **Consiéntase con un masaje o manicura**

¡Merece mimarse, nueva mamá! Muchas madres se sienten culpables cuando le quitan tiempo a su bebé para ser mimadas, pero esta culpa debe cesar. Mientras no esté haciendo esto en exceso, se está dando exactamente lo que necesita para ser la mejor mamá para su bebé. Su cuerpo ha pasado por *mucho*, debe permitirse sentarse para que la cuiden por un momento. Ya sea con un masaje, una manicura o una pedicura, haga algo que le permita estar quieta y calmada.

4. **Escriba en un diario**

A muchas madres les encanta escribir un diario después de haber tenido un bebé. Incluso aquellos que nunca han tenido un diario antes. Documentar estos primeros días puede ser muy especial y algunas mamás incluso lo hacen con la intención de compartir el diario con sus hijos una vez que tengan la edad suficiente. La escritura puede centrar el alma y permitirnos sentarnos, respirar y observar nuestra vida diaria. Si parece que todo está cambiando y no has tenido tiempo para ti mismo, el acto de escribir y grabar puede sentirse muy anclado. Decidir no compartir este diario con nadie también está bien. Permítase sentir lo que está sintiendo y dese un espacio seguro en un diario privado. Busque una hora cada día o cada dos días para escribir una anotación en su diario, tal vez durante una de las siestas matutinas de su recién nacido.

5. Vuelva a conectarse con su pareja

Con un nuevo bebé en el hogar, muchas parejas se sienten abrumadas y se olvidan de tomar tiempo para sí mismas. No me refiero solo a sentarse a ver la televisión en silencio, sino a hablar y discutir cómo les está yendo con los nuevos cambios en sus vidas. Recuerda lo que hacías antes de que apareciera el bebé. Hablen de lo que solían hablar, tomen a la ligera los escenarios divertidos y rían juntos. Fomenten y nutran su conexión, y ambos se encontrarán con el alma aliviada.

6. Sumérjase de nuevo en un viejo pasatiempo o interés, o ¡encuentre nuevos!

Ahora tiene un nuevo bebé, pero eso no significa que tenga que descartar sus pasatiempos e intereses. De hecho, puede ser emocional y mentalmente beneficioso para usted regresar a ellos. Los estudios han demostrado que cuando hacemos regularmente algo que nos aleja de nuestra línea de pensamiento habitual, esto desencadena un antioxidante en nuestro cuerpo que combate el estrés. Si le gusta tejer, vuelva a hacerlo en los momentos en los que esté sola. Si quiere empezar a dibujar o bloguear, no es demasiado tarde para empezar. Llévese su mente momentáneamente y deje que su cuerpo se desestrese.

7. Regálese un jabón divertido, loción y otros cuidados corporales

Ahora es el momento de disfrutar de la bondad del cuidado del cuerpo. Ya sea que se trate de LUSH, Bath & Body Works, o cualquier otra cosa, disfrute de productos que hacen que su cuerpo y su piel se sientan maravillosos. El tiempo que pases en la ducha cuenta como autocuidado. Consiga todos los olores divertidos que pueda encontrar y deja que la relajen. Si tiene una cicatriz de cesárea o cualquier tipo de puntada o desgarro en el perineo, asegúrese de no frotar ninguno de estos productos directamente sobre estas áreas.

8. Paseos frecuentes

Caminar es una buena manera para que una nueva madre haga algo de ejercicio. Es seguro para su cuerpo en recuperación, le permite tomar un poco de aire fresco, y también puede mejorar su estado de ánimo. Practique este hábito saludable de cualquier manera que funcione para usted. Podría sacar a su bebé en su cochecito, o podría pedirle a su pareja que cuide a su pequeño mientras usted se toma un tiempo a solas para desestresarse con un paseo agradable. Puede parecer un acto demasiado simple como para marcar la diferencia, pero le sorprenderá lo lúcida y relajada que puede estar al dar un paseo. La mejor parte es que no tiene que tomar mucho tiempo y se puede hacer casi en cualquier lugar. Lleve música y auriculares para un paseo aún más relajante.

9. Cuide lo básico

Algunas veces, el mejor cuidado personal solo requiere hacer lo básico y hacerlo bien. Muchas mamás abrumadas están tan exhaustas que se olvidan de hacer esto. Coma alimentos nutritivos que le gusten, beba mucha agua, use un jabón perfumado en la ducha y descanse un poco durante las siestas de su bebé. Si no está dispuesta a socializar, libérese de esas responsabilidades. Solo concéntrese en cuidarse de sí misma de las maneras más básicas pero esenciales.

Capítulo 8 - Su bebé recién nacido

Tener a su primer bebé en brazos es una experiencia sin igual. ¡Pensar que ha creado esta nueva vida con su propio cuerpo! Qué magia más absoluta. Vas a tener un tiempo maravilloso para conocer a este pequeño humano, pero como te darás cuenta rápidamente, no todo son cosquillas y abrazos. Los humanos pequeños necesitan mucho cuidado y comodidad. Como aún no tienen la fuerza de mamá, siguen siendo muy delicados y vulnerables. Este capítulo está lleno de información sobre cómo cuidar adecuadamente a un bebé recién nacido. A medida que su bebé crezca, sus técnicas y estrategias también evolucionarán, pero por ahora, vigile de cerca estos detalles cruciales.

11 datos que debe saber sobre los bebés recién nacidos

1. **Es normal que su piel esté seca.** Después de todo, fueron sumergidos en un útero húmedo antes de golpear el aire rápidamente. La sequedad a veces puede ser alarmante para las nuevas mamás y papás, pero en realidad es completamente inofensiva y no hay nada que tenga que hacer al respecto.
2. **Si su recién nacido es quisquilloso, trate de imitar las condiciones del útero.** Considere cómo se siente el bebé al estar cómodo dentro de su cuerpo y trate de recrear ese mismo ambiente. Trate de envolverse o columpiarse suavemente, y acompañe esto con un ligero sonido de silbido o un silbido. Incluso es posible que descubra que un baño tibio tiene un efecto calmante en su recién nacido.
3. **Haga que los baños de esponja sean la norma durante las primeras dos semanas**, o específicamente, hasta que el cordón umbilical se caiga. Un baño de esponja facilita mantener el

cordón umbilical seco, que es lo que necesita para que se caiga rápidamente.

4. **Espere algún sangrado cuando el cordón umbilical se caiga.** Piense en ello como si fuera una costra que se despegara. La sangre es normal y no es razón para alarmarse.
5. **Los recién nacidos son miopes.** Justo después del nacimiento, un bebé recién nacido solo puede ver de 8 a 12 pulgadas delante de sus caras. Todo lo demás es borroso y no se puede distinguir. A medida que pasan los meses, la vista de su bebé se fortalecerá gradualmente. A los tres meses de edad, las formas y los colores serán mucho más claros.
6. **No se preocupe si su bebé pierde un poco de peso.** A los pocos días de dar a luz, no es raro que los bebés pierdan entre el cinco y el diez por ciento de su peso corporal. Esto no es una señal de que su bebé esté desnutrido. De hecho, usted descubrirá que su bebé ha ganado más peso después de un par de semanas después del nacimiento.
7. **Los bebés amamantados tienen menos heces malolientes.** Un hecho extraño, pero es verdad. Justo después del nacimiento, todos los bebés tienen el mismo tipo de heces. Pero una vez que usted establezca una rutina de alimentación y decida cómo encontrar a su bebé, la naturaleza de sus heces cambiarán rápidamente. ¿De qué depende? Ya sea que estén alimentados con fórmula o con leche materna. Sorprendentemente, las heces de los bebés amamantados no apesta en absoluto.
8. **Es normal que los recién nacidos tengan marcas de nacimiento.** Estos aparecerán de color rosado o durazno en su cara o cuello. Algunos padres incluso se sorprenden al ver que estas marcas se ponen más rojas cuando están en peligro. Aproximadamente un tercio de los bebés tendrán estas marcas, por lo que por lo general no es motivo de preocupación. Pero si nota una decoloración de la piel o protuberancias extrañas, siempre es mejor hablar con un médico. De lo contrario, estas

inofensivas marcas rosadas tienden a desaparecer en seis meses.
9. **Los recién nacidos pueden derramar leche.** De hecho, usted puede incluso notar que algunos recién nacidos parecen tener pequeños senos levantados. Esto y cualquier escape de leche es completamente normal, y no durará más allá de unas pocas semanas. La razón detrás de esta ocurrencia es que los recién nacidos absorben algunas de las hormonas de estrógeno de la madre mientras están en el útero. En las hijas pequeñas, también puede llevar a que se presente secreción vaginal o mini períodos menstruales.
10. **A la mayoría de los recién nacidos les gusta mirar hacia el lado derecho cuando duermen.** Y muchos expertos piensan que esto puede estar relacionado con la razón por la que la mayoría de las personas son diestras. Solo un 15% de los bebés prefieren mirar hacia el lado izquierdo cuando duermen.
11. **Pueden recordar lo que comiste mientras estabas embarazada de ellos.** Y lo más fascinante de todo es que esto puede influir en sus propias preferencias de sabor. Todo lo que la madre come después de cuatro meses de embarazo afecta el sabor de su líquido amniótico y sabrán instantáneamente cuándo este mismo sabor vuelve a aparecer en la leche materna. Si la mamá comió muchas comidas con sabor a ajo fuerte, puede apostar a que el bebé se sentirá atraído por el ajo más tarde.

6 reglas que debe saber sobre la alimentación con fórmula

1. **No vuelva a usar la fórmula que su bebé no termina, incluso si usted la refrigera primero.** Se convierte en un caldo de cultivo para las bacterias después de un cierto tiempo y esto no se ve favorecido por el almacenamiento. Sin embargo, si usted ha preparado una fórmula que su bebé ni siquiera toca el

chupón, entonces es seguro guardarla durante 24 horas. No haga esto si su bebé ha tenido la boca en el chupón del biberón.
2. **No use fórmulas preparadas que hayan sido dejado fuera por más de una hora.** Las bacterias que crecen más allá de este tiempo pueden enfermar a su bebé.
3. **Guarde la fórmula en la parte trasera de su refrigerador, que es donde hace más frío**, pero *no* congele la fórmula. El congelar la fórmula afecta negativamente su textura y consistencia. Aunque esto no es peligroso, es mucho menos probable que su bebé lo beba de esta manera.
4. **Sirva la fórmula tan pronto como esté preparada y calentada.** Tan pronto como tenga tiempo de asentarse, las bacterias comienzan a acumularse. Déselo a su bebé antes de que se convierta en un caldo de cultivo.
5. **Sea una fanática de la limpieza cuando se trate de la fórmula de su bebé.** Esta es una de las pocas veces que es completamente apropiado volverse loco por cada detalle. Asegúrese de lavarse las manos antes de manipular la fórmula de su bebé y la base en la que la esté preparando. Además de esto, siempre limpie y luego seque adecuadamente la tapa de su fórmula. Como dije, ¡sea un monstruo de la limpieza!
6. **No caliente la fórmula en el microondas.** Hacer esto calentará la fórmula de manera desigual, haciendo que los puntos extremadamente calientes en la solución sean más propensos a quemar la boca del bebé. La mejor manera de calentar la fórmula es con un calentador de biberón. Si no tiene intención de comprar uno, deje la fórmula embotellada en un tazón con agua caliente durante unos minutos. ¡Esto debería funcionar!

Alimentos que se debe limitar o evitar mientras amamanta

Es posible que ya no esté embarazada, pero si está amamantando su bebé aún se verá afectado por lo que usted coma y beba. Por esta razón, usted necesitará observar lo que entra en su cuerpo. No todo lo que está en esta lista necesita ser eliminado completamente de su dieta, solo tendrá que moderar la cantidad que come o hacerlo con precaución. Los alimentos que usted necesita limitar no dañarán a su bebé de ninguna manera, pero pueden causar una reacción o comportamiento no deseado, haciendo más difícil para mamá y papá establecer una dinámica saludable. Es importante tener en cuenta que cada bebé es diferente y que algunos "alimentos que debe limitar" pueden ser más compatibles con su recién nacido.

Alimentos que debe limitar o moderar

- **Comida picante**

Las especias calientes pueden influir en el sabor de la leche y en su interacción con el organismo del bebé. La mayoría de los bebés pueden manejarlo, pero en grandes cantidades o con demasiada frecuencia, puede inducir cólicos, gases o incluso diarrea. Algunos bebés son menos tolerantes a las especias, así que siempre preste mucha atención a lo que su bebé puede manejar.

- **Ciertas hierbas**

Las hierbas como la menta, la salvia, el tomillo, el orégano y el perejil deben usarse con moderación. Aunque no son peligrosos para el bebé de ninguna manera, son conocidos por reducir el suministro de leche de la madre. Por otro lado, siéntase libre de disfrutarlas si está luchando con un exceso de leche o tratando de destetar a su bebé de la leche materna.

- **"Verduras gaseosas"**

Ninguna mamá debe evitar las verduras gaseosas, pero en los primeros días, es posible que tenga que vigilar a su bebé para ver cómo reacciona. Las verduras gaseosas incluyen cebollas, brócoli, repollo, coliflor, pimientos y ajo. Algunos bebés pueden manejarlas muy bien, pero otros pueden ser extremadamente incómodos y gaseosos.

- **Cafeína**

Las madres lactantes todavía tienen que evitar la cafeína, pero pueden consumir unos 100 g más de lo que solían consumir. Dicho esto, algunas mamás optan por no consumir cafeína, ya que puede causar problemas de sueño a sus bebés y hacerlos muy quisquillosos. Recuerde que la cafeína no solo está en el café, sino también en el chocolate, las bebidas energéticas y ciertos tés.

- **Alcohol**

Los médicos todavía dicen que la opción más segura es evitar el alcohol, pero las madres lactantes ya no *tienen que* hacerlo. Hay maneras muy confiables de tomar una bebida sin que afecte al bebé. Las madres lactantes deben limitarse a una pequeña copa de vino o medio vaso de cerveza al día y absolutamente nada más. Como con todo en su dieta, el alcohol puede pasar a través de la leche materna a su bebé. No ha demostrado ser perjudicial en cantidades muy pequeñas, por lo que es esencial que las madres limiten la cantidad que atraviesa. Pueden hacerlo siempre y cuando:

I. Espere por lo menos tres horas después de beber para amamantar al bebé.
II. Beba mientras se amamanta, ya que el alcohol tarda unos 25 minutos en entrar en la leche materna.
III. Alimente al bebé con leche materna almacenada cuando el alcohol aún está en el organismo de la madre.

También es importante que las madres se atengan a su límite de alcohol por día. Mientras más alcohol se consuma en una sola sesión, más tiempo permanecerá en su sistema.

Alimentos que se deben evitar

Este dato es simple: evite todos los demás alimentos que estaban en la "Lista de cosas que una mujer embarazada debe dejar de hacer" en el Capítulo 1. Esto significa que no debe incluir en su consumo pescado con alto contenido de mercurio ni productos lácteos no pasteurizados. Si usted es un amante de los mariscos, asegúrese de que el atún, el pez espada, la caballa y el tiburón no estén en su plato. Y si es un fanático del queso, siempre revise si es pasteurizado primero.

Guía del embarazo

¿Cómo prevenir el Síndrome de muerte súbita infantil?

El síndrome de muerte súbita infantil, también conocido como SMSI o muerte en la cuna, es fácilmente la peor pesadilla de todos los padres. Es el nombre dado a la muerte espontánea de un bebé dormido menor de un año. Lo que hace que el SMSI sea aún más angustioso es el hecho de que los expertos todavía no están seguros de por qué sucede y no hay que estar atentos a las señales de advertencia. Desafortunadamente, no hay una manera segura de prevenir el SMSI, pero puede tomar medidas para reducir el riesgo en su bebé. La buena noticia es que estas medidas preventivas parecen funcionar. La tasa de SMSI se ha reducido en más de un 60% desde que se hicieron públicas. Aquí están los mejores consejos disponibles sobre cómo protegerse contra el SMSI:

1. **Acueste a su bebé en un colchón firme y descubierto.** Aunque parezca como si un adorable pequeño ser humano necesitara algo suave, los colchones firmes son en realidad la mejor opción para la prevención del SMSI. Los edredones acolchados, suaves y esponjosos en realidad aumentan la posibilidad de sofocación o asfixia. Todo lo que necesita es un colchón firme y una sábana ajustada o una simple cuna. Y sí, esto significa que *no hay* peluches ni protectores.
2. **Ponga a su bebé a dormir boca arriba.** Durante el primer año, nunca se les debe poner a dormir de costado o boca abajo. Si alguien más está cuidando a su bebé, es importante que usted también le haga saber este importante detalle. Muchas niñeras creen que un bebé quisquilloso puede calmarse si se le deja boca abajo, ya sea que esto sea cierto o no, el riesgo elevado de SMSI significa que no vale la pena averiguarlo. No asuma que todos los proveedores de cuidado infantil saben esto y hágaselo saber siempre.
3. **Amamante a su bebé el mayor tiempo posible.** Incluso si usted planea alimentar a su bebé con leche de fórmula, vea por cuánto tiempo puede seguir amamantando a su bebé como parte de su rutina. Lo ideal sería que lo hiciera durante seis

meses, si puede. Sorprendentemente, los expertos han encontrado que los bebés amamantados tienen hasta un 50% de un menor riesgo de contraer el SIDS. Las razones por las que se ven estos resultados no están muy claras, pero puede deberse al hecho de que la leche materna protege a los bebés de las infecciones, algunas de las cuales podrían ser responsables del SMSI. Dicho esto, una madre lactante que bebe alcohol en realidad aumenta el riesgo de SMSI en su hijo.

4. **No deje que su recién nacido duerma en la misma cama que su mamá, su papá u otro niño.** Aunque está completamente bien abrazar y alimentar a su bebé en la cama, evite quedarse dormido juntos, ya que esto también aumenta el riesgo de sofocación y asfixia. Se han producido accidentes en los que un padre o madre que duerme con su bebé, rueda contra ellos, restringiendo su respiración. Evite este riesgo durmiendo en camas separadas y no amamantando a su bebé en una posición en la que pueda quedarse dormida.

5. **Mantenga la cuna del bebé en el dormitorio de mamá.** Los estudios han demostrado que un bebé que duerme en el dormitorio de su madre (pero no en su cama) tiene un menor riesgo de SMSI. Por esta razón, los expertos tienden a aconsejar que los recién nacidos no duerman en su propia habitación hasta que tengan más de seis meses de edad.

6. **Absolutamente no fume cerca de su bebé.** El humo de segunda mano es otro factor de riesgo importante para el SMSI. Si va a haber un fumador cerca de su bebé, asegúrese de que no fume cerca del bebé. Si ayuda, hágales saber de los riesgos para que entiendan lo que está en juego.

7. **Asegúrese de que su bebé no se sobrecaliente.** Como es de esperar, el sobrecalentamiento aumenta el riesgo de que el bebé sufra de SMSI. Cuando su bebé se duerma, vístase con ropa cómoda hecha de un material liviano. Y mientras la temperatura ambiente sea cómoda para un adulto, entonces es perfecta para su bebé.

8. **No le dé miel a un bebé.** En los niños muy pequeños, la miel puede llevar a una enfermedad llamada botulismo. Si bien es necesario realizar más investigaciones sobre este tema, existen pruebas que sugieren que el botulismo está relacionado con los SMSI.

Y una nota final: hay muchos productos que afirman que son capaces de reducir el riesgo de SMSI de un bebé. Tenga en cuenta que son *solo* afirmaciones. No existen pruebas de que alguno de estos productos, incluidos los respiradores electrónicos y los monitores cardíacos, sean efectivos o incluso seguros.

¡Es la hora del baño!

La hora del baño puede ser una experiencia increíblemente divertida y adorable con un recién nacido. Le encantará saber que este ritual solo se vuelve más lindo a medida que envejece. Pero cuando las cosas se ponen mojadas y resbaladizas, la probabilidad de que ocurra un accidente aumenta aún más. Por eso es muy importante que los padres estén preparados y atentos a la hora de bañar a sus hijos. Siga estos consejos para asegurarse de que la hora del baño sea segura, eficiente y cómoda para su bebé.

- **Establezca una rutina para la hora del baño**

Elija una hora del día que se adapte a la hora del baño del bebé y trate de seguir esa rutina. Es la mejor manera de empezar a ajustar el reloj corporal de su bebé. Muchas mamás prefieren una rutina de baño nocturno ya que el tiempo que pasan en el agua es muy relajante y a veces hace que el bebé se duerma. Con el tiempo, comienzan a hacer la conexión entre la hora del baño y la hora de dormir, entendiendo que estas actividades van de la mano. Pero dicho esto, depende completamente de usted y de lo que funcione para su estilo de vida. ¡Las rutinas de baño matutino son igual de maravillosas! Y recuerde que el hecho de que usted haya establecido una rutina no significa que tenga que seguirla religiosamente. Si el bebé tiene hambre y la hora del baño necesita ser pospuesta, ¡también está bien!

- **Tenga todo lo que necesite cerca**

Piense en todos los suministros que necesitará mientras bañar a su bebé y para después, y téngalos al alcance de la mano. Lo último que querrá es coger a su recién nacido mojado en la mitad del baño para ir corriendo a otra habitación. ¡Hágalo fácil para usted! Tenga a la mano todos los productos para la hora del baño y los productos esenciales para el secado.

- **El agua debe estar tibia pero no caliente**

Antes de bañar al bebé, compruebe la temperatura del agua con el codo, una de las zonas más sensibles del cuerpo. El agua debe estar confortablemente tibia, no caliente ni fría (alrededor de 98-100 °F). Para obtener la temperatura adecuada, aconsejo hacer correr el agua fría primero y el agua caliente después. No ponga a su bebé en agua corriente. Estar expuesto a agua demasiado caliente por solo un segundo puede ser suficiente para escaldar la piel del bebé. Si puede, también trate de mantener la temperatura ambiente relativamente tibia, ya que los bebés desnudos pueden perder calor corporal muy rápidamente.

- **No deje a su bebé sentado en el agua por mucho tiempo**

Lo ideal es que la hora del baño sea de al menos cinco minutos y no más de diez. Cuando se deja a los bebés en el agua durante demasiado tiempo, su piel corre el riesgo de resecarse, especialmente porque ya está bastante seca. En casos extremos, los bebés pueden incluso contraer hipotermia, una condición causada por la pérdida de calor corporal más rápido de lo que usted puede producir. Y no hace falta decir que tampoco debe dejar a su bebé sentado o acostado en el agua desatendido. Usted siempre debe estar presente durante el baño de su bebé.

- **Use un jabón suave y agradable para el bebé**

La piel del bebé es sensible; para la hora del baño, utilice únicamente jabones suaves que, idealmente, no contengan fragancias. Los productos químicos y los aceites que contienen el jabón de mamá y papá pueden irritar su piel, ¡aunque el envase parezca atractivo! Para protegerse contra la irritación de la piel, incluso aconsejaría usar solo una pequeña cantidad de jabón y solo usarlo hacia el final de la hora del baño. Cuando un bebé se sienta en agua jabonosa durante demasiado tiempo, la irritación también puede desarrollarse de esa manera.

- **Lavar a las niñas de adelante hacia atrás**

Esto no es solo un consejo para la hora del baño, también es un consejo importante para cambiar pañales. Ya sea que esté limpiando o lavando a una niña, siempre debe ir de adelante hacia atrás. Esto es para evitar que cualquier cosa dañina entre el área más sensible. Para mayor seguridad, también debe evitar el uso de jabón en la vagina, ya que a menudo esto puede provocar irritación de la piel.

- **No coloque a los recién nacidos en el asiento o en el anillo del baño.**

De hecho, todos los bebés menores de un año no deben estar en un asiento de baño. La razón es simple: estos bebés son demasiado pequeños para un asiento de baño. Los bebés demasiado pequeños pueden deslizarse fácilmente del asiento ya que todavía no pueden sostenerse por sí mismos. Además, los asientos de baño pueden colapsar fácilmente, lo que puede provocar la inmersión de la cara del bebé en el agua. También es posible que los bebés se queden atrapados en o debajo de estos aparatos rígidos. En este momento de la vida de su hijo, el apoyo de los brazos de la madre o del padre es más que suficiente para mantenerlos seguros y cómodos. A veces "simple" realmente es mejor.

Por ahora, no necesito decirles que criar a un recién nacido es un trabajo duro. Hay mucha información sobre cómo hacerlo bien. Al final del día, lo que más importa es lo que es más seguro para su bebé.

Disfrute de estos preciosos momentos con su bebé recién nacido. Si hay algo que me ha llamado la atención acerca de tener un bebé recién nacido, es esto: ¡el tiempo pasa tan rápido! De hecho, la etapa del recién nacido no parece durar mucho tiempo. Antes de que te des cuenta, tienes un niño pequeño y luego un niño sabelotodo (¡o al menos yo sí!), y te quedas pensando: "¿Adónde se fue todo ese tiempo?"

Así que, tan estresado y agotado como esté, tómese el tiempo para tomar una imagen mental de estos primeros días. Apreciará estos recuerdos para siempre.

Conclusión

Felicitaciones por llegar al final de ¡*"Mamá por primera vez"*! Una de las mejores cosas que usted puede hacer como nueva madre es mantenerse informado; ¡eso es lo que ha hecho al terminar este libro! Usted está a pasos agigantados cerca de ser la mejor madre que pueda ser para su pequeño. Muchas mamás se sienten abrumadas por la cantidad de información que hay que leer y recordar. Solo sepa que sus preocupaciones inmediatas deben ser comer bien, mantenerse alejado de actividades dañinas y cuidarse a sí mismo. Para aligerar la carga de sus hombros, incluso le recomiendo que le pase este libro a su pareja o a su familiar más cercano. De esta manera, ambos pueden estar al tanto de la mejor manera de cuidar de usted y del bebé.

Le he explicado los detalles de todos y cada uno de los trimestres. A estas alturas, usted ya sabrá todo acerca de sus síntomas esperados y habrá aprendido algunos trucos sobre cómo manejarlos. Sabrá qué suplementos incluir en su dieta, cómo controlar el peso de su embarazo y cómo cuidar su piel para minimizar la posibilidad de estrías. En los primeros días, su cuerpo estará pasando por algunos grandes ajustes; por ahora, usted sabrá cuáles son estos cambios. Si siente que necesita a alguien más a bordo para obtener apoyo adicional, ¡adelante y comience la búsqueda de una doula! Especialmente para una madre primeriza, una doula puede hacer una gran diferencia en su primera experiencia de embarazo.

Recuerde comenzar los ejercicios del suelo pélvico en el segundo trimestre, es decir, si ha decidido hacerlos. Es completamente opcional, pero serán muy valiosos para prevenir la incontinencia. Los síntomas de la preeclampsia pueden aparecer tan pronto como en el segundo trimestre, así que si nota algún síntoma inusual, consulte la sección de preeclampsia para ver cuántos signos marca.

Probablemente esté bien, pero consulte a un médico inmediatamente si no está seguro. ¡Siempre es mejor estar seguro!

Cuando el tercer trimestre se acerca, es hora de empezar a prepararse para su gran día y su nueva vida con su bebé. Decida si desea amamantar o alimentar a su bebé con fórmula. Asegúrese de tener todo o al menos la mayoría de las cosas en la lista de "Necesidades". Usted no querrá salir de compras cuando llegue su recién nacido, así que lo mejor es que lo quite de en medio ahora mismo. También puede prepararse para su gran día creando un plan de parto, pero esto no es necesario. Es solo una manera de establecer lo que quiere para su gran día y asegurar que esos deseos se cumplan.

Si usted tiene una doula, ella podrá decirle cuándo está en trabajo de parto y cuándo necesita ir al hospital. Si no lo hace, entonces asegúrese de prestar mucha atención a cuáles son las señales más comunes del trabajo de parto. También debe saber cómo diferenciar entre las contracciones de Braxton Hicks y las contracciones de parto reales. ¡No querrás terminar yendo al hospital por nada!

Eventualmente, su gran día llegará y su pequeño estará listo para nacer. Ya sea que planee un parto vaginal o una cesárea, el parto rara vez es fácil. Manténgase completamente informado sobre lo que puede esperar. Si vas a tener un parto vaginal, lee sobre las epidurales para saber si te gustaría tener una. Tenga en cuenta que puede cambiar de opinión en el último momento, si el dolor es intenso. ¡No hay nada malo en esto!

Usted sentirá una montaña rusa de emociones en los días posteriores al nacimiento de su hijo. Habrá una alegría abrumadora, pero muchas madres también desarrollan la melancolía posparto y la depresión posparto. No se sienta culpable o avergonzada si tiene sus momentos bajos. Esto es normal. Busque ayuda si siente que puede tener depresión posparto. Es fácil de tratar en estos tiempos. Cuide su salud emocional y también su bienestar físico. No estrese su cuerpo ni realice ejercicios rigurosos por un tiempo. Concéntrese en comer bien, dormir y amamantar a su bebé. Obtenga toda la ayuda que necesite de sus amigos y familiares. Y recuerde, ¡el autocuidado es extremadamente importante para la madre primeriza en recuperación!

Por supuesto, el viaje no termina una vez que das a luz. Esto puede parecer mucho, pero todo esto cuenta como el primer paso. La maternidad comienza aquí. Cuando usted tenga a su bebé recién nacido en sus brazos, sentirá que ha comenzado un nuevo día y de muchas maneras lo ha hecho. Ninguna madre estará preparada al 100% porque cada bebé es diferente, así que cuando todo lo demás falla, concéntrese en lo esencial: la comida, el sueño, la seguridad del bebé, y la suya también. ¡No está sola en esto! Consulte este libro siempre que lo necesite y no tenga miedo de pedirle ayuda a su pareja.

Bienvenidos al hermoso y poderoso viaje de la maternidad, ¡mamá primeriza! Has hecho un trabajo increíble. Le deseo a usted y a su nueva familia felicidad, salud y toda una vida de aventuras divertidas juntos.

Plan alimenticio de 30 días

Semana 1

	Desayuno	Almuerzo	Cena
Día 1	Avena con arándanos, manzana en rodajas y una pizca de canela.	Un sándwich hecho con pan integral que contenga mantequilla de maní y plátano.	Salmón acompañado de brócoli al horno y papas.
Día 2	Yogur griego y bayas para elegir.	Una envoltura de pavo cocido con queso suizo, aguacate, espinacas y humus.	Camarones cocidos (desvenados y pelados) con brócoli, coliflor, ajo y tomates en aceite de oliva.
Día 3	Un batido hecho de plátanos, frambuesas, semillas de chía y yogur de vainilla bajo en grasa.	Una papa al horno con mantequilla y queso cheddar.	Pasta en una salsa ligera de aceite de oliva o mantequilla con espinacas, hongos y piñones, cubierta con queso parmesano.
Día 4	Una tortilla con queso cheddar y pan integral tostado, ligeramente	Una ensalada de rúcula e higos con vinagre balsámico, nueces y	Chuletas de cerdo, alverjas verdes y puré de papas.

	untado con mantequilla.	parmesano.	
Día 5	Granola con yogur bajo en grasa y bayas de su elección.	Una quiche de espinacas y queso con cualquier ensalada a elegir.	Pollo tierno en salsa de limón, cubierto con parmesano, con una guarnición de coles de Bruselas.
Día 6	Un batido de mantequilla de maní, plátano, leche y espinacas.	Tostada con palta, un poco de sal y pimienta.	Pollo asado con papitas al horno, espárragos y zanahorias.
Día 7	Tortilla de brócoli y queso cheddar.	Sopa cremosa de calabaza con mantequilla.	Quinua de ajo, camarones y champiñones cocida en caldo de verduras.

Semana 2

	Desayuno	Almuerzo	Cena
Día 8	Huevos revueltos en tostadas de trigo integral con frijoles al horno a un lado.	Una ensalada de pollo con palta rebanada, espinacas, parmesano, aceite de oliva y vinagre balsámico.	Hígado de res, cebollas y hongos con un lado de arroz integral.
Día 9	Avena con dos rebanadas de plátano.	Una envoltura de huevo con queso cheddar, espinacas y salsa.	Chuletas de pollo en salsa de hongos con alverjas y zanahorias.
Día 10	Un batido hecho de plátanos, peras, semillas de chía y yogur de vainilla bajo en grasa.	Sopa de brócoli y alverjas con tostadas opcionales de trigo integral para mojar.	Chuletas de cordero con un lado de espárragos y trozos de papa.
Día 11	Yogur griego y bayas para elegir.	Una papa al horno con requesón.	Brócoli, espinacas y pasta de maíz dulce horneados con queso.
Día 12	Tortilla de espinacas y requesón.	Un sándwich hecho con pan integral que contenga mantequilla de maní y plátano.	Sopa de pollo con zanahorias y apio.

Día 13	Yogur bajo en grasa con rodajas de mango y plátano.	Una envoltura de pavo cocido con queso suizo, palta, espinacas y humus.	Salmón con col cocida al limón y ajo.
Día 14	Granola con yogur bajo en grasa y bayas de su elección.	Ensalada de espinacas y edamame con zanahorias ralladas, virutas de parmesano y maíz dulce con aderezo de cítricos.	Risotto de champiñones y pollo elaborado con arroz integral.

Semana 3

	Desayuno	Almuerzo	Cena
Día 15	Un batido hecho de col rizada, aguacate, plátanos, piña y semillas de chía.	Una batata al horno rellena de espinacas, palta y cubierta con un huevo con un lado cocido.	Pasta al pesto con ajo, guisantes y tomates secos.
Día 16	Gofres de trigo entero cubiertos con miel y plátanos en rodajas.	Una ensalada de nueces, peras y queso feta (pasteurizado).	Espaguetis a la boloñesa.
Día 17	Huevos cocidos con un lado de hongos, espinacas y tomates.	Sopa de lentejas con zanahorias, ajo, papas, zanahorias y virutas de parmesano por encima.	Quinua de ajo, camarones y champiñones cocida en caldo de verduras.
Día 18	Tortilla de brócoli y queso cheddar.	Cremosa sopa de calabaza con mantequilla.	Muslos de pollo al horno con alcachofa, alverjas, ajo y cebolla.
Día 19	Tostadas integrales con mantequilla de plátano y maní u otra mantequilla de nueces.	Feta, espinacas y quiche de hongos.	Chuletas de cerdo, judías verdes y puré de papas.

Guía del embarazo

Día 20	Un batido de mantequilla de maní, plátano, leche y espinacas.	Una ensalada de pollo con palta rebanada, espinacas, parmesano, aceite de oliva y vinagre balsámico.	Salmón a la parrilla en una salsa de limón mantecosa con una guarnición de papas pequeñas picadas y espárragos.
Día 21	Tostada con palta, un poco de sal y pimienta.	Una envoltura de huevo con queso cheddar, espinacas y salsa.	Un pastel de champiñones, espinacas, apio y pasta de queso.

Semana 4

	Desayuno	Almuerzo	Cena
Día 22	Tortilla de espinacas y requesón.	Una ensalada de rúcula e higos con vinagre balsámico, nueces y parmesano.	Albóndigas en salsa de tomate con puré de papas y brócoli.
Día 23	Avena con arándanos, manzana en rodajas y una pizca de canela.	Sopa de brócoli y guisantes con tostadas opcionales de trigo integral para mojar.	Pollo tierno en salsa de limón, cubierto con parmesano, con una guarnición de coles de Bruselas.
Día 24	Huevos soleados con un lado de hongos, espinacas y tomates.	Un sándwich hecho con pan integral que contenga mantequilla de maní y plátano.	Camarones cocidos (desvenados y pelados) con brócoli, coliflor, ajo y tomates en aceite de oliva.
Día 25	Granola con yogur bajo en grasa y bayas de su elección.	Una batata al horno rellena de espinacas, palta y cubierta con un huevo con un lado cocido.	Hígado de res, cebollas y hongos con un lado de arroz integral.
Día 26	Burrito de huevo, frijoles y queso para el desayuno.	Ensalada de espinacas y edamame con zanahorias ralladas, virutas de parmesano y maíz	Risotto de champiñones y pollo elaborado con arroz integral.

		dulce con aderezo de cítricos.	
Día 27	Un batido hecho de col rizada, aguacate, plátanos, piña y semillas de chía.	Tostada con palta, un poco de sal y pimienta.	Chuletas de pollo en salsa de hongos con alverjas y zanahorias.
Día 28	Melocotones en rodajas y mango en yogur bajo en grasa.	Ensalada de cerdo y espinacas con higos, uvas rojas, balsámico, miel y queso de cabra o queso feta pasteurizado.	Pasta al pesto con ajo, alverjas y tomates secos.

Semana 5

	Desayuno	Almuerzo	Cena
Día 29	Avena con dos rebanadas de plátano.	Sándwich de pan integral con alcachofa, espinacas, queso suizo, pimientos rojos en rodajas y tomates secados al sol.	Pollo asado con papitas al horno, espárragos y zanahorias.
Día 30	Un batido de mantequilla de maní, plátano, leche y espinacas.	Sopa de lentejas con zanahorias, ajo, patatas, zanahorias y virutas de parmesano por encima.	Muslos de pollo al horno con alcachofa, alverjas, ajo y cebolla.

Lista de bocadillos

Cualquier semana

Un tazón de frutas mixtas	Papas fritas y guacamole	Tomates asados cubiertos con parmesano	Pan de plátano
Queso (pasteurizado) y galletas saladas	Almendras	Chips de col	Frutas secas y frutos secos
Uno o dos huevos duros	Queso fresco	Palitos de pepino y zanahoria con mantequilla de maní	Papas fritas
Edamame	Plátanos	Yogur y cereal bajo en grasa fortificado con hierro o fibra	Humus y pan de pita
Té helado casero con limón	Avena y pasas de uva	Rodajas de naranja	Quesadilla de frijoles negros y queso

El sueño del bebé: La solución para los bebés que no dejan de llorar

La guía sin estrés para los padres cansados con toda la información sobre el sueño del bebé para que duerma sin problemas

Tabla de Contenidos

Introducción 123
Capítulo 1 - Los fundamentos del sueño del bebé 127
   Ciclos de sueño del bebé por edad.. 127
   ¿En qué se diferencian los ciclos de sueño por edad?............... 130
   5 datos fascinantes sobre el sueño de su bebé 133
   Precauciones importantes para mantener seguro a su bebé mientras duerme 135
   ¿Qué pasa con el co-dormir? 137
   ¿Qué hay de ti? Cómo manejar el sueño interrumpido 138
Capítulo 2 - Cómo organizarse 142
   Todo lo que necesita para el área de descanso de su bebé 142
   ¿Dónde debe dormir su bebé? 145
   Asociaciones del sueño: Qué son y cómo pueden ayudar.......... 145
   ¿Qué es un registro de sueño? 152
Capítulo 3 - Problemas de sueño del bebé 154
   8 problemas Comunes del Sueño del Bebé por Edad y Cómo Controlarlos... 154
   Corrigiendo las razones menos comunes para un sueño deficiente... 158
   Lo que significan los hábitos de sueño de su bebé.................... 161
   Capítulo 4 - Preparación para el Entrenamiento del Sueño........ 165
   Duras verdades sobre el entrenamiento del sueño que todos los padres deben saber 166
   ¿Está su bebé listo para el entrenamiento del sueño?................ 170
   Cómo elegir el método correcto de entrenamiento del sueño para su bebé 172
Capítulo 5 - Éxito del entrenamiento del sueño 175
   4 métodos Transformativos de Entrenamiento del Sueño.......... 175
   Entrenamiento del sueño en más detalle: He aquí cómo............ 179
   Cómo asegurarse de que su bebé duerma durante la noche 181
   Por qué falla el entrenamiento del sueño y qué hacer 182
Capítulo 6 - ¡Es la hora de la siesta! 185

    Estrategias para una siesta exitosa 186
    ¿Qué sucede si su bebé no toma una siesta?................................ 189
Capítulo 7 - No hay problema demasiado grande 191
    Comprensión de las regresiones del sueño por edad 191
    Cómo lidiar con las regresiones del sueño 194
    6 estrategias de sueño que los padres solteros deben saber 196
    Dos bebés, muchas soluciones 198
Capítulo 8 - Cómo completar su kit de herramientas sin necesidad de usar nada de dinero 203
    Cómo calmar a un bebé que llora 203
    Patrones de llanto del bebé por edad 205
    5 Remedios Efectivos para el Cólico 206
    Cómo ayudar a un bebé enfermo a dormir tranquilo 209
Conclusión 214

Introducción

La falta de sueño es una de las cosas que muchos padres encuentran más insoportables cuando llegan a casa con un nuevo bebé. Y durante cierto tiempo, es simplemente una parte integral de ser un nuevo padre. Pero hay cosas que usted puede hacer para que su bebé duerma mejor, y este libro le dará toda la información que necesita para disfrutar de noches más tranquilas con su bebé o niño pequeño.

Al final, usted debe sentirse listo para tomar las decisiones correctas para su familia sobre el entrenamiento del sueño, junto con el establecimiento de una rutina diaria, el manejo de siestas y enfermedades, y el manejo de un bebé que llora. He intentado destilar aquí todo lo que he aprendido al criar a dos bebés, y todo lo que los expertos en paternidad saben acerca de los bebés, los niños pequeños y el sueño.

El entrenamiento para dormir no siempre es fácil, y puede llevar a algunas noches de disgusto. Un bebé que llora es difícil para cualquier padre, y si usted ha tomado este libro porque ha intentado y no ha logrado que su bebé se duerma, usted tiene mi simpatía. Aprender a dormirse y permanecer dormido es algo que les viene más naturalmente a algunos bebés. Pero para otros, desafortunadamente, se necesita tiempo y esfuerzo por parte de los padres, a menudo exhaustos, para apoyar a su bebé a dormir profundamente y despertarse refrescado y feliz.

Si a esto se le suman problemas como los cólicos y las enfermedades comunes de la infancia, además de los padres que tienen que lidiar con más de un bebé, o la maternidad o paternidad soltera, no es de extrañar que los nuevos padres estén luchando.

Si eres tú, sin duda estás agotado y te preguntas qué hacer a continuación: ¿deberías intentar entrenar el sueño, controlar el llanto o alguna otra técnica sobre la que no hayas leído todavía? ¿Estás haciendo algo mal? ¿Le pasa algo malo a tu bebé? ¿Cuál es el secreto de las madres que tienen bebés tan "buenos"; las que duermen toda la noche sin quejarse?

Tenga la seguridad de que es completamente normal hacer todas estas preguntas a lo largo de su proceso de crianza. Pero por favor sepa que los problemas de sueño también son totalmente normales en bebés y niños pequeños, y con el tiempo las cosas mejorarán. Los bebés simplemente necesitan adaptarse al mundo al que han llegado, y algunos lo encuentran más fácil que otros. Esto no los hace 'buenos' o 'malos' bebés - ¡sólo hace que cada uno de ellos sea único! Los problemas de sueño en los primeros años son simplemente parte de ser padre, y no significa que usted esté haciendo algo malo. A veces, trabajar con el mal sueño y encontrar maneras de sobrellevarlo es tu mejor opción, y le mostraré cómo hacerlo en los capítulos siguientes, junto con opciones de entrenamiento del sueño seguro y suave.

Si vas a tener tu primer bebé pronto y quieres seguir adelante con tus habilidades como madre, este libro también será muy útil y hará que esos primeros días sean un poco más fáciles.

La mejor capacitación es en el trabajo, y como madre que ha criado a dos bebés, he pasado por los primeros días de vivir con un nuevo bebé privados de sueño, y sé lo que funcionó para mí. Puede que no sea exactamente lo que funciona para su bebé, eso es algo que usted debe descubrir. Lo que es fácil para un bebé puede no serlo para otro, por lo que puede ser frustrante recibir tantos consejos de personas externas bien intencionadas que no conocen a su bebé tan bien como usted. Deja que te guíen a medida que encuentras tu camino, y recuerda, aunque parezca que la gente sabe mucho más que tú, todos los que son padres están improvisando.

No trato de ofrecer a mis lectores una solución perfecta de talla única (la cual, cuando se trata de la crianza de los hijos, no existe de todos modos). Lo que les ofrezco en cambio es una serie de estrategias para probar, todas basadas en investigaciones sonoras y en los últimos hallazgos sobre el sueño de los bebés. Todas se basan tanto en cuidar a mis propios bebés como en hacer mi propia investigación extensiva y leer sobre el sueño del bebé. Como alguien que mira hacia atrás en esos primeros días de privación de sueño con sentimientos encontrados, siempre pienso en cosas que podría haber hecho mejor. Personalmente, con mi primer bebé, dejé que las malas noches duraran demasiado. Con mi segundo, yo tenía más confianza para tomar las riendas, y él dormía mejor desde una edad más temprana.

Siga leyendo para descubrir todas las cosas que puede intentar para que su bebé duerma mejor. Cuando intente estos enfoques, puede esperar un bebé menos irritable y exhausto que estará mucho más comprometido y feliz en sus horas de vigilia. El otro beneficio, muy importante, será para usted - con más sueño y menos tiempo tratando de dormir a su bebé, se sentirá mucho mejor, tendrá más energía y podrá seguir adelante con el proceso de vivir junto a su bebé.

Al igual que con cualquier cosa que tenga que ver con su bebé, siempre vale la pena obtener una opinión experta si hay algo que le esté molestando. La ayuda está ahí fuera, y sólo tiene que pedirla. Pero para muchos padres, es simplemente una cuestión de saber qué esperar y cómo puede guiar a su bebé en la dirección correcta.

También le explicaré detalladamente todas las cosas en las que debe pensar en relación con el sueño seguro: el equipo que necesita, dónde debe dormir su bebé y cómo evitar cualquier accidente. Hablaremos de hábitos de sueño extraños, cómo mantener un registro de sueño y cómo llevar a cabo el entrenamiento de sueño, usted sentirá que esto es lo que necesita para su propio bienestar y el de su familia. Las horas de la siesta, la regresión del sueño y lograr que su bebé duerma bien cuando está enfermo son otras áreas que usted puede encontrar útiles en momentos particulares de su vivencia . Y veremos los problemas de sueño de los padres solteros, así como los de los que cuidan de más de un bebé.

Lo que ofrezco no son soluciones claras, sino un marco y unas directrices para que usted pruebe y vea qué es lo que funciona para usted. Cuando se trata de bebés y niños pequeños, este es el único enfoque sensato! Tenga la seguridad de que al establecer rutinas y un horario amigable alrededor del sueño, así como cierta consistencia, usted estará bien encaminado hacia mejores noches.

Así que tranquilízate y trabaja en este libro en tu tiempo libre, tomando nota de lo que funciona para tu bebé, dejando atrás lo que no funciona, y puede que intentes cosas un poco más adelante en el camino - a veces tu bebé sólo necesita un poco más de tiempo.

Les prometo que al final del túnel tendrán muchas ideas nuevas con las que trabajar, y comenzarán a ver la luz al final del túnel. Lo que no quiero que hagas es que caigas en la desesperación por el sueño de tu bebé - estos preciosos meses en los que tu bebé es pequeño pasarán rápidamente, e idealmente debería haber muchos momentos de alegría para ti también.

Permítame asegurarle una vez más que hay muchas maneras en las que usted puede ayudar a su bebé a convertirse en un mejor durmiente con un sueño más largo. Por favor sepa que cuando esto suceda, su vida diaria juntos será mucho más fácil. También vale la pena recordar que no todos los problemas pueden ser resueltos por usted, sino por el paso del tiempo - su bebé crecerá un poco, aprenderá nuevas habilidades, y de repente lo que le estaba molestando acerca de su sueño simplemente ha dejado de suceder. Esta es una de las cosas más asombrosas sobre la crianza de los hijos: observar cómo su hijo crece, se desarrolla, aprende nuevas habilidades y se convierte en su propia persona. Cada etapa trae sus propias recompensas junto con las preguntas.

Además de ayudar a su bebé a adaptarse al mundo, usted también tiene que hacerse cargo constantemente como padre, siempre observando lo que funciona para su bebé como un ser en particular. El sueño es una de las áreas clave en las que tendrá que concentrarse y sentirse seguro al comenzar su nueva vida con su bebé. Y como padre, el actuar con consistencia y confianza es a menudo la clave del éxito.

Aquí está una guía para ayudarle a hacer precisamente eso.

Capítulo 1 - Los fundamentos del sueño del bebé

En esta sección hablaremos de los ciclos de sueño del bebé por edades, para que pueda entender mejor los hábitos de sueño de su bebé. Los bebés cambian tan rápidamente en esta etapa de la vida que sus cerebros y cuerpos crecen rápidamente. Tener una comprensión básica de lo que puede esperar del sueño de su bebé en cada etapa, y de lo que tendrá que esperar un poco más, puede ser útil y tranquilizador para los nuevos padres.

Como todo lo demás que tienen que dominar, los bebés necesitan **aprender** a dormir por la noche y permanecer despiertos durante el día - no es algo que puedan hacer desde el primer día. También es útil saber que la vigilia y el sueño inestable de un recién nacido diminuto es en parte un mecanismo de supervivencia para evitar que se queden profundamente dormidos cuando necesitan alimentarse regularmente y sus pulmones aún son tan nuevos. Un mejor sueño viene con el tiempo, y esto es algo que todos los padres necesitan aceptar hasta cierto punto. Lo que usted puede hacer, sin embargo, es entender qué esperar en cada etapa, y en capítulos posteriores veremos cómo llevar a su bebé en la dirección de los buenos hábitos de sueño.

En este capítulo también le daremos cinco datos fascinantes sobre el sueño de su bebé. Y finalmente, cubriremos las precauciones más importantes que usted puede tomar cuando ordene el área de descanso de su bebé para mantenerlo seguro durante las siestas y el sueño nocturno.

¿Listo? Vamos a empezar.

Ciclos de sueño del bebé por edad

Como una guía aproximada con la que trabajar, aquí está la cantidad de sueño que los bebés y niños pequeños necesitarán en un período de

24 horas, variando entre siestas y largos períodos de sueño por la noche.

Recién nacidos: 16 horas, aunque puede ser tan poco como ocho y tanto como 18

Bebés de tres meses: alrededor de 15 horas

Dos años y más: alrededor de 12 horas

Por supuesto, como con todo, estos tiempos pueden variar de un bebé a otro, y rápidamente obtendrá una idea de los patrones de sueño de su propio bebé. También aprenderá pronto a valorar el sueño de este y a hacer todo lo que pueda para protegerlo, ya que tiene como resultado un bebé mucho más feliz y contento en sus horas de vigilia. Y un bebé bien descansado no sólo será más agradable y fácil de estar cerca, sino que además un sueño profundo y regular es esencial para su crecimiento y desarrollo.

Una de las mayores choques que recibí cuando traje a mi primer bebé del hospital a casa fue cuando traté de acostarlo en esa primera y agotadora noche. *Todo eso fue bastante intenso*, pensé para mí, *pero al menos ahora todos podemos tener una buena noche de sueño y ver dónde estamos por la mañana.*

Por alguna razón, simplemente asumí que porque estábamos en casa, la vida volvería a la normalidad. Él entendería que era tarde e íbamos a dormir ahora, ¿verdad?

Por supuesto, no funcionó así. En el momento en que apagué la luz, mi bebé estuvo despierto y gritando durante dos horas mientras trataba de alimentarlo, calmarlo, consolarlo y hacerlo volver a dormir. Siguieron muchas noches inestables, y me llevó un tiempo dormir toda la noche que esperaba, pero finalmente, el sueño y la sensatez volvieron. Solucionar los problemas de alimentación ayudó mucho, pero gran parte de ellos se debió a que él era tan nuevo en el mundo y estaba tan perturbado por todo y todos los que lo rodeaban.

De lo que pronto me di cuenta al hablar con mis parteras y a través de mis propias investigaciones fue de que los recién nacidos no tienen sentido del día o de la noche. Hasta cierto punto, sus patrones de sueño son gobernados por su madre cuando están en el útero, y por el aumento y la caída de su propia actividad y niveles hormonales. Pero una vez que nacen, los movimientos de su madre ya no dictan sus tiempos de sueño y vigilia, y necesitan establecer sus propios hábitos de sueño en concordancia con el mundo exterior.

Usted puede notar que su bebé parece estar particularmente alerta en la noche, lo cual es totalmente normal para los recién nacidos. Esto generalmente comienza a mejorar alrededor de las seis semanas de vida, que es cuando la intensidad de la fase del recién nacido - los gritos, las horas de cólicos y el comportamiento inestable - a menudo comienzan a disminuir un poco en general. Puede ser útil pensar en los primeros tres meses como un "cuarto trimestre" cuando su bebé todavía se está adaptando a la vida fuera del útero, y mantener su entorno lo más tranquilo posible, especialmente si tiene un bebé nervioso e inestable (si lo hace, sabrá lo que esto significa).

Habiendo dicho todo esto, usted también se preguntará si hay alguna manera de acelerar este proceso de conseguir que los recién nacidos entren en un ciclo de sueño día-noche normal. Si! Hay mucho que puedes hacer. Jugar con tu bebé y llevarlo afuera durante el día, y crear un ambiente tranquilo, oscuro y hasta aburrido durante la noche, le ayudará a aprender que la noche es para dormir. Como adultos, nuestro sueño se rige por ritmos circadianos - nos sentimos alerta durante las horas del día, especialmente si salimos y nos exponemos a la luz natural poco después de despertar, y en la noche, cuando las luces comienzan a oscurecerse, nuestros cuerpos producen melatonina, que nos prepara para el sueño.

Su bebé pronto hará lo mismo, pero mientras tanto, lo mejor es simplemente permitir que el sueño se interrumpa, dejar que otras personas se ocupen de usted, no intente hacer demasiado o preocuparse por "entrar en una rutina". Por ahora, tanto como puedas, simplemente disfruta de la preciosa burbuja del recién nacido. Puedes y dormirás más tarde, te lo prometo.

¿En qué se diferencian los ciclos de sueño por edad?

Los ciclos de sueño de los adultos consisten en un sueño profundo "silencioso" y un REM o sueño activo, que es también la fase de sueño del descanso la cual es esencial para el funcionamiento saludable del cerebro, ya que es cuando esencialmente este pone todos sus archivos en orden. Durante el sueño REM, el cuerpo está temporalmente paralizado, pero la actividad cerebral es notable, con respiración irregular y movimientos oculares. Un ciclo de sueño de un adulto durará unos 90 minutos, y al final de este, o bien nos despertamos o bien comenzamos un nuevo ciclo. Los ciclos de sueño del bebé son ligeramente diferentes, y ayuda estar consciente de ello.

Recién nacidos (desde el nacimiento hasta los tres meses)

Un recién nacido alternará entre el sueño tranquilo y el activo, y cada ciclo es más corto que el ciclo de sueño de un adulto, con una duración aproximada de una hora, hasta aproximadamente los nueve meses de edad. A diferencia de los adultos, los bebés **comienzan** con sueño activo, que es similar al sueño REM en los adultos, y son más propensos a despertar en esta etapa, particularmente si se sacuden y se asustan. Alrededor de la mitad de su sueño se pasa en "sueño activo", en comparación con sólo el 20 por ciento de los adultos. Mientras los bebés duermen, sus movimientos durante este sueño pueden significar que el adulto asume que se están despertando. Pero a menudo, si se les deja solos en este punto, continuarán durmiendo. Esta necesidad de "mantenernos juntos" para caer en un sueño profundo es la razón por la que muchos bebés responden bien al pañal firme, hasta los dos meses de edad aproximadamente.

Alrededor de la mitad del ciclo del sueño, el bebé se acomoda en un sueño tranquilo, con respiración más lenta, quietud y sin aleteo del párpado. Este es el final del ciclo del sueño, después del cual el bebé se despertará o comenzará un nuevo ciclo de sueño activo. Pronto usted comenzará a reconocer el sueño tranquilo, que es menos inestable. Sin embargo, los bebés muy pequeños tienden a no tener períodos de sueño largo y profundo como los bebés mayores.

A los tres meses de edad, en lugar de comenzar con el sueño REM o el sueño activo, los bebés comenzarán un ciclo de sueño en el sueño profundo, como los adultos, lo que puede hacer que sea más fácil para ellos quedarse y permanecer dormidos.

Verás que una vez que tu bebé empiece a comer alimentos sólidos, alrededor de los seis meses, su sueño mejorará aún más, y una vez que empiecen a moverse independientemente se cansarán más y dormirán mejor.

Los recién nacidos tenderán a dormir de vez en cuando durante todo el día, y aunque usted no puede controlar esto completamente, puede trabajar con ello y guiarlos suavemente para que duerman por la noche y estén despiertos durante el día, con un par de siestas en el medio.

Los recién nacidos también suelen tener el sueño muy ligero y pasan aproximadamente la mitad de su tiempo en un sueño activo, no profundo. Debido a que son tan pequeños, sus vientres no pueden contener mucha comida por lo que se despertarán regularmente para alimentarse - a medida que crecen, se despertarán con menos frecuencia y eventualmente dormirán' hasta la mañana (temprano).

También notará que un "buen durmiente" no necesariamente se quedará así. Los recién nacidos pueden comenzar a dormir muy profunda y regularmente, pero alrededor de las tres semanas comenzarán a estar menos asentados, a dormir menos y a llorar más, a menudo sin razón aparente. En esta época usted puede ver un sueño más largo de hasta cinco o seis horas, un par de sueños de tres horas, varios sueños de dos horas y cinco o seis horas de sueño, llanto y siestecillas. No es de extrañar que los padres de los recién nacidos estén exhaustos de todo ese sueño interrumpido!

Bebés (de 3 a 11 meses)

A los tres meses, su bebé puede haberse establecido en una rutina regular, con un sueño por la mañana y uno por la tarde y a veces uno extra también. El sueño matutino tiende a ser bastante largo, con una o dos siestas por la tarde antes de acostarse.

Usted puede esperar que su bebé duerma alrededor de 14-15 horas al día, con algunos bebés durmiendo hasta ocho horas por la noche.

La fase de sueño activo se reduce y comienzan a dormir más profundamente. Usted puede esperar que se despierten por lo menos una vez en la noche, con algunos bebés que se despiertan cada tres horas para alimentarse.

Alrededor de los seis meses, la cantidad total de sueño que un bebé tiene por ciclo de 24 horas se reducirá a unas 13 horas al día en total. Las siestas también se reducirán - muchos bebés hacen la siesta de la mañana primero (un día triste, pero también significa que usted puede salir más fácilmente en las mañanas), pero continúan teniendo una o dos horas de sueño por la tarde. Sin embargo, muchos niños continuarán tomando una siesta después del almuerzo hasta bien entrada la infancia.

Alrededor de los seis meses de edad, los bebés también comenzarán a moverse hacia un ciclo de sueño más típico, con ciclos más largos y menos tiempo en el sueño activo. Gradualmente, con el tiempo, se irán acumulando hasta llegar a dormir para tener un sueño sólido de ocho a 12 horas ininterrumpidas.

Los bebés a esta edad también suelen dormir mejor por la noche, aunque algunos pueden despertarse y necesitan volver a dormirse, a menudo con una comida. La ansiedad por la separación, que aparece a esta edad, también puede hacer que algunos bebés se sientan más melosos y se despierten en la noche para sentirse seguros, particularmente si han estado separados de usted durante el día.

Establecer rutinas diurnas y nocturnas y crear una estructura flexible puede ayudar a su bebé a dormir por la noche. Abordaremos todo esto en detalle en los capítulos siguientes.

Niños pequeños (12 a 36 meses)

Alrededor de los 12 meses, su bebé comenzará a pasar a ser un niño pequeño. Con esta mayor madurez, y más movimiento y actividad en su vida diaria, estarán durmiendo mejor por la noche y sólo se despertarán una vez o quizás dos veces por la noche.

Para cuando tengan alrededor de dos años, necesitarán aproximadamente 12 horas de sueño en un período de 24 horas, aunque pueden tener sueños más largos durante los períodos de crecimiento y los lapsos de desarrollo - si esto sucede, trabaje alrededor de ello, ya que realmente necesitan dormir lo más que puedan a esta edad, cuando sus cerebros están creciendo tan rápidamente. Cubriremos la regresión del sueño que a veces viene con brotes de crecimiento en capítulos posteriores. A veces, notaría que mi hijo pequeño tiene un sueño especialmente largo y profundo, y que se despierta con una nueva habilidad que no había visto antes - era como si el sueño extra hubiera sido en realidad una sesión de entrenamiento intenso para un salto en el desarrollo.

5 datos fascinantes sobre el sueño de su bebé

1. Cuanto más duermen, más duermen

Un bebé demasiado cansado e inquieto puede tener dificultades para conciliar el sueño, y luego le cuesta disfrutar de estar despierto, lo que crea un ciclo de mal sueño. Pero un buen sueño crea más de lo mismo. Por lo tanto, mantener a un bebé despierto cuando está cansado, para tratar de hacer que duerma mejor por la noche, en realidad tendrá el efecto contrario. Parece contraintuitivo, pero a un bebé tenso y cansado le será más difícil dormir que a uno que se acuesta antes. Dar prioridad al sueño diurno de su bebé y entrar en una rutina regular es la mejor manera de trabajar para conseguir mejores noches, y esto es en lo que nos centraremos a lo largo de este libro.

2. La luz de la mañana favorece el buen sueño

Tomar luz natural durante el día y crear un ambiente con poca luz durante la noche estimulará la producción de melatonina, una hormona que promueve el sueño. Esto funciona tanto para los adultos como para los bebés: salir al exterior y recibir un poco de luz natural en la cara poco después de despertarse puede ser útil si sufre de insomnio, ya que "programa" el reloj de su cuerpo. Asegúrese de salir con su bebé todos los días a pasear por el parque, a las tiendas o simplemente a su jardín trasero, para que empiece a programar los relojes de su cuerpo lo más rápido posible. Como veremos en capítulos posteriores, la variedad y la estimulación que obtienen los bebés al estar al aire libre es también una ayuda esencial y fácil para fomentar un mejor sueño por la noche.

3. **Los bebés tardan más tiempo en alcanzar un sueño profundo - alrededor de 20 minutos.**

Debido a que los bebés comienzan en un sueño activo, no profundo, pueden moverse y hacer muecas mucho mientras duermen. Por lo tanto, incluso si su bebé parece intranquilo, dejarlos en paz con frecuencia hará que finalmente alcancen un sueño profundo. Si puede, trate de resistirse a apresurarse a calmarlos o a recogerlos cuando se caen por primera vez - pueden parecer molestos, pero en realidad están ocupados durmiendo, o muy cerca de ello. Si esto le resulta difícil, oblíguese a darse una ducha de cinco minutos. No podrás oír ningún llanto, tendrás cinco minutos para ti misma, y es posible que salgas y descubras que tu bebé se ha quedado dormido en tu ausencia.

4. **El despertar nocturno es esencial para su supervivencia.**

Aunque puede ser frustrante ser despertado durante la noche, su bebé necesita despertarse para llenar su pequeño vientre. Una vez que sean un poco más grandes, sus ciclos de sueño se alargarán y usted no tendrá noches interrumpidas. También pueden despertarse repentinamente debido a un reflejo de sobresalto y puede ser difícil lograr que se vuelvan a dormir. Como se mencionó anteriormente, algunos padres descubren que envolver a su bebé en una manta o sábana suave puede mantenerlo quieto y ayudarlo a acomodarse y permanecer dormido por más tiempo. Envolverlos en pañales es fácil y a menudo ayuda con el sueño quebrado - busque en línea vídeos sobre cómo envolver a un bebé.

5. **Los bebés aprenden mientras duermen.**

Durante el sueño REM, la investigación muestra que el flujo sanguíneo al cerebro del bebé aumenta, ya que sus cerebros trabajan duro para integrar toda la nueva información que se les ha dado ese día. El sueño es esencial para el desarrollo del cerebro, así que cuanto más aprenda sobre las técnicas de sueño y ayude a su bebé a lograrlas, mejor. Durante el sueño REM usted puede notar que su bebé se mueve, respira irregularmente y mueve los ojos. Permanecen en el sueño REM durante aproximadamente la mitad de cada ciclo, lo que puede deberse a que a esta edad tienen mucho que aprender. Por esta razón, también debe evitar despertar a un bebé dormido tanto como sea posible (¡como si lo hiciera usted!).

Precauciones importantes para mantener seguro a su bebé mientras duerme

Para mantener a su bebé seguro mientras duerme, he aquí algunas pautas esenciales a seguir. En los capítulos siguientes trataremos algunos de los puntos con más detalle.

- Ponga siempre a los bebés a dormir boca arriba, tanto por la noche como cuando duermen la siesta durante el día. Una vez que son un poco mayores, pueden encontrar su propia posición a medida que se mueven durante la noche, pero siempre póngalos a dormir boca arriba.

- sólo debe hacerlos dormir en una superficie firme, como un colchón en una cuna o moisés aprobados por la seguridad. Evite las cobijas o cojines suaves y esponjosos.

- Se recomienda que comparta una habitación con su bebé durante los primeros seis meses. Una cuna unida a su cama, con un lado abierto que se puede dejar caer para comer, es una solución que asegurará que todos duerman lo suficiente. Los bebés a menudo duermen mejor si saben que sus padres están en la habitación, aunque una vez que usted practique el entrenarse para dormir, tendrá que trasladar a su bebé (o a usted misma) a otra habitación, al menos temporalmente - más información al respecto más adelante.

- Use una sábana ajustable y mantenga todos los objetos blandos, juguetes, acolchados y almohadas alejados del área de dormir. Un saco de dormir con cremallera que tenga cuello y sisas ajustadas es una opción segura para dormir, ya que no puede cubrir la cara del bebé. Estos sacos de dormir vienen en diferentes espesores para que usted pueda elegir el adecuado para su clima y época del año. También sirven como un indicio útil para dormir, diciéndole a su bebé que es hora de ir a la cama - de nuevo, más sobre las señales de sueño, más adelante.

- Nunca fume cerca de su bebé, ni permita que otras personas fumen en áreas donde su bebé pasa tiempo. Si alguien ha estado fumando, no debe sostener a un bebé pequeño. Fumar está asociado con un mayor riesgo de SMSL, así que mantenga su ambiente completamente libre de humo, y evítelo también cuando usted esté fuera, especialmente si su bebé estuvo enfermo o nació prematuramente.

- Nunca se duerma con su bebé en un sofá u otra área que no sea el área segura para dormir. Si quiere dormir cerca de su bebé, coloque una cuna abierta al lado de su cama para que el bebé esté cerca pero fuera del camino con seguridad. Planificar el co-dormir de esta manera es mucho más seguro que el co-dormir accidentalmente, particularmente cuando todo el mundo está exhausto y puede quedarse dormido muy profundamente.

- Nunca duerma cerca de su bebé si usted ha estado bebiendo alcohol o está bajo la influencia de drogas, o particularmente exhausta. Y nunca permita que otras personas que estén bajo la influencia de drogas o alcohol se queden dormidas cerca de su bebé. Las mascotas tampoco deben compartir un área para dormir con los bebés.

- Vigile la temperatura de la habitación y asegúrese de que permanezca cómoda, ni demasiado caliente ni demasiado fría. Mantenga la cabeza de su bebé al descubierto y vístalo con la misma cantidad de ropa que usted usaría para dormir. Los bebés sobrecalentados tienen un mayor riesgo de SMSL.

- Asegúrese de que todas las personas que cuidan al bebé, o que viven en la casa, también estén al tanto de las prácticas seguras para dormir. Y finalmente, nunca se debe dejar a los bebés solos para que duerman en los automóviles, o en asientos de automóvil, o sin supervisión en los cochecitos.

¿Qué pasa con el co-dormir?

Algunos padres eligen dormir con sus bebés y descubren que funciona muy bien. Otros no eligen dormir juntos, sino que se dan cuenta de que los elige a ellos, ya que su bebé no se instalará en ningún otro lugar, sino cerca de ellos por la noche. Si usted decide dormir con su pareja, asegúrese de hacerlo de manera segura. Compartir una cama no es seguro si el bebé comparte la cama con un fumador, o si hay mantas para adultos que pueden cubrir al bebé, o si el padre está borracho, drogado, obeso o muy cansado.

Si usted decide dormir en compañía, asegúrese de que su colchón sea muy firme y que el bebé no pueda caerse de la cama (un colchón en el piso es la opción más segura). Ponga al bebé en un lado de la cama, no entre dos adultos, vestido en un saco de dormir, no cubierto con mantas para adultos, y asegúrese de que todos sepan que el bebé está en la cama.

También debe tener en cuenta que el riesgo de muerte súbita del lactante mientras duerme en pareja es más común en las primeras once semanas. Personalmente, a esta edad, yo tenía a mis bebés en un catre junto a mi cama, con un lado removido, así que no había posibilidad de que yo rodara sobre ellos, pero estaban cerca. Una vez que eran mayores, a veces terminaban junto a mí en la cama, pero en su mayor parte estaban en su propio espacio seguro. Como con todo, siempre vale la pena hablar con su médico y enfermera de salud infantil antes de tomar una decisión que funcione para usted y su familia. Como se mencionó anteriormente, el dormir accidentalmente o en pareja sin planearlo, cuando usted se queda dormida con su bebé sin querer, es más peligroso que el dormir en pareja habiéndolo planeado.

Así que ahora usted conoce los fundamentos del sueño del bebé desde el nacimiento hasta la infancia, y sabe lo que puede esperar en términos de calidad y duración del sueño a cada edad. Usted también sabe cómo establecer un área segura para dormir para su bebé. Pasemos a las formas en que usted puede fomentar un sueño profundo y refrescante para su bebé, de modo que prospere y sea más feliz durante el día. Pero primero, veamos cómo manejarnos como un nuevo padre con un sueño interrumpido.

¿Qué hay de ti? Cómo manejar el sueño interrumpido

Ahora que hemos establecido que no vas a dormir ocho horas completas por noche durante algún tiempo, echemos un vistazo rápido a cómo te puedes ayudar a ti mismo en estos primeros días. Este tiempo pasará, y usted dormirá de nuevo, pero es importante que no sea tan duro consigo mismo y que no sienta que tiene que ser su yo mismo normal y bien descansado. Personalmente, encontré que el sueño interrumpido y el cansancio eran la parte más difícil de ser un nuevo padre. No podía mantener conversaciones adecuadas, me sentía plano y agotado la mayor parte del tiempo, y no podía pensar con claridad ni planificar para el futuro. En retrospectiva, desearía haber sido un poco más amigable conmigo mismo - dormir más la siesta, acostarme más temprano y no preocuparme tanto por el futuro, y "tener todo bajo control". Si usted se da cuenta de que está realmente luchando, siempre busque la ayuda de su médico, en particular si se da cuenta de que no puede dormir por sí solo, incluso de noche.

Guía del embarazo

Algunos expertos en bebés se refieren a los primeros tres meses después del nacimiento del bebé como un Cuarto Trimestre. Con esto, quieren decir que es un momento en el que todavía estás en la burbuja del embarazo y el parto, y que deberías estar descansando y anidando de la misma manera que lo hiciste hacia el final de tu embarazo.

También es un momento en el que su bebé se está adaptando a la vida fuera del útero, y usted está conociendo a su nuevo bebé y aprendiendo a ser su padre y a leer sus señales. Veamos ahora algunas maneras de hacer que lo que puede ser un momento difícil e intenso sea más fácil para usted. Esto, a su vez, le facilitará las cosas a su bebé.

Consejos para ayudarle a superar los primeros días de sueño interrumpido.

- Marque su calendario por tres meses después del nacimiento, y permítase, en ese momento, tomarse las cosas con calma, descansar y concentrarse simplemente en alimentar a su bebé y a usted misma, y dormir lo más que pueda. Por supuesto que no podrás hacer esto todo el tiempo. Y usted puede sentirse emocionada de que su embarazo haya terminado y esté lista para salir mucho antes, especialmente si su bebé resulta ser un buen durmiente. Pero al menos permítete tomarte las cosas con más calma en esa primera e intensa etapa del recién nacido, especialmente si no tienes mucho apoyo familiar a tu alrededor, como muchos de nosotros no lo tenemos.

- Prepárese con anticipación con algunas comidas congeladas, y tal vez consiga una orden de compra en línea regular. Contrata a un limpiador, si tu presupuesto lo permite, o ayuda adicional en la casa, como una enfermera postnatal o una enfermera nocturna. Permita que otros le ayuden si se lo ofrecen, con ofertas de comida o simplemente sosteniendo al bebé para que usted pueda descansar o ducharse.

- Limite sus obligaciones y no se sienta mal por decir que no a las visitas, especialmente a aquellas que piden que se les espere mientras sostienen al bebé. Es natural que todas las personas que la rodean estén entusiasmadas con la llegada de un nuevo bebé y deseen pasar el mayor tiempo posible abrazando y sosteniendo al nuevo integrante. Pero mantenga las visitas cortas si no se siente capaz de hacerlo, y si a su bebé no le gusta que lo entreguen durante horas (a muchos les resulta estresante y puede llevar a una noche inestable), entonces simplemente lleve a su bebé y retírelo a su dormitorio. Hay mucho tiempo para que todos conozcan a su bebé en los meses y años venideros, y usted tiene que priorizar su propio bienestar, y el de su recién nacido, en este momento especial.

- Dormir cuando el bebé duerme. Difícil de hacer, cuando se siente como si fuera el único momento en el que se tiene "apagado", pero trate de no permanecer despierto si pudiera usted estar durmiendo, siempre que sea posible. Por las tardes, tomar un baño caliente y un poco de piel a piel con su bebé y luego una o dos horas de sueño. Esto hará una gran diferencia en cómo te sientes a la mañana siguiente. ¡Sobre todo si termina siendo una noche inestable!

- Acordar un horario con su pareja sobre quién se despierta durante la noche. Si te duermes temprano, tal vez tu pareja pueda hacer la comida de la noche para el primer despertar, así que dormirás bien cuatro o cinco horas antes de la próxima - exprime un biberón de leche si estás amamantando, o haz que se despierte y te traiga al bebé, luego siéntalo fuera de la habitación para que puedas volver a dormirte. Compartir el sueño interrumpido significa que la carga no recae sólo en una persona.

- Dar prioridad a comer bien. Cuando usted está agotado puede ser fácil caer en el hábito de existir sobre tostadas y café. Pero necesitará alimentos nutritivos para recuperarse del parto y para mantener altos sus niveles de energía. Tenga a mano algunas frutas y verduras cortadas, disfrute de la sopa, el yogur, la ensalada y otras comidas fáciles. Beba mucha agua y trate de incorporar también proteínas y carbohidratos saludables a su dieta. Siga tomando sus vitaminas prenatales mientras descansa y se recupera del parto, y no beba demasiado café, ya que puede interferir con su sueño.

- Por último, recuerde que el tiempo que pasa con su bebé es lo más importante en este momento, a medida que se instala en el mundo y su vínculo crece. Date mucho tiempo para tranquilizarlo . Pida a los visitantes que preparen sus propias bebidas en lugar de tener que esperarlos de pies y manos. Y levanta los pies todo lo que puedas. Acabas de pasar por un gran cambio físico y emocional en tu vida, ¡y necesitas tratarte como tal!

Capítulo 2 - Cómo organizarse

Ahora sabemos lo que los bebés y los niños pequeños deben hacer cuando se trata de dormir. Sabemos que los recién nacidos están naturalmente inestables, y que hay cosas que podemos hacer para ayudarlos mientras aprenden a dormir adecuadamente, como por ejemplo, recibir luz natural durante el día. Y sabemos cómo establecer un área segura para dormir para el bebé.

Lo que también necesitamos entender es que no hay ningún truco de magia para crear un durmiente perfecto: a veces se tiene suerte, otras veces se tiene un bebé irritable que lucha por dormirse y permanecer dormido. Lo que usted puede hacer es educarse sobre cómo fomentar el buen sueño.

En este capítulo nos basaremos en este conocimiento y nos adentraremos en cómo podemos establecer el ambiente adecuado para un buen sueño. Aprenderemos sobre las asociaciones del sueño y cómo pueden ayudar a su bebé a prepararse para la deriva. También estudiaremos la posibilidad de crear un registro del sueño, que puede ayudarle a comprender mejor cómo está cambiando el sueño de su bebé con el tiempo. Esto puede ser útil tanto para su propia tranquilidad como para mostrarle a su médico de cabecera o a la enfermera de salud infantil, en caso de que decida buscar ayuda adicional con los hábitos de sueño de su bebé.

Todo lo que necesita para el área de descanso de su bebé

- Sábanas: Alrededor de seis sábanas de cuna o moisés es perfecto, y también puede usar sábanas dobladas de una sola cama si lo necesita. También puede poner una funda de almohada sobre un colchón pequeño cuando su bebé es muy pequeño.

- Un protector de colchón para poner sobre el colchón lo protegerá de biberones y pañales que gotean. O use una manta o una toalla debajo de la sábana.

- Un mosquitero puede ser útil en los meses más cálidos, si usted vive en un área propensa a los mosquitos. No hay nada peor que despertarse con un bebé desafortunado cubierto de picaduras de mosquitos.

- Una cuna o moisés. Una cuna pequeña es ideal para los primeros meses, pero también puede poner a su bebé en una cuna desde el principio. Lo ideal es que usted quiera algo que sea fácil de mover y que le permita acceder fácilmente a su bebé, por ejemplo, durante las tomas nocturnas y si necesita darle palmaditas para que se duerma.

Algunas cunas vienen con dos niveles, así que usted puede subirlas cuando el bebé sea pequeño y luego bajarlas una vez que su bebé tenga la edad suficiente para salir de la cuna.

Al elegir una cuna, busque bordes lisos y redondeados y no decoraciones adicionales como cuentas, que pueden ser peligrosas. La cuna debe tener los lados altos para que su bebé no pueda caerse cuando sea un poco mayor (es decir, dos pies de altura desde la base del colchón hasta la parte superior de los lados de la cuna). Si tiene laterales abatibles, deben ser a prueba de niños y funcionar sin problemas, y el colchón debe encajar bien en la cuna. Su cuna también debe tener no más de dos o tres pulgadas entre las barras, para que su bebé no pueda pasar por la cabeza.

Si va a comprar una cuna de segunda mano o de época, tenga en cuenta que la pintura vieja puede contener plomo. Necesitará quitar o repintar la cuna, si este es el caso. También asegúrese de que cualquier decoración en una cuna vieja no se puede quitar, y que la cuna sea fuerte y robusta.

- Los bebés tienden a asentarse y a dormir mejor en un colchón denso y firme, así que busque esto cuando vaya de compras. Un colchón de buena calidad, limpio, firme y de segunda mano está bien - simplemente déjelo al sol durante uno o dos días para airearlo.

- Los expertos en seguridad del bebé ya no recomiendan los parachoques de la cuna (una pieza suave de tela acolchada que rodea el interior de la cuna), ya que pueden restringir el flujo de aire a esta y también suponen un riesgo de asfixia o estrangulamiento, en caso de que se aflojen. No debe haber absolutamente ningún tipo de tela, almohadas o juguetes blandos adicionales alrededor de un bebé que duerme. Los niños no necesitan almohadas hasta que se mudan a una cama para niños pequeños.

¿Necesita productos de seguridad adicionales?

No hay sustituto para planificar el entorno de sueño de su bebé y seguir las últimas pautas de seguridad, permanecer vigilante y usar su sentido común e instintos cuando se trata de mantener a su bebé seguro mientras duerme.

Dicho esto, una luz nocturna puede ser muy útil para hacer frente a las alimentaciones nocturnas, por lo que puede moverse sin despertar demasiado al bebé. También puede ser un consuelo para su bebé una vez que crezca y se despierte en medio de la noche.

Se puede usar un monitor de sonido si el área de siesta de su bebé está muy lejos de su sala de estar para las siestas diurnas. Si tu bebé duerme en tu habitación durante los primeros seis meses, no lo necesitarás durante la noche, ¡lo oirás! Sin embargo, los monitores del sueño no controlan la respiración, por lo que no pueden considerarse un dispositivo de seguridad, y una desventaja es que pueden ser perturbadores, ya que usted escuchará cada ruido que su bebé haga mientras duerme.

Los monitores respiratorios se pueden administrar a bebés pequeños o enfermos, pero generalmente no se usan para todos los bebés. Tienen una alarma que se activa si el bebé deja de respirar, pero también puede dar frecuentes falsas alarmas. Sin embargo, siempre recomiendo que todos los padres sepan cómo realizar la reanimación cardiopulmonar, para que sepan qué hacer en caso de emergencia.

¿Dónde debe dormir su bebé?

Idealmente, durante los primeros seis meses, su bebé debería dormir en su habitación por razones de seguridad. Si, después de este punto, usted decide que desea tener al bebé en una habitación separada, el riesgo de SMSL (Síndrome de Muerte Súbita del Lactante) disminuye, pero aun así es más seguro tener al bebé en su habitación durante los primeros seis meses, y todo el tiempo que usted quiera en el futuro. Consulte el primer capítulo para obtener información sobre cómo dormir en compañía de su bebé de forma segura, o considere la posibilidad de tener una cuna al lado de su cama para que pueda oír y alcanzar a su bebé con facilidad.

Asociaciones del sueño: Qué son y cómo pueden ayudar

Las asociaciones del sueño son esencialmente señales que hacen que su bebé se sienta somnoliento. Como adultos, también los desarrollamos: leer en la cama antes de dormir, un baño caliente, una hora en particular cada noche a la que nos dirigimos a la cama y nuestros rituales previos adormir , como cepillarnos los dientes y ponernos el pijama.

Establecer asociaciones de sueño para bebés es más o menos lo mismo, y a medida que su bebé crece y usted se instala para vivir con él o ella, encontrará una rutina en torno al sueño que le ayudará a organizar mejor sus días y a disfrutar de un bebé bien descansado y feliz.

Siga leyendo para ver algunas maneras en las que puede crear asociaciones de sueño y comenzar a establecer una rutina con su bebé.

Cree una rutina diaria flexible

Por extraño que parezca, su rutina diurna es en sí misma una poderosa asociación de sueño. Las investigaciones demuestran que si su bebé forma parte de su rutina diaria, desarrollará ritmos circadianos maduros más rápidamente y, por lo tanto, dormirá mejor por la noche. En otras palabras, lleve a su bebé con usted en sus actividades diarias para que usted esté activa y tranquila al mismo tiempo. Los estudios en bebés han demostrado que la exposición regular a la luz del día ayudará a su bebé a adaptarse al ciclo del día y la noche. También se ha demostrado que los bebés expuestos a la luz por la tarde dormirán mejor.

Una rutina diaria puede parecerse a esto:

- Despierte. Dele de comer a su bebé, luego vístase y diríjase al exterior, si el tiempo lo permite, al patio de recreo o a las tiendas para que usted pueda tomar un poco de luz del día y aire fresco. Algunos "juegos" en forma de contacto visual, cantos y charlas con su bebé también los estimularán y los prepararán para un buen sueño más tarde. Actividades como clases de natación para bebés o una sesión para niños en una biblioteca local son otras maneras de llenar su mañana.

  El momento boca abajo es ideal para darle a su bebé algo de ejercicio y fortalecer su cuello y hombros, y se puede hacer en una alfombra suave desde el nacimiento. A algunos bebés les encanta, otros lo odian, pero si usted aumenta gradualmente a unos 15 minutos al día, es un buen primer ejercicio para su bebé y le ayudará a cansarse. El tiempo boca abajo siempre se debe hacer bajo supervisión - sostenga un juguete frente a la cara de su bebé para mantenerlo contento mientras hace ejercicio.

- En casa para una siesta matutina Con un bebé muy pequeño, esto será sólo una o dos horas después de despertar. Para los bebés mayores y los niños pequeños, podría ser después del almuerzo. Usted sabrá que su bebé está cansado, ya que comenzará a quejarse y tal vez a llorar, a evitar el contacto visual y a frotarse los ojos o a apretar los puños. Cada bebé tiene sus propios signos de "cansancio", y pronto empezarás a reconocer los tuyos.

- Despierta
  Ahora es hora de almorzar, jugar e intentar salir a dar un paseo y tomar un poco más de luz del día. Los libros de cartón, el canto, el movimiento y la charla son otras buenas maneras de darle a su bebé la estimulación que necesita para aprender y crecer.

- La siesta de la tarde

Con los bebés muy pequeños, no tiene mucho sentido tratar de predecir las horas de la siesta ya que no se establecen de inmediato, y cambiarán de un día para otro al principio. Pero los bebés mayores empezarán a dormirse de forma fiable por la tarde para una siesta más larga. Lo ideal es que se despierten de nuevo a las tres o cuatro a más tardar, si desea que vuelvan a estar en la cama a las 7.30 p.m., pero esto depende de cada bebé.

Algunos bebés pueden levantarse a las cinco y volver a dormirse a las seis; otros estarán despiertos hasta las diez de la noche si duermen después de las cuatro de la tarde. Necesitará hacer un seguimiento del sueño de su propio bebé para determinar cuándo y cuánto sueño necesita - cubriremos los registros de sueño en un capítulo posterior.

- Rutina nocturna y hora de acostarse

  Crear
  una rutina predecible a la hora de acostarse es clave para establecer buenos hábitos de sueño y hacer que el entrenamiento del sueño se realice sin problemas más adelante. Comience con una cena, o una comida, seguida de un baño caliente, tal vez un masaje, y luego un momento de

tranquilidad antes de acostarse con muchos abrazos, cantos, una comida de recarga y tal vez un libro de cartón o dos, y luego se apaga a la misma hora cada noche. Los días ocupados con mucha atención, charla y abrazos para su bebé los dejaran tan satisfechos como para que también estén más listos para dormir por la noche.

Tenga en cuenta que usted no tiene que vivir con esta rutina - dependiendo de su propia naturaleza, es posible que prefiera más flexibilidad. Pero con los bebés, una rutina flexible, pero predecible, puede proporcionar estructura y seguridad para su pequeño, y ayudarle a sentirse más en control también.

Crear una fuerte sensación de que la noche es la hora de dormir

Ayudar a su bebé a entender que la noche es para dormir es crucial para establecer una buena rutina de sueño. Por la noche, después de la cena, un baño caliente puede ayudar a que su bebé esté listo para dormir. Hacer las mismas cosas antes de acostarse cada noche - un cuento, un momento de tranquilidad en su cuarto - también los preparará para dormir.

A lo largo de la noche, también, asegúrese de que las horas de vigilia sean lo más tranquilas y aburridas posibles para transmitirle a su bebé que *no hay nada que hacer aquí, es hora de dormir*. Reduzca al mínimo el contacto visual y no tenga ningún juego ni luces o pantallas brillantes encendidas durante las tomas o las vigilias nocturnas (esta es otra razón por la que una luz nocturna puede ser útil).

Trate de no mover demasiado a su bebé si lo está alimentando, ya que esto le ayudará a permanecer somnoliento. Una cama de cuna abierta al lado de la suya le ayudará a lidiar con las vigilias nocturnas con la menor interrupción posible. Si necesita una luz para ver lo que está haciendo, elija un voltaje muy bajo para que la habitación permanezca lo más oscura posible. Las persianas apagadas en las ventanas también pueden ayudar a evitar que su bebé se despierte demasiado durante la noche.

Introducir el tiempo de desaceleración por la noche, y tratar de atenerse a él

Incluso si usted no sigue una rutina estricta, es una buena idea darle tiempo suficiente a su bebé para que se relaje por la noche. Piense en su propia rutina nocturna y en cómo es más fácil dormir si se ha llevado a cabo rituales familiares de antemano, como ponerse la ropa de noche, cepillarse los dientes y tal vez leer un libro. Su bebé también responderá a las señales de sueño, es sólo cuestión de encontrar las que funcionen para usted. Estos podrían incluir los siguientes:

- Un baño caliente, quizás con un poco de aceite de lavanda.

- Un masaje en una habitación cálida y tenuemente iluminada, con aceites calmantes. Se ha demostrado que un masaje a la hora de acostarse mejora el sueño del bebé.

- Uno o dos cuentos para la hora de acostarse - con libros sencillos de tablero bastará. No es tanto la "lectura" como los abrazos en la cama, la voz tranquilizadora de la lectura y la familiaridad con el ritual lo que calmará a su bebé.

- Contacto piel a piel para bebés muy pequeños, a quienes les puede gustar estar acostados contra usted en la cama para conciliar el sueño.

- Una canción para dormir como *Twinkle Twinkle Little Star*.

- Un golpe suave y relajante en la espalda o la mano, aunque no a todos los bebés les gustará esto y puede despertar a algunos - ¡tendrá que probarlo usted mismo!

- Alimentar a su bebé justo antes de dormir, luego acostarlo y esperar a que se caiga, también es una manera de ayudarlo a dormirse fácilmente.

- Alimentar a su bebé para que duerma también es una opción elegida por muchas madres, incluida yo. Eventualmente usted necesita romper la asociación con la alimentación y el sueño, pero cuando llegue el momento adecuado, esto sucederá. Hablaremos de eso más tarde.

- Si no desea adquirir el hábito de alimentar a su bebé para que duerma, puede alimentarlo hasta que esté somnoliento, tal vez ya vestido con su saco de dormir, luego colóquelo en su cuna para que se quede dormido por sí solo, sabiendo que usted está cerca pero no "necesita" que usted se duerma. Esto le enseñará que puede ponerse a dormir y puede hacer las cosas más fáciles a largo plazo. Como con todo, sin embargo, usted tendrá que averiguar qué prefiere su bebé en particular y seguir con eso, hasta cierto punto. Los bebés más colgados o melosos pueden resistirse a ser acostados en su cuna para dormir y sólo se dormirán en sus brazos - no hay nada malo en ello, especialmente en los primeros días, así que no dejes que nadie te diga que estás causándote problemas a ti misma - todo puede cambiar cuando llegue el momento adecuado.

Asegúrese de que la temperatura sea la correcta

Una habitación sobrecalentada no es buena para la calidad del sueño ni para la seguridad. La temperatura corporal cambia a lo largo del día, y una vez que nos dormimos, baja naturalmente. Asegurarse de que la temperatura corporal de su bebé descienda a la hora de acostarse fomentará un sueño más profundo y también puede ayudar a que se duerma más rápido. Si la temperatura es demasiado alta o demasiado baja, el cuerpo del bebé tratará de regularla y el sueño tardará más tiempo en descender.

La temperatura ideal está entre 68 y 72 grados Fahrenheit (o 19 a 21 grados Celsius.) Si es difícil para usted lograr esto en su casa, vestir adecuadamente al bebé es la siguiente mejor opción. Como ya he mencionado, los sacos de dormir que usa su bebé son la opción más segura y confiable para dormir bien - usted puede comprarlos en diferentes grosores para adaptarse a su clima y época del año en particular. Generalmente, vaya por una toga gruesa en invierno, una delgada en verano y vista a su bebé con un traje de dormir debajo que cubra sus pies. Pronto descubrirá lo que es mejor para su bebé y, si está demasiado vestido, se verá rojo e irritable, y se sentirá caliente al tacto. Si el pecho o el vientre de su bebé están sudorosos, quítele una capa de ropa o baje la calefacción.

La temperatura adecuada también es esencial para la seguridad. El riesgo del Síndrome de Muerte Súbita del Lactante, o SMSL, aumenta en invierno cuando los bebés pueden estar abrigados bajo demasiadas mantas y sobrecalentarse.

Crear oscuridad

Como con todas las personas, los bebés ciclan entre períodos de vigilia y descanso, pero a diferencia de los adultos, no tienen manera de controlar esto por sí mismos. Cuando se sobre estimulan y se cansan, necesitan hacer una transición a un ambiente de baja estimulación para poder quedarse dormidos. Una de las mejores maneras de hacerlo es crear una habitación muy oscura. Esto es fácil por la noche, y durante el día se puede lograr con una persiana que se puede colocar sobre la ventana con ventosas de plástico. Tan pronto como su bebé vea el cuarto oscuro, comenzará a anticiparse al sueño, sus músculos se relajarán y comenzará a sentirse somnoliento. Y, de hecho, en cualquier momento del día cuando su bebé se altera o se sobre estimula, llevarlos a una habitación tranquila y oscura ayudará a calmarlos.

Minimizar el ruido y utilizar ruido blanco, si es necesario

Al igual que con la luz brillante, demasiado ruido puede ser abrumador para los bebés, que se sobre estimularán y les resultará aún más difícil dejarlos caer en el sueño. Obviamente no se puede crear un entorno perfectamente silencioso, pero se puede utilizar el ruido blanco dentro del área de descanso del bebé para bloquear otros sonidos.

El ruido blanco puede reducir el estrés, estimular un sueño más profundo y reducir cualquier sobreestimulación. Puede comprar máquinas generadoras de ruido blanco o utilizar una aplicación en su smartphone. Es importante, sin embargo, que el ruido blanco no sea demasiado fuerte (no más de 50 a 60 decibeles), o esté demasiado cerca de la cuna. Y aunque puede ser útil para algunos bebés, puede que no funcione para todos ellos. Pero vale la pena intentarlo! Si desea eliminarlo con el tiempo, puede reducirlo un poco cada día hasta que esté apagado.

Un ventilador de mesa o de techo es otra ayuda para dormir que puede ser útil, tanto para el sonido monótono como para el movimiento del aire, que puede promover un sueño reparador.

¿Qué es un registro de sueño?

A algunos padres les gusta seguir el sueño de su bebé en un registro de sueño. Esto puede ser tan simple como un cuaderno, o puedes usar una hoja de cálculo de Excel o incluso una aplicación para registrar el sueño de tu bebé. Registrar la duración y el horario de las noches de sueño y siestas de su bebé puede ayudarle a identificar un patrón de sueño y a llevar un registro de cuántas horas de descanso están tomando. Esto puede ser útil para mostrarle a la enfermera de salud infantil o simplemente para comprender mejor la necesidad de sueño de su hijo.

También podrá notar los cambios durante un período de tiempo más largo, y tal vez se sentirá más cómoda por el hecho de que el sueño de su bebé está mejorando gradualmente. Y un registro del sueño también puede ayudarle a calcular cuánto sueño necesita su bebé para estar feliz y alerta durante el día, si mira hacia atrás un día o dos y nota cuánto sueño ha tenido (o no), y lo compara con su comportamiento.

A veces, prestar atención a su sueño puede resolver ciertos problemas. Por ejemplo, mi hijo se acostaba fácilmente por la noche siempre y cuando estuviera despierto de su siesta de la tarde a más tardar a las 3 de la tarde. Más tarde que eso, y estaría despierto hasta las 10 de la noche. Así que siempre intentaba que se durmiera la siesta a la 1.30 de la tarde, y alrededor de las 3 de la tarde empezaba a hacer un poco de ruido y a permitirle que se despertara. Una vez que descubra cómo funciona mejor el sueño de su hijo, puede planificar en función de sus hallazgos de "mejores prácticas".

Si bien un registro de sueño no funcionará para todos, es útil llevar un registro de los patrones de sueño de su bebé, y también le ayudará a usted a sentirse más en control. Incluso hay aplicaciones en línea compartidas que puede usar para registrar siestas y otra información, que puede compartir con otros cuidadores que se ocupan de su hijo.

Capítulo 3 - Problemas de sueño del bebé

8 problemas Comunes del Sueño del Bebé por Edad y Cómo Controlarlos

Recién nacidos y bebés pequeños

A esta edad, usted tiene que aceptar un grado de sueño interrumpido. Pasará, pero mi mejor consejo es que te des un respiro. Como he dicho antes, acepte toda la ayuda que le ofrezcan, no se ponga nervioso por una casa desordenada o una cena para llevar, y sepa que pronto terminará y que todos dormirán mejor. Sólo descansa, disfruta de tu recién nacido y recupérate del parto y del embarazo. Honestamente, no es por mucho tiempo. Dicho esto, hay algunos problemas de sueño que usted puede tener que resolver por razones de seguridad o simplemente porque le harán la vida más fácil y no son difíciles de arreglar.

- **No poder dormir boca arriba**

A esta edad, se recomienda que los bebés siempre se acuesten boca arriba, ya que cualquier otra posición aumenta el riesgo de SMSL. Una solución es envolver a los bebés firmemente en una manta para ayudarlos a sentirse más seguros y evitar que se agiten. Otra es mecerlos suavemente para que duerman, y luego moverlos a su moisés o cuna una vez que estén profundamente dormidos. Si usted es consistente, eventualmente se acostumbrará a dormir boca arriba.

- **No saber la diferencia entre el día y la noche**

Como hemos discutido, los bebés no tienen sentido de la noche o del día, y se despiertan con frecuencia a lo largo de la noche para alimentarse. Hemos estudiado formas en las que puedes empezar a darles una sensación de noche y día, lo que les ayudará con el tiempo. Esto incluye salir al exterior y obtener algo de luz natural durante el día, y mantener las vigilias nocturnas tan oscuras y silenciosas como sea posible, para que ella reciba el mensaje de que la oscuridad es para dormir.

- Hambre

Si está amamantando, asegúrese de mantenerse en contacto con un especialista en lactancia para asegurarse de que su bebé esté recibiendo una buena alimentación, ya que a un bebé hambriento le resultará difícil dormir. La lactancia puede tardar un poco en establecerse, por lo que en esos primeros días es posible que tenga que sostener a su bebé o alimentarlo durante mucho tiempo para que se duerma. Siempre obtenga toda la ayuda que necesite y podrá esperar un mejor descanso una vez que se establezca la rutina de alimentación.

En el caso de los bebés alimentados con biberón, asegúrese una vez más de que el bebé esté recibiendo suficiente alimento, revisando cuidadosamente las instrucciones para mezclar la fórmula. Un baño caliente, seguido de una comida, debe asegurar un buen sueño.

Bebés de dos a tres meses de edad

- **Regresión del sueño**

Alrededor de esta edad su bebé debería estar durmiendo mejor, sin embargo usted también puede notar una regresión del sueño. A menudo va acompañado de un crecimiento acelerado o de un salto de desarrollo, y se caracteriza por un bebé alerta y activo que no muestra signos de querer dormir. No hay mucho que usted pueda hacer aparte de trabajar para solidificar su rutina nocturna - baño, cuento, cama - para que su bebé reciba el mensaje de que las noches son para dormir, no para jugar. Pronto pasará, pero si te está agotando, ve si puedes descansar un poco más o hacer siestas mientras tanto. Más adelante analizaremos más a fondo las regresiones del sueño.

La alimentación durante la noche es otro hábito al que usted puede caer, especialmente con los bebés amamantados. Su bebé se alimenta poco y con frecuencia, dejándola exhausta. Si usted mantiene a su bebé en su cuarto con usted, usted puede ser capaz de manejar la alimentación nocturna sin tener que despertar completamente. Pero si quieres alargar el tiempo entre tomas de alimento para que puedas dormir más, intenta darle a tu bebé una última cosa muy buena por la noche, y quizás exprímele un biberón de leche para que tu pareja pueda tomar el control de una toma (aunque esto puede ser más molesto de lo que vale la pena, y algunos bebés amamantados simplemente rechazarán el biberón y aguantarán por el pecho). Crear horarios fijos para los biberones o la lactancia materna durante el día y tratar de atenerse a ellos también puede guiar a su bebé hacia un patrón más regular de sueño y alimentación a través de la fuerza.

- **Dolor durante la dentición**

Algunos bebés pueden parecer inquietos cuando les sale un diente, con las mejillas rojas y babeando. Un abrazo extra, un anillo de dentición y un baño caliente ayudarán a calmarlo. La dentición en general pasa rápidamente, pero si su bebé parece estar particularmente infeliz, vale la pena una visita a su médico de familia, ya que pueden recomendarle algunos analgésicos para bebés que también le ayudarán a dormir. Dicho esto, la dentición también puede ser utilizada como un término comodín para cualquier comportamiento inestable - a veces, vale la pena mirar un poco más a fondo para averiguar si hay otras soluciones para el comportamiento inestable.

Bebés de cuatro a cinco meses de edad

- **Sobreestimulación**

Alrededor de esta edad su bebé puede dormir una siesta y empezar a dormir menos durante el día. Esto puede llevar a que se canse demasiado por la noche y a que sea más difícil de asentar. Es importante darse cuenta de que un bebé demasiado cansado puede 'encenderse' y volverse mucho más activo, ruidoso y enérgico, en lugar de soñoliento. Esto puede ser un signo de sobreestimulación, así que si su bebé parece estar muy cansado, trate de comenzar la rutina de la hora de acostarse un poco antes con todas las señales de sueño asociadas para que puedan ponerse al día con el sueño.

Mi segundo hijo solía "agitarse" para dormir, descargando energía extra al bombear sus brazos hacia arriba y hacia abajo. Incluso ahora, a los seis años, hará un poco de gimnasia antes de acostarse. Eso no significa que no esté listo para ir a la cama, así que lo guiaré firmemente a su cama en el momento adecuado y se dormirá en cuestión de minutos. Los bebés y los niños a menudo luchan contra el sueño - ¡pero no los dejes ganar!

A veces, cuando un bebé está demasiado cansado, tarda más tiempo en calmarse, lo que puede crear un círculo vicioso de otra noche tardía seguida de otro día sin resolver. Puede ser útil "romper el ciclo" con una tarde ocupada que incluya algo de juego y tiempo al aire libre, seguido de una buena alimentación, un baño largo y una hora de acostarse temprano. No importa cuán alerta parezca su bebé, tenga en cuenta las cantidades ideales de sueño para cada grupo de edad y trate de conseguirlas - los niños muy cansados no aprenderán y prosperarán tan bien como los que están bien descansados.

Seis meses

- **Todavía se despierta queriendo una comida**

Aunque no lo recordamos por la mañana, todos nos despertamos durante la noche un par de veces, y nos volvemos a dormir casi inmediatamente sin ningún recuerdo del evento. Los bebés también necesitan aprender a volver a dormirse, preferiblemente solos y sin necesidad de demasiada ayuda de sus cuidadores, después de los seis meses de edad.

Si usted ha estado alimentando a su bebé para que se duerma, ahora podría considerar mover este alimento a treinta minutos antes de la hora de acostarse, y seguirlo con una historia en un libro de cartón y algunas canciones de cuna en la cama. Usted puede esperar algún alboroto en este cambio de rutina, pero si usted es consistente, ella se irá sin el biberón o el pecho si está cansada. Con suerte, esto también hará que las vigilias nocturnas sean más fáciles - si ella aprende que puede volver a dormir sin comer, sólo su voz y tal vez un leve golpe debería ser suficiente para tranquilizarla de nuevo.

Por supuesto, si no te importa alimentarte durante la noche, no sientas que tienes que hacer esto. Pero si usted está agotado durante el día, podría ser una buena idea introducir un poco de entrenamiento suave para dormir alrededor de los seis meses para hacer la vida diaria más fácil. Habrá mucho más sobre esto más adelante!

- **Despertar temprano**

Algunos bebés se levantan temprano, con muchas ganas de irse. Puede intentar ajustar las siestas y las horas de dormir, o poner una persiana de apagón sobre la ventana para tratar de retrasar un poco la hora de despertarse. Otra opción es llevarla a su cama y esperar que vuelva a dormirse.

Sin embargo, en última instancia, las mañanas tempranas son parte integral de tener un bebé pequeño, así que acostarse más temprano para poder manejar el comienzo temprano puede ser la mejor solución.

Corrigiendo las razones menos comunes para un sueño deficiente

Enfermedad

Desafortunadamente, la enfermedad - un malestar estomacal, un dolor de oídos, un resfriado - puede resultar en un sueño terrible. Tenga a mano un analgésico para bebés recomendado por su médico o enfermera de salud infantil para que pueda administrarlo cuando el dolor aparezca en medio de la noche. Con suerte, la enfermedad pasará rápidamente y el sueño volverá. Pero cuando esto sucede, es posible que tenga que aceptar simplemente una noche perturbada y esperar un respiro al día siguiente. Hablaremos más sobre el manejo de los problemas de sueño causados por la enfermedad más adelante.

Viaje o cambio de rutina

Incluso ahora que mis hijos son mayores, acepto que la primera noche en un lugar nuevo va a ser difícil. Un cambio de rutina, la emoción de un nuevo ambiente y posiblemente una larga siesta en el viaje resultarán en una mala noche de sueño, o una hora de acostarse tarde. Sin embargo, para la segunda noche, todos deben estar exhaustos y dormir bien.

Viajar con bebés puede ser difícil por esta y muchas otras razones, así que mi sugerencia es manejar tú expectativas y tomar las cosas con calma. Viajar con niños es más fácil a medida que crecen, y más divertido, especialmente cuando todos saben leer y nadar. Pero en los primeros días, no siempre es relajante o ni siquiera vale la pena la molestia, la mayor parte del tiempo.

En estos momentos, si tienes algún tipo de rutina o estructura que sea familiar para tu bebé, como un baño caliente, seguido de cuentos en la cama, siempre puedes volver a esto para darle a tu hijo la señal de que es hora de dormir. Los abrazos adicionales y mucha tranquilidad también ayudarán.

En momentos de interrupción -viajes, rachas de crecimiento, saltos de desarrollo- una rutina familiar es una gran manera de mantener las cosas en orden hasta que todos se ajusten a la nueva realidad.

Un nuevo cuidador o una nueva guardería son otras cosas que pueden hacer que su bebé esté inquieto y quisquilloso, a menudo justo cuando usted necesita que sean "buenos". Recuerde, su bebé no está tratando de hacer su vida más difícil, sólo están inquietos y necesitan que usted les muestre que todo está bien.

Personalmente, siempre he sido una gran fan de las historias en la cama con mis bebés y niños pequeños. Es una buena manera de relajarse juntos al final del día, y a medida que su hijo crece, le ayudará a hablar y aprender sobre el mundo y a usar su imaginación. Además, leerles a sus hijos los preparará muy bien para ir a la escuela más adelante, y cada vez que lo haga ahora, se beneficiará de ello más tarde.

Sólo dormir mientras se está en brazos

Este es uno de los más difíciles, y se requiere un poco de ensayo y error si desea romper este hábito. A menudo, la introducción de un CD de ruido blanco mientras mece o sostiene a su bebé le dará otra señal para dormir. Después de unos días, usted puede tratar de acostarla mientras toca el ruido blanco, acariciando suavemente, balanceándose o haciéndole callar hasta que se duerma.

A veces los bebés necesitan saber que usted está allí para quedarse dormido. Así que si está intentando esto, quédese con su bebé hasta que esté profundamente dormido. Silencio, palmaditas, mecerse - haga lo que sea excepto acostarse con su bebé o levantarlo. Puede objetar, pero pronto aprenderá que puede quedarse dormido sin ser sostenido, siempre y cuando sepa que usted está allí. Una vez que él haya aprendido a dormirse, usted podrá salir de la habitación más temprano sin demasiados problemas.

Un bebé demasiado cansado que tiene dificultades para conciliar el sueño

Si llega a conocer los signos de cansancio de su bebé -frotarse los ojos, gimotear, puños cerrados a veces- sabrá que debe dejarlos a la primera señal, si puede, antes de que se agoten y se fatiguen demasiado. A veces, sin embargo, te pierdes ese momento mágico y se te hace más difícil hacer que tu bebé se duerma ya que están tan alterados. A veces, subirlos al cochecito de bebé o pasearlos en este puede ayudar cuando el movimiento los adormece. O quedarse con ellos en una habitación oscura hasta que se caigan es otra manera de romper con el cansancio y permitir que el sueño llegue.

Siestecita sólo por períodos cortos de tiempo

Algunos bebés sólo duermen durante veinte minutos y luego se despiertan de nuevo, aun pareciendo cansados. En este caso, vuelva a lo básico y observe toda su rutina de sueño y su entorno. ¿Es la habitación oscura, silenciosa y con la temperatura adecuada? ¿La estás acostando muy pronto? Dormir a un bebé cuando ya está demasiado cansado puede hacer que sea más difícil para él alcanzar un sueño profundo. También, mire su rutina nocturna - ¿está siguiendo un patrón establecido cada noche, con juegos por la tarde y luz del día, una buena alimentación, un baño largo y una hora fija de acostarse? Poner en marcha una estructura más firme puede ayudar a algunos bebés a adaptarse y dormir mejor. A veces, sin embargo, es sólo cuestión de vivir la experiencia hasta que aprendan a dormir mejor, y si este es el caso, es posible que tenga que buscar maneras de lidiar con menos sueño, que es lo que vimos anteriormente.

Quedarse dormido en el coche o en el cochecito

En el caso de algunos bebés, estos pueden quedarse dormidos mientras usted está fuera, y descubrirá que cuando llega a casa e intenta acostarlos, se despiertan de nuevo, perdiendo su siesta. Si esto le sucede a usted, puede ser más fácil no molestarlos una vez que estén dormidos. Si está en un cochecito, simplemente llévelo a un lugar tranquilo y vigílelo hasta que se despierte. Si está en un coche, estacione en un lugar sombreado y saque un libro o su smartphone, manteniendo el aire acondicionado o la calefacción encendida dependiendo del clima. Si usted lleva bocadillos y bebidas con usted cuando está fuera, usted puede simplemente disfrutar de la hora de la siesta en su coche. Pero nunca, nunca dejes a un bebé dormido en un coche sin vigilancia.

Lo que significan los hábitos de sueño de su bebé

Si a su bebé le resulta difícil conciliar el sueño

Pueden estar demasiado cansados o inestables por alguna razón. En este caso, a menudo es bueno empezar a acostarse antes, y ver si eso ayuda. A un bebé cansado le será mucho más difícil dormir.

Puede que tengan hambre. Alrededor de los seis meses, cuando su bebé comienza a comer sólidos, de repente puede empezar a dormir mucho más profundamente. También puede intentar introducir alimentos ricos en grasa y densos para satisfacer su hambre. Las tostadas con mucho aguacate y mantequilla, por ejemplo, son un alimento denso y alto en grasa que llenará a su bebé. Otro buen alimento es la sopa de pollo en puré - la proteína llena mucho.

Pueden estar teniendo un crecimiento acelerado o un salto en el desarrollo, o pueden estar perturbados por alguna otra razón. Más sobre esto más adelante.

Comportamiento inexplicable e inestable

Desafortunadamente, nunca hay una solución única cuando se trata del comportamiento del bebé. Tampoco hay un conjunto de pautas que resuelvan todos sus problemas de sueño. Lo que puedes hacer es entender lo que es un comportamiento normal y también tener en cuenta que las fases difíciles pasarán con el tiempo. A veces, la mejor solución es asegurarse de obtener suficiente tiempo de inactividad mediante la reducción de otras actividades si se siente agotado. Lo que sea con lo que su bebé esté luchando por lo general no durará mucho tiempo, y con el paso del tiempo su sueño regresará.

Otros hábitos extraños de sueño

Esnifar y roncar

Los bebés hacen todo tipo de ruidos extraños, y esnifar o roncar durante el sueño no es nada de lo que preocuparse. Los bebés también pueden roncar suavemente cuando tienen la nariz tapada. Un vaporizador o humidificador en la habitación, o sentarse con su bebé en un baño con vapor, puede ayudar a limpiar sus conductos nasales y hacerlos más cómodos antes de dormir. Dicho esto, un bebé que ronca todo el tiempo, no sólo cuando está indispuesto, vale la pena llevarlo a su médico, ya que puede ser un signo de un problema de salud. Su médico puede remitirlo a un otorrinolaringólogo pediátrico para que le haga más pruebas.

Sudoración fuerte durante el sueño

Algunos bebés tienden a calentarse , y usted notará que sudan mucho mientras duermen, particularmente durante su sueño profundo y a veces empapando sus sábanas. Debido a que los bebés pasan el 50 por ciento de su tiempo de sueño en sueño profundo, si sudan durante este tiempo, tenderá a ser más notorio. Verifique siempre la temperatura de la habitación y asegúrese de que su bebé no esté demasiado vestido, ya que el sobrecalentamiento puede ser un factor de riesgo para el SMSL.

También debe mencionar la sudoración excesiva a su médico, ya que puede ser una señal de un problema de salud subyacente. No sienta que tiene que amontonar a su bebé con mantas - ellos le harán saber si están fríos, y usted también puede verificar qué tan calientes están al tocar sus manos o su pecho.

Por supuesto, los bebés también pueden tener mucho calor en verano. Si usted tiene calor, es probable que su bebé también lo tenga. Un baño tibio , pero no caliente, y quizás una franela húmeda y limpia para chupar en el baño pueden asegurar que su bebé se mantenga fresco e hidratado lo suficiente como para dormirse. Pero si la casa se siente fresca y su bebé no está demasiado vestido pero aun así se siente muy caliente, hable con su médico.

Balancearse y golpearse la cabeza

Los bebés pueden a veces ponerse a cuatro patas y mecerse en la cama. Parece extraño, pero es totalmente normal, sobre todo cuando se están quedando dormidos. Los bebés también practican a veces nuevos movimientos físicos mientras están medio dormidos, una y otra vez, hasta que finalmente se acuestan y duermen. Vigila a tu bebé si lo hace en la cama, ¡es fascinante! - pero no te preocupes demasiado. Puede estar acompañado de golpes en la cabeza o rodar - otra vez, raro, pero totalmente normal. Esto suele ocurrir entre los seis y nueve meses, cuando los bebés empiezan a dominar nuevas habilidades en torno al movimiento y el gateo.

Los golpes en la cabeza también pueden ser una distracción del dolor de un diente y pueden continuar por algún tiempo. Rara vez es una señal de algo serio, pero vale la pena mencionárselo a su médico, especialmente si su hijo está mostrando cualquier otra señal de retraso en el desarrollo.

Rechinar los dientes

Muchos bebés rechinan los dientes, especialmente durante el sueño. También es común cuando el primer diente sale. Suena horrible, pero no hay nada de qué preocuparse. Sin embargo, puede mencionarlo cuando lleve a su bebé a su primera cita con el dentista, alrededor de un año de edad.

Capítulo 4 - Preparación para el Entrenamiento del Sueño

El entrenamiento para dormir es algo que usted debe considerar cuando usted y su bebé estén listos, si usted se siente desesperada por dormir y quiere que su bebé aprenda a dormirse por sí solo. Aunque no funciona para todos los bebés (o padres), creo que es un enfoque razonable que puede tener un impacto positivo en la vida familiar. Sí, puede haber algunos días de llanto y sueño interrumpido, pero un padre exhausto que se despierta cada pocas horas para acariciar, mecer y alimentar a un bebé tampoco es ideal a largo plazo, especialmente si está afectando su salud mental, sus niveles de felicidad, su trabajo y sus relaciones.

Tenga en cuenta, sin embargo, que usted no tiene que dormir entrenado si no quiere. Si usted puede vivir con el sueño interrumpido y encontrar maneras de arreglárselas, como dormir en compañía o tomar una siesta cuando su bebé duerme la siesta, no necesita hacer nada. Depende de ti, y siempre debes hacer lo que te parezca correcto.

Si usted no quiere entrenar para dormir, simplemente continúe con su rutina a la hora de acostarse y otras estrategias para despertar por la noche que ya hemos delineado, y trabaje alrededor hasta que su bebé esté durmiendo mejor, o decida que es el momento adecuado para entrenar para dormir. Usted puede elegir mantener la cuna del bebé junto a su cama, o colocar un colchón en la habitación del bebé, o alternar las noches de "servicio" con su pareja hasta que su bebé mejore su habilidad para pasar la noche sin despertarse.

En última instancia, como con todo lo que tiene que ver con el cuidado de un bebé, usted puede mirar la investigación y la información actual, tomar lo que pueda y decidir qué es lo que funcionará para usted y su familia. Antes de sumergirnos en lo esencial del entrenamiento del sueño, sin embargo, necesitamos ver lo que es. También veremos cómo determinar si su bebé está listo para el entrenamiento del sueño, y cómo elegir el método de entrenamiento del sueño adecuado para su bebé.

Duras verdades sobre el entrenamiento del sueño que todos los padres deben saber

El entrenamiento para dormir, al que a veces (erróneamente) se le llama "llorar", es esencialmente enseñar a su bebé a dormirse por sí solo o con ayuda limitada.

Usted puede ir a la habitación periódicamente para tranquilizarlo - dando palmaditas, acariciando y calmando - pero sin levantar al bebé ni lo llevarlo a la cama. El objetivo es "entrenar" a su bebé para que se duerma de forma independiente, sin necesidad de mecerse, abrazarlo, darle biberones, amamantarlo y otras ayudas para dormir que usted ha estado utilizando.

Puede ser un tema divisorio. Algunas personas creen que usted nunca debe dejar que un bebé llore, que le causará un daño psicológico incalculable y que simplemente debe aceptar lo que el bebé quiere. Los expertos en desarrollo infantil no siempre están de acuerdo en si es una solución apropiada para el mal sueño. Pero lo que sí sabemos es que es posible introducir un poco de entrenamiento del sueño de una manera suave, sin simplemente cerrar la puerta a su bebé y dejarlo solo hasta la mañana. En los viejos tiempos se conocía como el método de "llorar", ¡y definitivamente hemos pasado de eso! Aquí están algunas cosas que usted necesita considerar al decidir entrenar el sueño.

El entrenamiento del sueño no siempre funciona

Ya sea que usted siga el camino anticuado (y ya no recomendado) de dejar a su bebé solo hasta la mañana, o intente un enfoque más suave, tenga en cuenta que el éxito no está garantizado. Ambos métodos funcionan con algunos bebés, pero no con todos. Algunos se resistirán más, y es posible que tenga que aceptar esto y recordar que en unos pocos años estarán en sus propias camas y durmiendo bien. Y que cuando sean adolescentes, usted luchará para que no duerman en absoluto, y tal vez anhele sus días de bebé.

Tenga en cuenta, además, que para alrededor del 20 por ciento de los bebés, el entrenamiento para dormir simplemente no funciona - pueden ser demasiado jóvenes, o no ser capaces de hacer frente a la separación de sus padres. Como en tantos escenarios de crianza, todo se reduce al temperamento único de su hijo. Y el suyo también, puede que se dé cuenta de que no puede soportar el sonido de su bebé en apuros gritando por usted y abandone la idea desde la primera noche.

No es algo por lo que tengas que castigarte.

A algunos padres les resulta increíblemente difícil tomar la decisión de entrenar para dormir, preocupándose de que están siendo crueles o causando a su bebé un daño emocional duradero. Lo que usted necesita tener en cuenta, sin embargo, es que en el entorno de un ambiente familiar amoroso y seguro, es poco probable que el entrenamiento para dormir cause ningún daño duradero. Y, de hecho, si regresa al trabajo, cuida de otros niños o conduce con regularidad, es esencial que usted también duerma bien durante la noche, por razones de seguridad y por su propia salud mental y bienestar. Así que, por favor, no se castigue por querer cambiar los hábitos de sueño de su bebé. A veces, por el bien de la familia, vale la pena al menos intentarlo.

También hay que tener en cuenta que hace mucho tiempo los padres tenían mucho más apoyo familiar al que recurrir, con los abuelos y otros miembros de la familia ayudando en el cuidado de los niños y apareciendo silenciosamente a altas horas de la madrugada para dar un respiro a los padres exhaustos. Además, hoy en día, muchas mujeres combinan el trabajo con el cuidado de los niños, por lo que necesitan estar alerta y ocupadas durante el día.

Las familias de hoy en día también tienden a ser mucho más pequeñas y más contenidas, y la ayuda familiar cercana o la ayuda de los hermanos mayores no siempre está disponible. Esto significa que los problemas de sueño caen directamente sobre los hombros de los padres (a menudo de la madre). No es irrazonable, en el ambiente de presión de los padres de hoy en día, trabajar para lograr una buena noche de sueño!

Es una buena idea tratar los problemas de sueño más temprano que tarde.

En el caso de los bebés y los niños, cuanto más tiempo se deja un comportamiento en particular sin abordar, ya sea chuparse el dedo o quedarse dormido frente al televisor, más difícil será cambiarlo. Así que si usted se acuesta con su bebé todas las noches, o lo alimenta para que se duerma, se acostumbrará y no querrá cambiar. Si no te importa, está bien, no necesitas cambiar nada. Pero si usted quiere pasar menos tiempo en la noche a la hora de acostarse, por ejemplo, es mejor que lo haga de frente en lugar de esperar y tener la esperanza de que las cosas cambien por sí solas. Lo más probable es que, si al bebé le gusta (y si significa estar cerca de usted, lo hará), no cambiará sin un poco de lucha. Habrá algo de dolor y llanto mientras pones en su lugar los nuevos hábitos, pero si eres firme, consistente y determinado, el dolor durará poco y puedes esperar que todos duerman mejor y que tus tardes vuelvan. Como padre, usted está a cargo, y si usted es consecuente, su hijo se acoplará eventualmente. Quieren complacerte, después de todo.

No existe una fórmula fija que garantice su funcionamiento

Algunos libros de entrenamiento del sueño ofrecen un enfoque muy estructurado para el entrenamiento del sueño, pero lo que necesita recordar es que los autores no conocen a usted ni a su bebé. Así que lo que funciona para algunos bebés no funcionará para otros, y eso no significa que usted esté haciendo algo malo. Lo que hay que buscar es lo que algunos investigadores llaman el "momento mágico" en el que el bebé deja de llorar y se va quedando dormido poco a poco. Esto puede deberse a la tranquilidad y a las visitas de los padres, o su bebé puede mejorar si usted se retira de la habitación por un poco más de tiempo entre las visitas.

Lo resolverás tú mismo, y te sorprenderá descubrir que tu bebé necesita un poco de tiempo para relajarse y llorar solo, sabiendo que estás cerca, para poder dormir.

Incluso ahora, mi hijo en edad preescolar a menudo se duerme más rápido si lo dejo solo, aunque me llame. Si entro, él quiere charlar y comprometerse conmigo, y todo el proceso toma más tiempo. Eventualmente, usted descubrirá qué es lo que ayuda a su bebé en particular. También podrá diferenciar entre un llanto de sueño en decadencia, no particularmente angustiado, que es simplemente el llanto del bebé que se desenvuelve y libera el estrés acumulado antes de dormir, y un llanto de angustia grave y ansioso que no va a resultar en sueño en un futuro cercano.

Es importante recordar, también, que algunos bebés, niños pequeños, niños e incluso adultos lloran de forma saludable. Un buen llanto nos relaja y descarga emociones y tensiones, así que no sienta que le está haciendo daño a su hijo si lo deja llorar un poco. A veces, es simplemente parte de su proceso de quedarse dormido, y les ayuda a relajarse y aflojarse. Sólo es un problema si los deja llorar solos durante horas o ignora cualquier angustia grave. Un enfoque tranquilo y relajado, con algunas palabras de apoyo, es la mejor manera de manejar el entrenamiento del sueño.

Lo que definitivamente usted no quiere hacer es intentar el entrenamiento del sueño, abandonarlo, y luego intentarlo de nuevo, de vez en cuando, por un período de tiempo indefinido. Esto es injusto para su bebé, ya que no sabe lo que usted quiere de él y no sabrá qué esperar a la hora de acostarse.

Es posible que su bebé duerma mejor después de entrenar, pero todavía habrá noches malas

El entrenamiento del sueño no es una solución milagrosa, y no se trata de resolver todos los problemas de sueño de su bebé para siempre. Se trata más bien de mejorar las cosas para que su bebé pueda dormir de forma independiente y usted se sienta más descansada en general.

Seguirá teniendo noches en las que su bebé la necesita - quizás tuvo un mal día, se siente mal, o está pasando por un período de crecimiento o un salto en su desarrollo y necesita un poco más de tranquilidad. No hay nada malo en ir a ver a tu bebé en la noche cuando llora por ti - eso es simplemente parte de ser padre. Sin embargo, eso no significa que tengas que recogerla o meterla en tu cama, a menos que quieras. Una vez que haya hecho un poco de entrenamiento básico para dormir, su bebé generalmente podrá volver a dormirse con unas pocas palabras suaves y con un impacto tranquilizador para usted. Y si tiene una noche inestable debido a una enfermedad u otra razón, vuelva a su rutina tan pronto como sea posible para no deshacer todo el progreso que ha hecho.

En resumen, depende de usted - y en el contexto de un hogar amoroso, muchos expertos en salud infantil creen que vale la pena intentarlo si se siente exhausto e irritable.

¿Está su bebé listo para el entrenamiento del sueño?

Alrededor de los seis meses es un buen momento para pensar si su bebé está listo para el entrenamiento del sueño. Antes de este tiempo, es apropiado para el desarrollo que su bebé se despierte en la noche para alimentarse, y realmente no puede ser "entrenado" para dormir por más tiempo. Pero si usted decide que quiere tratar de cambiar las cosas, no espere demasiado tiempo después de este punto, así los hábitos de sueño serán más establecidos y más difíciles de romper.

A los seis meses de edad, un bebé estará acostumbrado a que usted los levante y los meza para que se duerman, y tal vez los alimente también. Pero si usted siente que le gustaría dormir más, entonces no hay nada malo en tratar de cambiar las cosas un poco. Así que si en este punto usted decide que le gustaría probar el entrenamiento del sueño, puede ser que en un período de tres o cuatro noches de llanto, usted encontrará que su bebé se está acomodando y durmiendo mucho mejor.

Entonces, ¿cuándo se recomienda el entrenamiento para dormir? Siga leyendo para conocer algunas razones comunes para probar el entrenamiento del sueño.

Si su bebé se está despertando durante la noche para ser alimentado.

Aquí, puede que no le importe alimentar a su bebé durante la noche. No hay nada malo en hacerlo, especialmente si usted está amamantando y su bebé está cerca, y usted puede alimentarse sin que ninguno de los dos se despierte demasiado. Pero si usted todavía se está despertando durante la noche para calentar biberones y su bebé necesita calmarse y mecerse para volver a dormir, no es irracional que al menos trate de cambiar las cosas en este momento.

Alrededor de los seis meses es un buen momento para intentarlo: es probable que su bebé esté mucho más asentado y relajado y que usted haya superado la conmoción inicial de un nuevo bebé. Si usted siente que le gustaría presionar para que haya un poco más de rutina alrededor del sueño, inténtelo.

Si su bebé no es capaz de dormirse solo

Una vez más, esto puede no ser un problema para usted. Pero si usted tiene otros niños que cuidar, o simplemente quiere que sus noches regresen y le gustaría que su bebé pudiera quedarse dormido independientemente, puede ser una buena idea intentar un entrenamiento suave para dormir. Los padres solteros y los padres de gemelos también pueden necesitar probar el entrenamiento para dormir más pronto por razones prácticas.

A medida que su bebé crece, el mecerse para dormir puede volverse más difícil, por lo que es posible que descubra que sus brazos doloridos toman la decisión por usted. El resultado final será idealmente que usted lleve a cabo su rutina habitual a la hora de acostarse, como hemos discutido en capítulos anteriores, acomódelo en la cama y él o ella se quedará dormido de forma independiente, quizás con un poco de llanto de "bajón". ¡Y tendrá sus noches de vuelta!

Si su bebé ya está durmiendo más tiempo por la noche

Una vez que su bebé esté más grande, y comiendo tres comidas al día y durmiendo bien por la noche, usted puede considerar el entrenamiento del sueño para llevar a su bebé a mejores hábitos de sueño a largo plazo. Si despertar para amamantar o tener un biberón en medio de la noche ya no es necesario desde el punto de vista nutricional, sino que parece más bien un hábito, puede elegir entrenarse ahora.

Si su bebé muestra alguna capacidad de auto calmarse

Si su bebé parece relajado en general, y se duerme fácilmente sin parecer irritable o angustiado, usted puede intentar entrenar el sueño ahora. Algunos bebés son temperamentalmente más nerviosos que otros, pero si usted siente que su bebé responderá bien al entrenamiento del sueño, y usted está generalmente contenta con su desarrollo, no hay nada malo en darle una oportunidad a los seis meses de edad. Siempre puedes intentarlo de nuevo a los nueve o doce meses si no funciona. Si tienes mucha suerte, es posible que termines con un bebé que prefiera dormirse a la deriva sin ninguna atención adicional. Aunque si ese es el caso, ¡probablemente no leerás este libro!

El momento es adecuado para su familia

Abordar las noches perturbadas y tratar de hacer que toda su familia duerma mejor va a tomar unas cuantas noches de interrupción, esfuerzo y fuerza de voluntad en su nombre. Considere esto, lea sobre el entrenamiento del sueño, y planee su enfoque y tiempo para que tenga la mejor oportunidad de éxito. No entrene dormido cuando esté ocupado en el trabajo o con otras actividades y necesite descansar. Asegúrese de no tener otras cosas pendientes, como visitas que vienen a quedarse o unas vacaciones lejos de su casa y de su rutina. Tampoco debe intentar entrenar para dormir cuando su bebé está enfermo o de alguna otra manera perturbado con algún cambio en su rutina, como por ejemplo, comenzar en una nueva guardería.

Elige un momento en el que todos estén bien y felices, y podrás concentrarte por unas cuantas noches. Si no funciona, que así sea. Siempre puedes volver a intentarlo dentro de unos meses.

Cómo elegir el método correcto de entrenamiento del sueño para su bebé

No hay un solo método de entrenamiento del sueño que esté garantizado que funcione. Las investigaciones muestran que todos logran aproximadamente el mismo grado de éxito, pero esto dependerá de lo que funcione mejor para su hijo y su temperamento particular. Lo más importante es ser coherente. Los cuatro métodos principales son "Llorando", "Desapareciendo", "Recogiendo-dejando" y "Acampando".

Y está el método final, que usted puede encontrar, eventualmente, es que lo mejor para usted y su familia es dormir con su bebé, porque él o ella exige estar cerca de usted. Siempre puede volver a intentar el entrenamiento del sueño más tarde.

Como he mencionado, para cuando su bebé tenga unos seis meses de edad, usted tendrá alguna idea de su temperamento. De hecho, tendrás una idea de su personalidad tan pronto como lo conozcas, pero a los seis meses ya deberías saber si es un bebé irritable y meloso o un bebé más relajado. ¿Necesita estar cerca todo el tiempo o es feliz sólo por los períodos? ¿Está decidido a hacer siempre lo que quiera o muestra un poco de flexibilidad? Todos estos factores le ayudarán a decidir qué tipo de entrenamiento del sueño utilizar.

Lo primero que hay que resolver es si necesitas un entrenamiento para dormir. Si tienes suerte, es posible que tengas un bebé que se tranquilice por naturaleza. Intenta esta prueba: duerma a su bebé cansado y bien alimentado y déjelo llorar un rato. Puede que se duerma rápidamente por sí solo, en cuyo caso usted no necesita el entrenamiento del sueño en absoluto - ¡qué suerte!

Pero no siempre es tan fácil. En términos generales, un niño muy sensible y muy nervioso necesitará un enfoque más lento, o tal vez no pueda lidiar con el entrenamiento del sueño en absoluto.

Un niño de voluntad más fuerte puede necesitar un enfoque más firme, y necesite ser dejado dormir en gran parte solo con unas cuantas noches de llanto, ¡porque un padre que viene a la habitación fortalecerá su resolución de luchar contra el nuevo sistema!

Otros bebés relativamente fáciles de llevar suelen responder bien a los métodos más suaves de "No llorar", "Desapareciendo" o "Llorando modificado.

También tienes que pensar en tu propio temperamento: ¿tienes la determinación de hacer un programa de entrenamiento para el sueño en un corto período de tiempo, o te sientes más cómodo tomando más tiempo para entrenar para dormir, pero haciéndolo con más suavidad? El entrenamiento para dormir puede ser particularmente difícil cuando ya no se puede dormir, y para cualquier padre, el sonido de un bebé llorando es bastante insoportable.

Además, tienes que pensar en otras personas de la familia. ¿Los niños serán despertados por los gritos nocturnos? ¿Tiene usted un compañero que pueda ayudar a compartir la carga del entrenamiento del sueño? Usted está cuidando por un mínimo de tres noches de interrupción, con muchos bebés tomando de siete a 10 noches antes de que estén completamente a bordo. Así que planifica tu estrategia en consecuencia.

¿Listo para sumergirte?

En el siguiente capítulo, le daremos una serie de métodos de entrenamiento del sueño que puede probar, desde un entrenamiento suave hasta métodos más rápidos que puede llevar a cabo durante varias noches. También analizaremos lo que necesita hacer para tener éxito, y lo que sucede si no funciona.

Capítulo 5 - Éxito del entrenamiento del sueño

4 métodos Transformativos de Entrenamiento del Sueño

Antes de sumergirnos en los diversos métodos de entrenamiento del sueño, es importante entender que no hay garantías. Y, como todo lo que tiene que ver con los bebés, no hay una sola respuesta. Lo que usted puede terminar usando es una combinación de los métodos que se describen a continuación. Una vez que empiece a llorar, puede que se dé cuenta de que incluso dos minutos de llanto son insoportables para usted, y decida optar por un método más suave. Siempre sigue tus propios instintos en este caso , y nunca hagas nada que te haga sentir mal. Pero también trata de no sentirte culpable por un poco de llanto. Honestamente, no le hará ningún daño permanente a tu bebé. El daño permanente a los niños proviene de cosas como el abuso, la guerra, la escasez de alimentos y la falta de hogar. Así que recuerde mantener la cuestión del entrenamiento del sueño en perspectiva!

Es normal que los bebés lloren antes de dormir - les ayuda a descargar el estrés y a cansarse, y usted no es un "mal padre" si decide intentar dormir más o ayudarles a dormirse por sí mismos. Recuérdate de los beneficios generales de que todos duerman más, y también de la famosa frase de los padres, "Esto también pasará". Una madre exhausta tampoco es buena para su bebé, y si usted está regresando al trabajo o tiene otros compromisos, como otros niños, es perfectamente razonable tratar de que su bebé tenga mejores hábitos de sueño.

Antes de empezar, recuerde implementar una rutina de día semirregular, con suficiente actividad interesante y variada para que su bebé se quede cansado pero no completamente exhausto. Trate de incorporar una caminata o salida, algo de luz del día, algo de "juego", una visita a una nueva casa o pariente, y mucha charla y canto, etc., así como tres comidas saludables y llenas. Las siestas deben ser regulares e idealmente no demasiado tarde, ya que si su bebé está demasiado cansado le resultará más difícil asentarse.

Este ocupado día puede ser seguido por una secuencia de rituales previos a la cama, como se mencionó anteriormente - un baño caliente, tal vez un masaje con un poco de aceite de lavanda infundido para bebés, una historia de libro de cartón o dos, una canción de cuna, muchos abrazos, y meter a su bebé en su traje de dormir. Mantenga las luces bajas, apague el televisor y asegúrese de que no ocurra nada interesante en otra habitación que su bebé pueda captar y quiera investigar.

Todos estos rituales enviarán el mensaje a su bebé de que es hora de relajarse y dormir, y de hacer que el entrenamiento del sueño sea más suave. Si usted ha estado alimentando a su bebé para que duerma, puede tratar de romper esta asociación al alimentarse antes de los cuentos y el traje de dormir, en lugar de hacerlo al final. Mantenga la calma durante todo el ritual de la hora de acostarse, incluso si está desesperada por conseguir que el bebé se duerma para que pueda tener algo de tiempo para usted. Su bebé siempre se dará cuenta de su estado de ánimo, así que si usted parece agitada o impaciente, puede tardar más tiempo en adormecerlo y quedarse dormido.

Esencialmente, ponga en orden su casa durante el día, incluyendo siestas diurnas y un ritual a la hora de acostarse, antes de que intente hacer frente a las noches. Cubriremos más siestas en un próximo capítulo.

OK - ahora pasemos a los cuatro métodos de entrenamiento del sueño más comunes, y los beneficios de cada uno.

Método de desvanecimiento

Esto tiene varios nombres, pero lo llamo el Método del Desvanecimiento. Esencialmente, con este método, usted pone a su bebé a dormir después de su ritual normal de la hora de acostarse, y sale de la habitación. En este punto, su bebé normalmente llorará por usted, pero en lugar de entrar inmediatamente, usted espera un minuto más o menos antes de volver a entrar para calmarlo, tranquilizarlo y decirle unas cuantas palabras suaves. Pero usted no recoge a su bebé.

Gradualmente, usted aumenta la cantidad de tiempo que está fuera de la habitación, estirándola en uno o dos minutos, hasta que esté fuera de la habitación durante 10-15 minutos por vez. Lo ideal es que su bebé se canse y se quede dormido. Si este método va a funcionar, debería hacerlo en el plazo de una semana. Algunas personas descubren que este método angustia más al bebé, ya que cada vez que usted reaparece en la habitación lo molesta una vez más. Otros descubren que funciona bien y después de unos días a una semana su bebé se está durmiendo con un mínimo de llanto y angustia.

Este es el método estándar que funciona mejor para la mayoría de los padres, así que es el que cubriré en detalle más adelante. Otros métodos son simplemente variaciones de éste - algunos más suaves, otros más dramáticos. Pero ésta es la que te recomiendo encarecidamente que empieces por ella y luego la adaptes dependiendo de la respuesta de tu bebé.

Método Llorando

También conocido como el Método de la Extinción, este es el método clásico en el que la mayoría de la gente piensa cuando escucha las palabras "entrenamiento del sueño". También puede llamarse "llanto controlado". Esto consiste esencialmente en acostar a su bebé y no volver durante un largo período de tiempo, a veces incluso hasta la mañana. Es duro para el bebé, que puede llegar a estar muy angustiado, y también puede ser duro para los padres. En general, creo que es mejor aceptar que usted va a tener unas cuantas noches de sueño interrumpido atendiendo a su bebé y espero que duerma mejor al final de la noche. A la mayoría de los padres les resultaría muy difícil quedarse dormidos ante un bebé que grita.

Método Recogiendo-dejando

Este método es similar al método Desapareciendo, en el sentido de que usted entra y sale de la habitación durante períodos de tiempo que se alargan gradualmente. Sin embargo, difiere en que en lugar de tranquilizar a su bebé con palabras y golpes, usted lo levanta para calmarlo, antes de colocarlo de nuevo en su cuna. Para algunos bebés, esta sujeción extra los hace sentir seguros y eventualmente se quedarán dormidos. Para otros, sin embargo, el ser recogidos y echados con el tiempo los hará sobre estimulados y angustiados, y lucharán más duro para dormir.

También puede depender de cómo te sientas - si te encuentras agitado y molesto por el llanto de tu bebé, puede que se dé cuenta de ello y se sienta más angustiado.

Este método es, sin embargo, bastante suave, por lo que puede comenzar con bebés que sólo tienen un par de meses de edad. Puede funcionar desde una edad muy temprana, y si no lo hace, simplemente puede intentarlo de nuevo un poco más tarde.

Método de acampada

Esto implica estar en la habitación, sentado en una silla, para tranquilizarlo, pero no recoger a su bebé, mecerlo o alimentarlo. Poco a poco se aleja cada vez más la silla hasta que se sale de la habitación. El bebé sabe que usted está allí, pero poco a poco aprende a dormirse solo.

Este método se puede utilizar cuando otros han fallado, pero puede ser angustiante para los padres si su hijo se altera mucho y usted siente que no debería' recogerlo. Sin embargo, significa que usted no tiene que dejar a su bebé solo para llorar, lo cual algunos padres encuentran insoportable.

Otra opción aquí es colocar un colchón extraíble junto a la cuna de su bebé, para que sepan que usted está allí, pero que realmente no puede verla ni relacionarse con usted. Usted puede tomar el tiempo para descansar mientras ellos se duermen (o traer su teléfono inteligente, siempre y cuando su bebé no se distraiga) y luego simplemente salir de puntillas una vez que estén dormidos. Sin embargo, usted puede preguntarse qué tan exitoso es esto, ya que su bebé todavía está usando su presencia como un "auxiliar del sueño". No es fácil!

Entrenamiento del sueño en más detalle: He aquí cómo

Ahora cubriré el método de entrenamiento de sueño Desapareciendo, que usted puede adaptar en función de la respuesta de su bebé. Esto le da un método básico a seguir, pero de ninguna manera es prescriptivo - usted tendrá que adaptarlo para que se acomode a su temperamento así como al de su bebé. Este es el que entrena a su bebé, pero más suavemente que el método tradicional Llorando, y me parece el más fácil tanto para los padres como para el bebé.

Aquí está cómo hacerlo:

1. Lleve a su bebé a su propia habitación

Si usted está comenzando el entrenamiento del sueño alrededor de los seis meses, está bien permitir que su bebé se duerma en su propia habitación mientras se está llevando a cabo el entrenamiento. Si su bebé ha estado en su habitación hasta ese momento, déjelo allí, pero reubíquelo temporalmente en otra parte de la casa o apartamento usted mismo, incluso en un colchón en su sala de estar, si no tiene ningún otro lugar. Una vez que su bebé esté durmiendo mejor, usted puede volver a su dormitorio.

Si su bebé ha estado compartiendo habitación con un niño mayor, muévalo a su habitación o a otra habitación durante cinco noches más o menos (hágales saber que no será para siempre, sólo hasta que el bebé esté durmiendo mejor). Una vez terminada la capacitación, el niño puede volver a vivir con el bebé y, de hecho, esto suele funcionar muy bien para los niños pequeños, a quienes les gusta tener un hermano en la misma habitación que ellos.

2. Quitar todas las ayudas para dormir

Si quieres que tu bebé aprenda a dormir, tendrás que quitarle todo lo que usa actualmente para volver a dormir. Esto incluye chupetes, biberones de leche, mecerse, acariciar y amamantar. Los bebés que han aprendido a dormir seguirán despertándose de vez en cuando por la noche, pero no necesitarán biberón, lactancia materna, chupete o cualquier otra cosa para volver a dormirse. Si desea una buena noche de sueño, todas estas ayudas tienen que desaparecer, o seguirá siendo despertado por la noche para el "servicio de habitaciones".

3. Planifique su enfoque

Lo ideal es que el entrenamiento del sueño se lleve a cabo una vez que haya elaborado un plan y lo haya hablado con su pareja, de modo que ambos estén en la misma página. Además, si tiene vecinos cercanos, hágales saber lo que está sucediendo para que no asuman que el bebé está llorando. Escoja el momento que más le convenga, cuando el bebé esté bien y usted no tenga otras cosas en marcha.

4. Asegúrese de que usted también esté bien y feliz

No intente entrenar el sueño si está bajo mucha presión en el trabajo, o no se siente feliz por ello por alguna razón. El entrenamiento del sueño requiere que los padres estén tranquilos y seguros, así que descanse un poco más durante la preparación y asegúrese de que se siente tranquilo y positivo antes de comenzar. Piensa tranquilo, seguro, consistente y estarás en camino a mejores noches! Si usted se va a estar desmoronando, llorando y sintiéndose culpable, es mejor que ni siquiera intente entrenar el sueño, ¡ya que se necesita determinación!

La primera noche

Realice el ritual de la hora de acostarse como de costumbre alrededor de las 19.30 horas, asegurándose de que su bebé se haya levantado al menos a las 16.00 horas, preferiblemente antes.

Ponla en la cama sin ningún tipo de ayuda para dormir. Llorará, pero permanecerá fuera de la habitación durante unos minutos, luego volverá a entrar y le dará un breve consuelo, como una caricia en la mejilla o unas palabras suaves, y luego se irá de nuevo.

Recuerda, ahora necesita dormir.

Regrese con su bebé tantas veces como sea necesario, pero gradualmente alargue los intervalos hasta que se duerma. Esté preparado para un poco de resistencia - esto puede tomar una hora, o tal vez dos, y habrá mucho llanto y gritos. Recuérdese de los beneficios de que cada uno duerma más ininterrumpidamente por la noche, si se siente vacilante.

También se despertará durante la noche, especialmente si está acostumbrada a tomar leche materna, biberón o chupete. En lugar de levantarse y acostarse toda la noche, levántese de la cama cuando se despierte de nuevo, tome una taza de té o vea la televisión y espere hasta que se vuelva a dormir.

Puede haber mucho llanto la primera noche. Pero para la tercera noche de entrenamiento del sueño habrá menos, y su bebé debería estar durmiendo bien dentro de cinco noches, después de una pequeña cantidad de llanto al 'desconectarse' a la hora de acostarse.

Cómo asegurarse de que su bebé duerma durante la noche

Una vez que haya pasado por el entrenamiento del sueño con su bebé, naturalmente querrá asegurarse de que siga funcionando. La mejor manera de asegurar que su bebé duerma mucho y se despierte muy poco por la noche (teniendo en cuenta las interrupciones ocasionales debidas a enfermedades o a un salto en el desarrollo, por ejemplo), es mantener la coherencia. He aquí algunas maneras de asegurarse de que su bebé duerma toda la noche.

No reintroduzca los auxiliares para dormir

Como parte de su entrenamiento para dormir, usted quitó todos los auxiliares externos para dormir, tales como chupones, biberones de leche y lactancia materna. Ahora que lo has hecho, no vuelvas a introducir el chupete u otras ayudas, ya que esto sólo confundirá a tu bebé y te retrasará.

Los bebés que han aprendido a dormir solos, sin ayuda externa, continuarán haciéndolo, y deben hacerlo hasta la mañana sin molestar a sus padres en absoluto. Esto puede hacer que el sueño diurno sea más difícil durante una semana más o menos, pero pronto también mejorará.

No cambien su pañal durante la noche

Una vez que su bebé esté dormido, déjelo en paz. No hay necesidad de cambiar pañales durante la noche.

No te asustes si vomitan.

Algunas veces, un bebé puede vomitar durante el entrenamiento del sueño. Esta no es razón para darse por vencido, ya que los bebés vomitan muy fácilmente a veces. Si esto sucede, mantenga la calma, limpie a su bebé sin demasiado alboroto y continúe como empezó. Mientras usted permanezca calmada y constante, su bebé se calmará rápidamente.

Por qué falla el entrenamiento del sueño y qué hacer

A veces el entrenamiento del sueño simplemente no funciona. Esto puede deberse al temperamento del bebé o al hecho de que usted simplemente no puede soportar dejar que su bebé llore. A continuación se presentan algunas razones comunes para el fracaso y lo que puede hacer al respecto.

- **Sus arreglos de vivienda no son adecuados**

    Si usted tiene un apartamento muy pequeño y comparte una habitación con su bebé, puede ser difícil dejar que el bebé llore. Los vecinos y otras personas que viven en su casa y que no están de acuerdo con lo que usted está haciendo también pueden dificultar las cosas. No hay respuestas fáciles aquí - puede que tenga que esperar un poco más, o trabajar en el entrenamiento del sueño de su bebé un poco más despacio, con menos llanto. Las opciones aquí incluyen, por ejemplo, mecerse, acariciar, dar palmaditas, un muñeco y amamantar durante la noche.

- **Su bebé se resiste con fuerza**

    Algunos bebés reaccionarán muy fuertemente al entrenamiento del sueño y a dejar de usar sus ayudas para dormir. En algunos casos, esto puede significar que toma más tiempo. En otros, usted puede sentir que el llanto y las protestas no valen la pena. Puede tomar hasta siete días para ver los resultados, pero siempre y cuando siga las pautas que he descrito anteriormente, y su bebé no parezca estar más angustiado, usted puede continuar.

También puede ser que su bebé no esté listo. En este caso, espere hasta que sea un poco mayor, tal vez nueve o diez meses, y luego intente de nuevo.

- **Falta de apoyo de los que le rodean**

  Algunas veces el entrenamiento para dormir falla porque uno de los padres no está de acuerdo con la idea, o quizás porque otras personas, como amigos y familiares bien intencionados, intentan decirle que es una mala idea. Si no puede llegar a un compromiso adecuado, o se siente vacilante, de nuevo, puede ser mejor dejarlo por unos meses y volver a intentarlo más tarde. Como siempre, escuche sus propios instintos aquí, ya que le servirán mejor que los forasteros bien intencionados que no entienden a su bebé o a su situación tan bien como usted. Y charla con tu proveedor de atención de la salud si eso ayuda.

- **Falta de planificación o simplemente no es el momento adecuado**

  Como se puede ver en la lectura del programa, es necesario tener en cuenta una cierta cantidad de sueño interrumpido y de interrupción cuando se entrena el sueño. Si usted trata de hacerlo en un momento en que tiene muchas otras cosas que están sucediendo, o no ha tenido en cuenta la cantidad de energía que se necesita, es posible que no tenga éxito. De nuevo (¿estás viendo un tema aquí?), déjalo ir si no funciona o no puedes manejarlo ahora mismo, e inténtalo de nuevo más tarde.

  Personalmente, no creo que valga la pena hacer demasiado entrenamiento para dormir antes de los seis meses de edad. En mi experiencia, usted obtendrá mejores resultados si espera hasta que su bebé esté comiendo bien durante el día, y más asentado en general. Antes de eso, manejar con menos sueño y adaptar su estilo de vida en consecuencia es una mejor opción.

- **Falta de consistencia**

Si usted deja que su bebé entre en su cama una noche, luego la noche siguiente se niega a recogerlo, y luego se rinde después de dos horas, entonces es justo decir que usted no va a entrenar a su bebé para dormir con éxito. Recuerde que a los bebés no les resulta fácil entender lo que usted está tratando de hacer, por lo tanto, ser consistente es esencial si desea que un nuevo hábito se mantenga. Ellos estarán de acuerdo con lo que usted quiere eventualmente, pero necesitan saber qué es eso.

- **No tienes los sueños del día bajo control.**

Si usted no tiene un sueño diurno constante, tendrá dificultades para implementar cualquier tipo de rutina durante la noche. Como he dicho antes, trabaje siempre en su rutina diurna y en su ritual a la hora de acostarse antes de intentar hacer frente a las noches. Si esto es bastante consistente, el entrenamiento del sueño debería ser mucho más fácil.

- **Tus chequeos son demasiado estimulantes**

Cuando vaya a ver a su bebé, tenga cuidado de no prestar demasiada atención. Mantenga la calma y la tranquilidad, pero mantenga su visita lo más breve y sencilla posible para no sobre estimular o angustiar aún más a su bebé. Usted quiere que se sienta seguro y tranquilo por su presencia, pero también que sea capaz de dormirse - un equilibrio difícil, y que puede ser más fácil con su segundo bebé, si es que usted tiene uno.

Capítulo 6 - ¡Es la hora de la siesta!

Los buenos días de sueño son otra necesidad importante para los bebés durante su primer año. Los patrones de las siestas cambiarán y eventualmente su bebé tendrá su propia rutina establecida. Hacer esto bien, y priorizar las siestas para que no pierdan este importante tiempo de descanso, es la clave para dormir bien por la noche.

Una pregunta que los nuevos padres a menudo hacen es si la hora de la siesta puede interferir con la hora de acostarse. Generalmente, no. Mientras que una siesta muy tardía -por ejemplo, despertarse después de las 4 p.m., puede llevar a una hora de acostarse más tarde- para la mayoría de los bebés, unas buenas siestas durante el día significan que no están demasiado cansados por la noche y que les será más fácil quedarse dormidos.

Si usted acostumbra a su bebé para su siesta de la tarde a tiempo que permite dos ciclos de sueño de 45 minutos y una hora de despertarse alrededor de las 3 p.m., usted debería estar bien para la hora de acostarse. Y, por supuesto, algunos padres afortunados tienen un bebé que puede dormir hasta las 5 de la tarde y aun así volver a la cama a las 7 de la tarde.

Los bebés cambian tan rápidamente a lo largo de su primer año, y ese "buen durmiente" que usted trae a casa desde el hospital pronto estará despierto mucho más, y necesitará más ayuda para volver a dormir las siestas diurnas. Siga leyendo para obtener una guía sobre cuántas siestas debe tomar su bebé durante su primer año y después.

Los recién nacidos (hasta las seis semanas de edad) deben tomar de tres a cinco siestas al día, con 30 a 90 minutos de tiempo despierto entre cada siesta. Habrá una siesta por la mañana y una o dos por la tarde, con tal vez un par de "siestecitas" cortas, también.

Los bebés de seis a 15 semanas de edad deben tomar de tres a cuatro siestas al día, con una o dos horas de tiempo despierto entre cada siesta.

Los bebés de cuatro a seis meses de edad necesitan tres siestas al día, con tiempos de vigilia de 1.5 a 2.5 horas entre cada siesta.

Los bebés de seis a ocho meses necesitan de dos a tres siestas al día, con dos a tres horas de tiempo despierto entre cada siesta.

Los bebés de ocho a diez meses necesitan una o dos siestas al día, con dos o tres horas entre cada siesta. Generalmente, los bebés que se despiertan muy temprano (entre las cinco y las seis de la mañana) seguirán teniendo dos sueños por más tiempo. Si duermen un poco más tarde en la mañana, pasarán a tener un sueño diario más rápidamente.

Los bebés de 10 a 12 meses y más necesitan una o dos siestas al día, con 2.5 a 3.5 horas de tiempo despierto entre cada siesta.

Después del primer cumpleaños, su bebé puede seguir durmiendo dos veces, pero muchos dormirán una sola siesta más larga después del almuerzo, y esto puede continuar hasta que tengan tres o incluso cuatro años de edad. Pero algunos niños pequeños dejan de dormir durante el día muy temprano, lo que puede ser decepcionante para los padres que dependen de ese tiempo para hacer algunas cosas y disfrutar de un poco de paz y tranquilidad. Siga leyendo para conocer algunas estrategias para tratar con bebés y niños pequeños que se niegan a dormir la siesta.

Estrategias para una siesta exitosa

Cuando su bebé es muy pequeño, las siestas ocurren sin que usted tenga que hacer mucho más que alimentarlo, acurrucarlo y tranquilizarlo para que duerma, tal vez en sus brazos o cerca de la cama.

Es posible que desee intentar que se conviertan en una rutina, pero muchos padres descubren que las siestas y los momentos en que se despiertan cambian tan rápidamente que, cuando se acostumbran a una rutina, su bebé ya no sigue el juego, como cuando se suspende la siesta de la mañana.

Una vez que estén alrededor de los seis meses, cuando estén asentados, comiendo tres comidas al día y moviéndose más, puede ser una buena idea hacer las siestas durante el día de manera más precisa para que su bebé esté despierto y ocupado de nuevo mucho antes de irse a dormir. Y, como he mencionado anteriormente, resolver su rutina diurna es esencial para un entrenamiento exitoso del sueño en la noche a esta edad.

He aquí algunas maneras clave para asegurar que las siestas sean exitosas:

Preste atención al ciclo natural de sueño de su bebé, y la duración de las siestas consecuentemente .

Busque signos de cansancio -frotarse los ojos, signos de infelicidad, puños cerrados, evitar el contacto visual- y mueva a su bebé hacia el área de descanso antes de que se moleste de verdad, alimentándolo primero para que se sienta lleno antes de dormir.

Tenga un área designada para dormir y llévelos allí una vez que estén listos para tomar una siesta. Ya hemos cubierto esto, debe ser cálido pero no sobrecalentado, debe ser oscuro, tranquilo y pacífico. Poner a su bebé a dormir en el mismo lugar en cada siesta puede funcionar bien para los bebés que "luchan contra el sueño", ya que establece fuertes asociaciones de sueño y les indica que es hora de ir a la cama.

Para las siestas diurnas, un apagón a ciegas puede ser útil para animar a su bebé a que se quede dormido, y algunos padres creen firmemente en un horario estricto de siestas (por ejemplo, a las 12 del mediodía todos los días exactamente) para asegurarse de que la siesta diurna suceda y que la hora de acostarse no se interrumpa. Como con muchas cosas, sólo usted será capaz de averiguar qué es lo que le conviene a su estilo de vida y al temperamento y patrones de sueño de su bebé.

Otros pueden quedarse dormidos en el coche y trasladarse fácilmente a un cochecito o a su propia cama. Con mi primer hijo lo dejaba dormir en el coche, luego lo trasladaba suavemente a su cochecito y lo dejaba dormir allí, para que yo pudiera ir a la biblioteca o a un café y tener algo de tiempo para mí. Esto funcionó para mí, pero no funcionará para todos los bebés y niños pequeños, que pueden tener dificultades para "trasladarse" a un cochecito o a su propia cama durante una siesta.

Elija lo que funciona para usted y su bebé - el momento en que están dormidos es un descanso bien merecido también para usted, así que lo ideal es que usted quiera que él duerma bien y durante mucho tiempo en este momento de modo que usted también tenga un descanso.

Deje que se queden dormidos - al igual que con el entrenamiento para dormir por la noche, usted a veces necesita dejar a su bebé solo por unos minutos para que realmente se duerma. Algunos bebés necesitan tiempo para relajarse y quejarse un poco antes de acostarse, así que deje que su bebé lo haga y vea qué pasa. Si su bebé se angustia, usted puede tratar de levantarlo, calmarlo, etc., y luego tratar nuevamente de acostarlo, somnoliento y relajado, pero aún despierto, para ver si se queda dormido por sí solo.

Sea consistente. Trabajar el día alrededor de las siestas de su bebé requiere cierta planificación, pero puede hacer la vida mucho más fácil. Salga cuando estén despiertos y felices, y luego esté en casa a la hora de la siesta para que duerman bien y usted tenga algo de tiempo para sí mismo. Saber cuándo necesitan dormir la siesta para poder dormir bien, pero que aún están despiertos a tiempo para su rutina nocturna y la hora de acostarse, significa que el sueño nocturno también se acomodará más fácilmente.

No deje que duerman mucho tiempo o demasiado tarde. Algunos bebés todavía están confundidos sobre la noche y el día, y dormirán demasiado tiempo durante el día, y luego estarán alerta por la noche. Trate de limitar las siestas al final de la tarde a partir de los seis meses de edad, acostando a los niños más temprano para que usted sepa que tendrán tiempo de terminar con la rutina temprano por la noche y la rutina de la hora de acostarse sin tener que volver a dejarlos en casa.

Aunque no creo en despertar a un bebé que duerme (¿por qué lo harías tú?), creo que vale la pena tomar el tiempo de las siestas para que tengas algo de consistencia cuando tu bebé esté listo para ir a la cama por la noche. Esto también asegura que su bebé duerma lo suficiente, lo cual es muy importante para su desarrollo.

¿Qué sucede si su bebé no toma una siesta?

Algunos bebés y niños pequeños pasarán por fases difíciles cuando no duermen la siesta durante el día, sin importar lo agotados y gruñones que puedan parecer. Algunas veces, esto puede significar que usted necesita mirar la hora de acostarse y moverla un poco más temprano o un poco más tarde y ver si esto ayuda. Y algunos días son más desafiantes que otros.

Si su bebé no ha tenido suficiente estimulación o ejercicio, puede resistir la siesta. En este caso, algunas actividades pueden ayudar, como nadar en una piscina climatizada, o ir a un patio de recreo o a un grupo de juegos. Mucha charla, canto y compromiso con ellos también los preparará para un buen sueño. Ser consistente, permanecer calmado y estar atento a las señales de sueño también puede ayudar. Tan pronto como su bebé parezca relajado y somnoliento, llévelo a su área de dormir y vea si se va a quedar dormido.

Además, algunos bebés y niños pequeños dejarán de dormir la siesta alrededor de un año a 15 meses, aparte de un particular sueño ligero. Esto hace que el día sea largo para los padres, pero si es lo que su bebé elige, no hay mucho que usted pueda hacer al respecto. Alentar el 'tiempo de calma' después del almuerzo puede significar que todavía se puede tener un descanso - dejándolos en su habitación con un audiolibro, o con algunos libros y juguetes, por ejemplo. Y lo ideal es que la hora de acostarse sea antes si su bebé o niño pequeño ha estado despierto todo el día.

Las señales de que su bebé o niño pequeño está listo para hacer su siesta durante el día son generalmente que el niño simplemente se niega a dormir, incluso si usted lo pone en su cuna. Puede jugar, chillar o gritar. Y después de una semana más o menos, el padre se da cuenta de que la siesta no va a ocurrir. Puede haber una o dos semanas de comportamiento inestable y cansado, pero eventualmente usted y su hijo se adaptarán a la nueva rutina.

También puede decidir dejar de dormir durante el día si su bebé está despierto hasta las 9 de la noche y ya no tiene tiempo para usted por las noches. Usted puede elegir vivir con esto, o puede decidir dejar la siesta de día a cambio de una hora de acostarse temprano - depende de usted.

Si usted tiene un bebé que no duerme durante el día, le recomiendo que siga un programa de entrenamiento del sueño por la noche. Es posible que no pueda obligar a su bebé a dormir durante el día, pero esa es una razón más para suponer que puede dormir y dormirá bien por la noche. A menudo, solucionar el problema del sueño nocturno también puede ayudar con el sueño diurno. E incluso si no lo hacen, y su bebé o niño pequeño definitivamente ha renunciado a su siesta de día, o sólo tiene siestas breves, al menos todos están durmiendo bien por la noche.

Recuerde también que muchos de estos problemas desaparecerán en unos años y usted ni siquiera los recordará. Sus hijos estarán en la escuela, llegarán exhaustos a casa y se caerán en la cama sin demasiado drama. Así que no te desesperes demasiado si tienes un "mal sueño" - ¡no es tu culpa, y se te pasará!

Capítulo 7 - No hay problema demasiado grande

En este capítulo cubriremos las temidas regresiones del sueño que ocurren a medida que su bebé se mueve a través de los meses de la infancia y de la edad de los niños pequeños. No son tan aterradores como suenan ellos, y pasarán rápidamente. Pero hasta que lo hagan, hay algunas cosas que usted puede intentar que le harán la vida más fácil mientras tanto.

También veremos cómo trabajar para establecer buenos hábitos de sueño cuando se está criando solo. Y finalmente, cubriremos el sueño cuando tengas gemelos. En ambos casos, los padres necesitan apoyo adicional, y hay maneras de hacerlo más fácil para usted.

Comprensión de las regresiones del sueño por edad

La regresión del sueño es algo con lo que usted se encontrará unas cuantas veces a medida que su bebé avanza hacia la infancia. Es totalmente normal, y se caracteriza por el hecho de que su bebé se despierta con frecuencia cuando previamente había estado durmiendo bien. Las siestas diurnas pueden ser difíciles; puede sentir como si apenas hubiera dormido, porque ella estuvo despierta y acostada toda la noche, preocupada y llorando. Su bebé también puede parecer malhumorado, irritable y más meloso de lo normal.

Las regresiones del sueño tienden a durar de dos a seis semanas si usted tiene mala suerte. Aunque la regresión del sueño puede ser difícil, especialmente si todo ha ido bien hasta ese momento, son parte del rápido desarrollo de su bebé en este momento, y significa que están sanos, prosperando y creciendo como deberían.

Las regresiones del sueño ocurren principalmente a los cuatro, nueve, 18 y 36 meses de edad - que también son momentos en los que su bebé está cambiando rápidamente y pasando por un gran desarrollo físico y cognitivo. Una cosa que usted notará es que los bebés y los niños pequeños no cambian gradualmente - parecen iguales por un tiempo, y luego de repente pueden estar comiendo más, parecer inquietos, o durmiendo profundamente, y entonces usted encontrará que han cambiado bastante rápido, gracias a un gran crecimiento. Una de las mayores transformaciones es alrededor de los tres años, cuando su hijo se vuelve un niño muy pequeño, y esta etapa también se caracteriza por una regresión final del sueño.

Aunque no todos los bebés y niños pequeños experimentan regresiones dramáticas del sueño, la mayoría de los padres notan un cambio en los patrones de sueño alrededor de estas edades, y ayuda estar preparados para ello. Siga leyendo para obtener más información sobre las regresiones del sueño por edad.

La Regresión del Sueño de Cuatro Meses

Esta regresión del sueño es cuando los bebés cambian de su patrón recién nacido de sueño activo seguido de sueño profundo, a un nuevo patrón de ciclo a través de REM, sueño ligero y activo. Usted puede notar algún comportamiento inestable y meloso , algún mal sueño en la noche, y también un mayor enfoque por parte de su bebé - él o ella de repente parece más alerta, y más como una persona. Esta es una edad encantadora y una pequeña regresión del sueño no importará tanto cuando note que su bebé está más alegre y comprometido.

La Regresión del Sueño de Nueve Meses

La regresión a los nueve meses ocurre más o menos en el mismo momento en que su bebé desarrolla la "permanencia de objetos", que es el entendimiento de que alguien o algo aún existe, incluso si su bebé no puede verlos. Esto también puede causar un poco de ansiedad por la separación, por lo que su bebé, que antes era feliz, ahora llorará cuando usted vaya a la ducha, por ejemplo. Incluso si has entrenado con éxito a tu bebé para que duerma alrededor de los seis meses, ahora se despertará y se dará cuenta de que no estás allí y comenzará a llorar, queriendo que estés cerca de ella.

Hágale saber que usted está saliendo de la habitación y que regresará, en lugar de desaparecer repentinamente. Esto le facilitará las cosas y le ayudará a entender que cuando usted se va, siempre regresa. Esto también puede hacer que la ansiedad por la separación durante la noche sea menos problemática.

Alrededor de esta época, los bebés también tienen un importante crecimiento acelerado a medida que avanzan hacia la infancia. Comenzarán a pararse, gatear y moverse. Usted puede notar que su bebé practica estas habilidades en un estado de semisueño, lo cual obviamente interfiere con la hora de acostarse. Tenga la seguridad de que se le pasará! Y una vez que estén en movimiento, también dormirán mejor por la noche.

La Regresión del Sueño de 18 Meses

Este es otro período de cambios rápidos para su niño pequeño - él o ella se está volviendo más independiente y está empezando a pensar en cómo se relaciona más con los demás. Con una nueva conciencia social y emocional viene el aumento de la ansiedad y tal vez la interrupción del sueño.

La Regresión del Sueño de 36 Meses

Al igual que la regresión a los 18 meses, este período en la vida de su hijo se caracteriza por un gran salto en el desarrollo y el crecimiento, tanto emocional como físico. Es posible que su hijo pequeño esté comenzando el preescolar, y también es probable que hable mucho, se mueva mucho y pase más tiempo con otros niños. Las nuevas emociones, como los celos, también pueden tomar tiempo para superarlas, sobre todo porque a menudo es el momento en que aparece un nuevo hermano en la escena.

Los niños pequeños también están aprendiendo mucho en este momento, lo que puede dificultar que se acomoden para dormir. El mundo que los rodea se vuelve fascinante - todo, desde las hojas hasta las lombrices y el agua, es una fuente de información constante, y también se oye mucho la palabra "por qué". Los sueños y la imaginación están despegando, junto con los miedos tanto racionales como irracionales.

Todos estos factores pueden aumentar la ansiedad y llevar a algunas noches inestables hasta que su hijo se asiente en su nuevo "yo".

Cómo lidiar con las regresiones del sueño

Si su bebé es muy pequeño, usted tendrá que proporcionarle seguridad adicional y abrazos hasta que pase la regresión del sueño. Cuide de sus propias necesidades, también, hasta que su bebé esté más asentado, y duerma más y descanse según sea necesario, de la misma manera que usted lo hizo cuando su bebé era un recién nacido.

Si usted ya ha sido entrenada para dormir alrededor de los seis meses, trate de no abandonar todo lo que su bebé ha aprendido. En el mejor de los casos, usted proporcionará cuidados adicionales y calmantes según sea necesario, sin moverlos a la cama de usted o sin renunciar a dejar que su bebé se quede dormido solo permanentemente. Aunque no lo parezca en ese momento, las regresiones del sueño pasan. Permanecer en la habitación un poco más puede ser todo lo que necesita hacer para ayudar a su bebé en esta etapa.

Si usted termina durmiendo o abrazando a su bebé para que se duerma por un tiempo, es posible que tenga que hacer un poco de entrenamiento para dormir de nuevo una vez que la regresión haya terminado - vea cómo le va a usted . Algunas caricias en la barriga o en la cabeza, con algunos sonidos relajantes y su presencia, pueden ser todo lo que se requiere, manteniendo la rutina de acostar a su bebé somnoliento, pero despierto.

Como siempre, mantenga el área de dormir oscura y silenciosa, para darle a su bebé el mensaje claro de que es hora de dormir. Ahora es un buen momento para demostrar, una vez más, que las noches también son un poco aburridas - apague todas las pantallas y asegúrese de que no ocurra nada demasiado interesante en su casa a la hora de acostarse.

Algunas veces, controlar a su bebé durante la noche y mimarlos y darles un beso puede tranquilizarlo, previniendo que se sienta más molesto más tarde.

Para las regresiones del sueño en bebés mayores y niños pequeños, asegúrese también de que tengan suficiente tiempo durante el día para practicar nuevas habilidades, como las de motricidad gruesa. Organice una "carrera de obstáculos" en su casa para que puedan gatear y escalar, o llévelos a un centro de juegos para bebés y déjelos que exploren un poco. Darles muchas oportunidades para que trabajen en nuevas habilidades y se desgasten durante el día puede marcar una gran diferencia en sus noches.

También necesitará ofrecer más apoyo emocional durante el día. Ella se siente más aventurera e independiente, pero esto también puede provocar cierta ansiedad. Una atención extra, muchos abrazos y un tiempo agradable con libros y una manta harán una gran diferencia. Dele la oportunidad de descargar toda esa emoción con risas, juegos e incluso algunas lágrimas mientras usted la sostiene y la calma - ella estará mucho más feliz después de un buen llanto.

Lo principal que hay que recordar es que su bebé necesitará un poco más de apoyo en este momento, y cuanto más pueda ofrecerle, más fácil y sin problemas será la regresión del sueño.

Si tiene dudas, busque ayuda

Como siempre, si sus instintos le molestan, consulte a su pediatra si siente que la regresión del sueño dura demasiado tiempo, o si su hijo parece estar realmente angustiado. Hablar con su médico descartará cualquier problema mayor y le ayudará a mantener su mente tranquila.

Cuídese a sí mismo

Si se siente agotado por la regresión del sueño de su hijo, asegúrese de cancelar cualquier compromiso innecesario y dormir un poco más. Como siempre, usted necesita satisfacerse como padre antes de que pueda ocuparse de las necesidades de su hijo adecuadamente. Así que come bien, madruga un poco y pronto se te pasará.

Guía del embarazo

6 estrategias de sueño que los padres solteros deben saber

Si usted está criando a un bebé solo, primero que todo sepa que mi corazón está con usted! Siga leyendo para conocer algunas estrategias para ayudar a los padres solteros a sobrellevar esas primeras semanas con un recién nacido, y los tiempos que siguen.

Llamada de ayuda

Si puede, llame a su familia o amigos para que le ayuden a superar los primeros meses con su bebé. El hecho de que alguien te quite al bebé por unas horas para que puedas dormir un poco más en las mañanas hará una gran diferencia en tus niveles de energía. Si puede permitírselo, una enfermera de noche también será invaluable para ayudarle en la etapa del recién nacido. O incluso alguien que pueda entrar durante el día y sostener al bebé por unas horas, o caminar alrededor de la cuadra, mientras usted descansa o simplemente mira fijamente al espacio.

Reúna una red de apoyo

Si usted es un padre soltero, tendrá momentos en los que se las arreglará bien, y momentos en los que necesitará un poco de ayuda extra, por ejemplo, cuando se enferme. Trabaje en la construcción de una red de apoyo local confiable dentro de su comunidad para que pueda llamar a alguien cuando tenga una mala semana y devolverle el favor cuando necesite ayuda de usted. Únase a grupos comunitarios en línea, vaya a grupos de madres y pregunte en su centro de salud infantil local qué tipo de apoyo está disponible para los padres solteros en su área. Si tienes espacio, una au pair o un estudiante que puede ayudar un poco a cambio de alojamiento es otra opción que puede funcionar para ti.

Duerma cuando su bebé duerme

Es más fácil decirlo que hacerlo, lo sé, especialmente cuando tienes muchas otras cosas que hacer en tu tiempo libre. Pero vale la pena hacerlo por tu salud y tus niveles de energía. Si no quieres dormir cada vez que haces una siesta, hazlo cuando puedas. O una o dos veces por semana, acuéstese en la noche cuando su bebé lo haga, para que pueda ponerse al día con el sueño de esa manera.

Si le resulta difícil dormir durante el día, por lo menos intente disfrutar de su tiempo libre cuando pueda. En lugar de hacer las tareas domésticas, llame a un amigo, tome un baño relajante o lea un libro con una taza de té, haga lo que necesite para relajarse.

Considere si el dormir en pareja podría funcionar para usted

Como hemos discutido en capítulos anteriores, el dormir en compañía puede funcionar con bebés melosos a los que no les gusta estar separados de sus padres. Si usted piensa que esto es una buena idea, trate de poner una cuna al lado de su cama con un lado abierto para que su bebé tenga un lugar seguro para dormir, pero aun así que esté cerca de usted. Esto hará que las alimentaciones nocturnas y las vigilias sean mucho más fáciles cuando usted no tiene un respiro o tiene a alguien más para compartir las alimentaciones nocturnas.

Conozca a otros padres solteros

Pronto encontrarás a otras personas en la misma posición que tú, que pueden simpatizar con los desafíos de la crianza en solitario. Encuentra grupos en línea o en la vida real donde puedes reírte y hablar y compartir consejos sin juzgar. Usted no está solo - ¡sólo necesita encontrar su comunidad! Lo bueno de las comunidades en línea para los padres es que son globales, así que siempre hay alguien con quien hablar, incluso en medio de la noche.

Esté consciente de su salud mental

La crianza de los hijos por parte de un solo padre es un trabajo difícil a veces, por lo que es importante estar atento a su propia salud y bienestar. Conozca los signos de la depresión posparto y manténgase en contacto regular con su médico de familia. Siempre busque ayuda si se encuentra luchando. Mantenga una lista de números de teléfono de las líneas telefónicas de ayuda para padres y servicios de salud cerca de usted para que siempre pueda obtener apoyo, en caso de que lo necesite.

Trabajando en el sueño de su bebé como padre o madre soltera

Mucho de lo que ya hemos cubierto sigue siendo lo mismo cuando se está criando solo. Pero aquí hay algunos consejos para ayudarle con el sueño de su bebé que son realistas y le harán la vida mucho más fácil.

- Una rutina sencilla y manejable a la hora de acostarse le ayudará a sentirse en control. Aunque esto es útil para todos los padres, creo que es particularmente importante para los padres solteros que encontrarán que la rutina evita que se sientan abrumados - y por supuesto es genial que los padres solteros tengan tiempo para ellos mismos por las tardes, así que no se sientan mal por poner a su bebé a dormir temprano y entrenarlo a los seis meses, ¡si es que lo necesitan!

- Pase la noche con un pariente o amigo que pueda darle un respiro de los despertares de la madrugada. Lo ideal es que sea alguien que ayude con algunas tareas domésticas livianas, que se levante temprano o en la noche y que brinde apoyo emocional. Un día, le devolverás el favor, ¡así que acepta toda la ayuda que te ofrezcan! Es importante preguntar, ya que a veces la gente no sabe realmente lo que usted necesita. Y una vez más, busque cualquier servicio de apoyo que se ofrezca dentro de su comunidad también.

Dos bebés, muchas soluciones

Si usted tiene gemelos, tal vez se pregunte si realmente puede probar el entrenamiento del sueño. Después de todo, si es difícil hacer que un bebé se duerma, ¿cómo se las arreglará con dos? Al igual que con la crianza en solitario, es posible que al establecer y seguir una rutina establecida le resulte más fácil manejar esta responsabilidad adicional. Y una vez más, no tenga miedo de pedir ayuda, incluso de los servicios locales establecidos para apoyar a las familias con gemelos y más niños. Además, anímese. Si bien enseñar a dos bebés a dormir puede parecer mucho más difícil, usted puede y llegará allí. Estos son algunos consejos, que a menudo provienen de padres que han criado gemelos ellos mismos.

Fije la misma hora de acostarse para ambos

Lo que usted quiere hacer aquí es sincronizar los ciclos de sueño de sus bebés para que estén despiertos y dormidos más o menos a la misma hora. De lo contrario, uno u otro siempre estará despierto y pronto se agotará. Afortunadamente, los gemelos están naturalmente en sintonía unos con otros, así que aquí usted puede trabajar con su inclinación natural a estar cerca. Los principios aquí son muy parecidos a los del entrenamiento del sueño de los bebés solteros.

Siempre arregle primero al bebé más tranquilo

Usted probablemente ya sabe esto, pero si no, siempre trabaje primero con su bebé más tranquilo, para que le permita un tiempo ininterrumpido con el quisquilloso un poco más tarde. Esto significará que su bebé calmado obtendrá su atención y con suerte se quede dormido, y por lo tanto no pierde la atención que necesita.

Si uno empieza a quejarse, primero verifique que el que es tranquilo esté contento , y luego lidie con el que es quisquilloso . Esto ayudará a ambos bebés a sentirse amados y felices. Y no se asuste si uno empieza a gritar - a menudo, los gemelos no se molestan por el llanto del otro, incluso si están en la misma habitación.

Ponga a sus gemelos a ser cuando estén despiertos, pero somnolientos

Aquí de nuevo, usted puede comenzar un poco de entrenamiento de sueño simple, incluso cuando sus gemelos son bastante pequeños, poniéndolos en su espacio de sueño seguro cuando aún están despiertos. Con un poco de suerte, se quedarán dormidos, dejándote con el tiempo a solas que tanto necesitas. Usted no podrá mecer a dos bebés para dormir por mucho tiempo, así que acostar a sus bebés va a ser una decisión que se toma por usted, hasta cierto punto. Todavía puedes darles abrazos mientras están despiertos, tal vez un par de libros de cartón y una canción de cuna, y pronto aprenderán a dejarse acostar por sí mismos , en su propia cama. Lo ideal es que su pareja esté presente para ayudar a la hora de acostarlos en los primeros meses.

Trate de envolver a sus bebés en pañales

Los pañales pueden funcionar bien para todos los bebés, pero son particularmente útiles cuando funcionan para los gemelos (digo cuándo, porque no a todos los bebés les gusta que los envuelvan en pañales). Hace que los bebés se sientan seguros, "sostenidos" y listos para dormir, y después de todo, ¡están acostumbrados a estar muy apretados en un espacio pequeño! Usted necesitará parar alrededor de los dos meses de la edad, pero en este punto usted puede cambiar a los bolsos de dormir con cremallera para el bebé para la misma asociación del sueño y una sensación segura.

Mantenga las noches aburridas y tranquilas

Como con todos los bebés, usted quiere disuadirlos de ver la noche como algo que no sea una hora para dormir. Durante el día, acurrúquese y hable con ellos todo lo que quiera. Pero mantenga las interacciones nocturnas, la luz, los abrazos y las charlas al mínimo, para que tengan claro que las noches no son tiempo de juego. Esto es importante con todos los bebés, pero particularmente importante con los gemelos, cuando usted tiene dos bebés que atender, no sólo uno. A los gemelos también les puede gustar un juguete de peluche o algún objeto cómodo para agarrarse por la noche cerca al año de edad.

Las persianas apagadas, los CDs de canciones de cuna y las máquinas de ruido blanco son otra cosa que los padres de mellizos pueden encontrar muy útil cuando consiguen que dos bebés se duerman. Utiliza todo lo que puedas encontrar, y será mucho más fácil!

Acepte que sus gemelos pueden tener diferentes necesidades de sueño

Si usted se da cuenta de que sus gemelos duermen de manera diferente, lo cual es común, es posible que necesite tratarlos de manera diferente. Algunos padres ponen a sus gemelos en habitaciones separadas, ya que uno duerme mejor que el otro. Como con todos los aspectos de la crianza de los hijos, siempre y cuando sea seguro, esto depende de ti. Un despertar siempre es mejor que dos, ¡así que lo que sea que funcione!

Es posible que tenga que separarlos en habitaciones separadas para dormir de corrido alrededor de los seis meses, y luego volver a ponerlos en la misma habitación una vez que haya logrado esto y que estén durmiendo bien de nuevo. O puede hacer que duerman todas las noches en habitaciones separadas y luego trasladarlas a una habitación más tarde en la noche, como usted desee. Cuanto antes los haga dormir de una manera que funcione para usted a largo plazo, mejor para su familia en su conjunto. Como siempre, no seas tan duro contigo mismo y pide ayuda cuando la necesites.

Con las siestas diurnas, puede ser que necesite calmar a uno para dormir primero, y luego al otro, de modo que uno se despierte alrededor de 20 minutos antes que el otro. Esto es parte de la vida con los bebés gemelos - hasta cierto punto es necesario ser flexible y dejar de lado las expectativas. Sólo necesitas hacer todo, un bebé a la vez, y ser paciente. Será más fácil!

Establezca un horario de sueño

Más que con un bebé, con los gemelos es absolutamente crítico que los padres estén durmiendo lo suficiente. No debería ser una persona que se levanta para hacer todas las vigilias nocturnas, deberían ser ambas. Establecer un calendario o un horario ayudará a asegurar que nadie se vea privado de sueño. Obviamente, deberás tener en cuenta las necesidades de tu propia familia y los compromisos laborales.

Pida ayuda

Si puede permitírselo, consiga ayuda, especialmente en los primeros días. Una enfermera de noche, una limpiadora, incluso alguien que cocine unas cuantas comidas sanas - lo que sea necesario para que puedas salir adelante. Una au pair que vive en casa es otra opción que puede funcionar bien.

Los foros en línea sobre la crianza de los hijos específicamente para gemelos son otra fuente invaluable de consejos y apoyo, al igual que las asociaciones de nacimientos múltiples, por lo que debe participar en todos ellos tan pronto como sepa que está esperando gemelos.

Agilice todo

Haga todo lo que pueda por adelantado - por ejemplo, biberones esterilizados, pañales almacenados, sacos de dormir colocados antes de sacar a cada bebé de la bañera por la noche. Plan de comidas, tienda online semanal, reciba ayuda regularmente... ¡Cualquier cosa que sea necesario para simplificar tu vida! Y asegúrate de programar algo de tiempo para ti también - cuando estés criando gemelos, esto no es un lujo, es esencial.

Capítulo 8 - Cómo completar su kit de herramientas sin necesidad de usar nada de dinero

En nuestro capítulo final, analizaremos algunos problemas comunes que surgen con los bebés y cómo puede resolverlos. Éstos incluyen cómo calmar a un bebé que llora, dándole muchas pistas y estrategias. También analizaremos el cólico: qué es, qué ayuda y cómo puede ayudar a su bebé a superarlo. Y finalmente, veremos cómo puede ayudar a su bebé a dormir mejor cuando no se siente bien.

Cómo calmar a un bebé que llora

Aprender a calmar a un bebé que llora es algo que se aprende en el camino , y cuando se tiene un bebé que llora mucho, puede ser muy difícil para un nuevo padre. Usted puede preguntarse qué le pasa a su bebé, o piensa que usted va a perder el control y hacerle daño, o que no se está conectando con su bebé. Recuerdo haber temido, siendo una madre muy reciente, que mi bebé me tuviera miedo y por eso estaba llorando! Se puede sentir como un rechazo, pero realmente no lo es. Es simplemente tu bebé acostumbrándose a estar en el mundo. Una vez que usted establezca algunas rutinas básicas de alimentación y sueño, y su bebé sea un poco más grande, todo será mucho más fácil.

Mientras tanto, aprender algunas técnicas para calmar a un bebé que llora le ayudará a superar los días malos. En primer lugar, veamos por qué los bebés lloran tanto, ya que este conocimiento puede ayudar a los padres a sentirse mejor capacitados para manejarlo y no sentirse abrumados.

Entonces, ¿por qué lloran tanto los bebés?

Todos los bebés lloran. Pero en realidad, nadie puede decir con seguridad por qué exactamente los bebés lo hacen. Puede tener que ver con el hambre, o dolores de estómago, o cansancio excesivo. No pueden hablar, así que no pueden decirnos exactamente cuál es el problema, desafortunadamente. El llanto es su forma de ganar nuestra atención y enfoque, que necesitan para sobrevivir cuando son tan pequeños e indefensos. Pero con el tiempo, aprenderás a reconocer algunos de los patrones de llanto únicos de tu bebé y lo que significan, y entonces podrás satisfacer sus necesidades para que el llanto se detenga pronto.

Y de hecho, es importante recordar que un bebé sano debe llorar y llorará regularmente. Si su bebé nunca llora, debe consultar a su médico de familia.

Algunas razones comunes para llorar incluyen:

- Cansancio y sobreestimulación; necesidad de dormir
- Necesitar un nuevo pañal
- Sentirse hambriento
- Cólicos, reflujo o intolerancias alimentarias
- Dolor o enfermedad
- Gas
- Miedo o un ruido fuerte y repentino puede llevar al llanto
- Sin razón aparente

Como padre, puede ser difícil lidiar con un bebé que llora durante horas y horas, especialmente cuando usted también está cansado y emotivo . Pero una cierta cantidad de llanto es completamente normal para todos los bebés, y algunos lloran mucho más que otros.

Lo que usted debe tener en cuenta, también, es que el llanto excesivo puede ser muy duro para usted como padre, especialmente si usted es alguien que tiende a ser muy duro consigo mismo. Usted puede sentir que "debería" ser capaz de lidiar con su bebé y que está haciendo algo malo si no puede hacerlo parar de llorar. Pero de hecho, simplemente estando allí, sosteniendo a su bebé y haciéndole saber que usted está allí, usted está haciendo todo bien. Los primeros días y semanas en los que puede haber mucho llanto pronto pasarán y, mientras tanto, sólo tienes que ir con cuidado y descansar lo más que puedas. El llanto inexplicable se acumula desde el nacimiento, tiende a alcanzar su punto máximo a las seis semanas de edad y disminuye a los tres meses. Marque su calendario y espere con ansias esa fecha mágica en la que el llanto se detenga - llegará.

Dicho esto, si su bebé parece tener dolor, o si usted siente que algo anda mal, siempre busque ayuda médica. Confía en tus instintos.

Patrones de llanto del bebé por edad

Del nacimiento a las tres semanas: A esta edad, muchos bebés duermen mucho y lloran sólo por períodos cortos de tiempo, generalmente debido al hambre o al cansancio.

De tres a doce semanas: En este punto, los bebés tienden a llorar más y a dormir menos. Puede haber algunos períodos de llanto debido al hambre o al cansancio excesivo, que se resuelven fácilmente con el sueño, una comida o algún calmante suave. Y puede haber algunos períodos de llanto inexplicable en los que nada parece ayudar. Para algunos bebés, hay mucho llanto, sin razón aparente, que dura unos meses, a menudo hasta los tres o seis meses de edad. Lamentablemente, esto ocurre con alrededor del 20 por ciento de los bebés. A los seis meses, la mayoría de los bebés son mucho más felices y están más asentados en el mundo.

A menudo el diagnóstico es "cólico", que es una especie de término comodín para el llanto desestabilizado y el aparente dolor de estómago que muchos bebés parecen mostrar cuando lloran mucho, se retuercen y aúllan después de alimentarse. A menudo, puede haber más llanto en la noche, que puede durar un par de horas antes de que el sueño descienda. Y a veces puede haber un mal día cuando se siente como si su bebé no hiciera más que llorar.

Aquí hay algunos remedios efectivos para el cólico que usted puede encontrar útiles. No hay tratamientos comprobados para el cólico, porque las causas pueden ser muy difíciles de determinar en bebés individuales, sobre todo porque son muy jóvenes y cambian tan rápidamente. Pero usted puede tratar de aprender de su incomodidad y angustia para que el episodio pase más rápidamente, y al probar diferentes cosas usted puede ser capaz de determinar qué es lo que les está causando hasta cierto punto.

5 Remedios Efectivos para el Cólico

Acueste a su bebé boca abajo

Usted puede hacer esto a través de su regazo, en el piso sobre una alfombra, o más erguido a lo largo de su pecho. También puede frotar suavemente su espalda, lo que podría ayudar con cualquier molestia digestiva. El tiempo boca arriba también ayudará a fortalecer los músculos del cuello y de los hombros, pero sólo debe hacerlo cuando su bebé esté despierto y usted esté allí para vigilarlo.

Trabaje sobre el buen sueño

Por supuesto que yo diría esto! Pero es verdad - la clave para resolver muchos de los problemas de comportamiento de su bebé es dormir bien. Y los bebés muy pequeños tienen una dificultad añadida en el sentido de que les resulta difícil "quedarse quietos" lo suficiente como para dormir, a menudo despertándose cuando se caen. Envolver, mecer e incluso "cargar" a su bebé en una pieza de ropa portabebés son formas de mantenerlo lo suficientemente quieto para aliviar su angustia y dejar que se duerma. Otro truco es caminar por el piso con su bebé - envuélvalos o póngalos en un cabestrillo, y que sienta el ritmo hacia arriba y hacia abajo hasta que se adormezca. Si usted sabe que están bien alimentados y que no hay ningún problema de salud subyacente, está bien que usted use auriculares que pueden bloquear el llanto hasta que se duerman.

Otro problema es, por supuesto, que los bebés sólo pueden mantenerse alejados durante un corto período de tiempo antes de que se pongan gruñones e inquietos, y luego necesitan calmarse lo suficiente como para quedarse dormidos, ¡pero están llorando demasiado para poder manejar esto! Esto es algo que aprenderán a hacer con el tiempo, y mientras tanto necesitan su paciencia y apoyo.

Introducir un chupete

Usted puede encontrar que su bebé es mucho más feliz y capaz de calmarse con un chupete. Sí, usted necesitará deshacerse de él en algún momento, pero muchos padres encuentran que les da un alivio muy necesario del llanto.

Dar un baño caliente antes de acostarlo

Un baño largo y tibio a menudo calma al bebé que llora - el agua, los sonidos y las manos relajantes que los sostienen ayudarán a calmar el comportamiento de los cólicos y las irritaciones. Un masaje en una habitación oscura y cálida con un aceite perfumado, algunos abrazos y un suave ruido blanco también pueden ayudar a calmar a un bebé con cólicos.

Manipulación cuidadosa

Cuando su bebé esté muy infeliz y tenga cólicos, asegúrese de manejarlo con movimientos firmes y constantes, sin sacudidas ni palmaditas en la espalda. Los movimientos bruscos alarmarán a su bebé y le causarán más gritos y molestias. Otra razón por la que los bebés pequeños se molestan es cuando son cargados por muchas personas diferentes. A veces, si su bebé se siente sobre estimulado, retirarse a una habitación oscura y silenciosa puede ayudar. Lo que necesitan más que nada es un ambiente tranquilo y seguro contigo. Acaban de llegar al mundo, después de todo, y puede ser aterrador.

Curiosamente, algunos padres informan que sostener a su bebé mucho durante el día da lugar a tardes más fáciles. A los bebés les encanta que los carguen, los acunen y los coloquen cerca de usted, así que si los dejan en su cochecito todo el día pueden "cobrarle una factura" más tarde y exigirle unas horas de su atención íntegra por la noche. Si descubre que tiene un bebé muy meloso y con cólicos, un fular portabebés puede ayudarle a hacer algunas cosas sin tener que quitarse a su bebé de encima.

Un punto importante: Esta necesidad de atención nunca desaparece realmente - sus hijos siempre querrán su atención, y adelantarse a esta necesidad con mucha atención amorosa evitará que intenten ganarla actuando, o dándose por vencidos y "buscando amor en todos los lugares equivocados" más adelante.

Maneje su propio bienestar con un bebé con cólicos

Cuando se trata de bebés con cólicos, también es útil controlar esta fase (que no durará mucho tiempo, pero que puede parecer que va a durar para siempre) cuidándose bien. Pida apoyo y ayuda a las personas en las que confía, que no harán comentarios sobre su bebé aullador, y acepte cualquier alimento, ofertas de cuidado de niños o ayuda con la limpieza que se le presente.

- ¿Tienes a alguien que pueda venir y sostener al bebé por un tiempo para que puedas ducharte y tener tiempo para ti misma?

- ¿Puede conseguir una limpiadora u otro tipo de ayuda con las tareas domésticas para no tener que vivir en un lío, que puede ser muy estresante?

- ¿Puedes ponerte unos auriculares y dejar que el bebé llore un rato en su cama mientras tú te tomas un descanso? Un bebé sano puede ser abandonado para llorar durante breves períodos de tiempo de forma bastante segura, e incluso puede quedarse dormido si se le deja solo.

- Cuídate a ti mismo. Un bebé que llora puede ser agotador, así que como siempre, dale prioridad a tu propio bienestar y te sentirás más capaz de lidiar con tu bebé. Coma bien, descanse lo suficiente y evite el alcohol y el tabaco, y se sentirá mejor preparado para enfrentar esta etapa de su vida.

¿Es un problema médico?

Nadie lo sabe realmente. Algunos bebés pueden sufrir de reflujo u otras molestias estomacales o ser particularmente sensibles a una fórmula de leche en particular, o algo que su madre ha comido si son amamantados. Algunas madres pueden intentar eliminar ciertos alimentos, como los chiles, la comida picante, el café, el ajo o los productos lácteos; no hay nada malo en intentarlo y ver lo que sucede.

Cómo ayudar a un bebé enfermo a dormir tranquilo

Otro aspecto de vivir con un bebé al que tendrá que acostumbrarse es a las enfermedades ocasionales, al menos hasta que su sistema inmunológico se haya desarrollado un poco. El primer año de la guardería también puede ser duro, ya que su bebé traerá a casa muchos bichos y gérmenes a los que no ha estado expuesto antes. La falta de higiene y la tendencia para explorar y meterse los dedos en la boca también lleva a que se compartan muchos gérmenes no tan agradables. Usted podría notar dolores de oído (muchos gritos y golpes en la cabeza), resfriados, congestión nasal, fiebre y malestar estomacal.

Por supuesto, la mayoría de las enfermedades graves pueden prevenirse mediante la inmunización, pero los enfriamientos y resfriados seguirán apareciendo, y también pueden llevar a algunas noches interrumpidas , por desgracia. A menudo, un bebé enfermo sentirá dolor y le será imposible dormir. Sin embargo, el sueño es exactamente lo que necesitan para combatir la enfermedad y recuperarse. Lo que usted necesita hacer es disminuir su incomodidad hasta el punto de que puedan dormir profundamente sin que los dolores y molestias los despierten a ellos (y a usted).

Estas son algunas maneras en las que puede ayudar a su bebé o niño pequeño a dormir bien cuando están enfermos:

- Use un humidificador. Esto facilitará las dificultades respiratorias y reducirá la posibilidad de que su bebé se despierte debido a la congestión.
- Use un analgésico de venta libre para los niños. Hable con su farmacéutico acerca de cuál es el mejor para usar y siga las

instrucciones para las dosis correctas muy cuidadosamente. Algunos bebés y niños pequeños tragarán con gusto un tratamiento líquido, otros pueden necesitar un supositorio. Nunca le dé más de la dosis recomendada - anote cuánto le ha dado y cuándo.

- Permita siestas adicionales durante el día para compensar la falta de sueño durante la noche. Mecerse, abrazarse y prestar atención adicional también ayudará a que su bebé se sienta mejor, ya que la enfermedad puede hacer que se sienta fastidiado y pegajoso. En la misma nota, comience la rutina de la hora de acostarse un poco antes y asegúrese de que su bebé no se enfríe cuando lo bañe - mantenga una toalla en el baño y vístalo allí de inmediato para evitar escalofríos, y haga que el agua esté agradable y húmeda para ayudar a despejar su nariz. A veces, sentarse en un baño con vapor también puede ayudar.

- Un masaje de vapor en su pecho puede facilitar la respiración y también le hace sentir bien. Usted puede hacer el suyo propio mezclando cuatro cucharaditas de cera de abeja rallada con tres cucharadas de manteca de cacao o de karité, siete cucharadas de aceite de coco y 30 gotas de aceite esencial - diez gotas de aceite de eucalipto, diez gotas de aceite de árbol de té, cinco gotas de aceite de lavanda y cinco gotas de aceite de manzanilla es una mezcla encantadora que limpiará una nariz tapada y promoverá el sueño.

- Las gotas nasales con solución salina, disponibles en la farmacia, pueden ayudar a despejar una nariz tapada, aunque su bebé puede quejarse mucho.

- Apoyar ligeramente el colchón de su bebé, colocando una almohada debajo del colchón, también ayudará a aliviar la congestión nasal y el dolor de una infección de oído. Sólo haga esto con los bebés de seis meses de edad y mayores.

- Mantenga a su bebé hidratado, ya sea con leche materna o biberones adicionales, según sea necesario. Los bebés mayores pueden preferir jugo o leche diluidos, lo que sea que los mantenga bebiendo líquido.
- Si su bebé vomita en la cama, límpielo lo más rápido y con calma que pueda, manteniendo las luces bajas si es posible. También le puede gustar a usted limpiarle un poco la boca para deshacerse del mal sabor.
- El contacto extra piel a piel es muy bueno para los bebés enfermos y se ha comprobado que acelera la recuperación. Sostenga a su bebé contra su piel y recuerde que pronto se sentirá mejor.

Una vez que la enfermedad pasó

Es posible que tenga que trabajar un poco para volver a su vieja rutina de sueño, pero no deje que todo su progreso se vea afectado por un solo ataque de enfermedad. Una vez que su bebé se sienta mejor, vuelva a dejar que se duerma en su cuna, incluso si usted lo ha estado acurrucando para que duerma durante su enfermedad. Los bebés aprenden velozmente y usted debe ser capaz de volver a la normalidad rápidamente siempre y cuando mantenga la calma y la constancia.

Prevenir otra enfermedad

Mientras que la enfermedad es simplemente parte de la niñez, y algo que usted tiene que aceptar hasta cierto punto, usted también quiere prevenir que su hijo contraiga una enfermedad grave que afectará su desarrollo. He aquí algunos consejos para evitar que la enfermedad se manifieste con demasiada frecuencia:

- Primero y más importante, inmunice a su hijo de acuerdo con su calendario. Esta es la mejor y a veces la única manera de prevenir enfermedades infantiles graves como el sarampión, las paperas y la rubéola.

- Asegúrese de vivir en una casa libre de humo y evite las áreas llenas de humo para mantener los pulmones de sus hijos limpios.

- Siempre lávese las manos cuando llegue a casa desde cualquier lugar. Con el tiempo, su hijo lo observará y se convertirá en un alguien que se lava bien las manos por sí solo. Proporcione un taburete en el baño para que su hijo pueda acceder fácilmente al agua y al jabón.

- Lave las toallas, sábanas y toda la ropa de cama con frecuencia.

- Evite compartir tazas, cubiertos, etc.

- La lactancia materna durante los primeros 12 meses es una excelente manera de transmitir su propia inmunidad a los gérmenes que usted encuentra.

- Coma muchas frutas y verduras frescas para aumentar la inmunidad. Una vez que su bebé esté pasando a los sólidos, asegúrese de que su dieta también esté llena de vitaminas.

- Si su hijo está enfermo, no vaya a citas de juegos, patios de recreo o lugares públicos como bibliotecas. Quédese en casa hasta que pase y no esparza los gérmenes.

- Recuerde que las enfermedades infantiles son normales y forman parte del sistema inmunológico de su bebé que se está creando, ya pasarán.

Un último punto: A veces, los problemas de sueño pueden parecer insuperables. Digamos que ha leído todo este libro, que ha probado todo lo que le he recomendado y que su bebé todavía no duerme bien. Como he dicho en todo momento, esto cambiará con el tiempo. Pero si usted se siente continuamente preocupada y estresada por la falta de sueño de su bebé, y el impacto que está teniendo en su salud, no tenga miedo de buscar ayuda de un experto en salud infantil, como su médico de familia.

Ocasionalmente, los problemas de sueño pueden indicar problemas más amplios dentro de la familia, o incluso la depresión postnatal, y usted tendrá que lidiar con estos problemas antes de abordar el tema del sueño. Si esto es cierto para usted, y le ha resultado imposible poner en práctica un método de entrenamiento del sueño, entonces quizás necesite buscar más ayuda. Está ahí si la necesita.

Pero en general, como todo lo que tiene que ver con los bebés y los niños pequeños, siempre y cuando haya lo básico -mucho amor, paciencia, apoyo para los padres y comprensión del comportamiento de los bebés y los niños pequeños-, el sueño debería encajar en su lugar, si no de inmediato, entonces eventualmente. Mientras tanto, cuídese en todo momento, porque como padre, su pequeño depende completamente de usted, y su salud y bienestar es la base de una vida familiar estable y próspera.

Conclusión

Espero que este libro le haya dado mucho con lo que trabajar, y ahora se siente listo para manejar los problemas de sueño de su bebé y para intentar entrenar el sueño si cree que es la mejor opción para su familia. Como puede ver, no hay soluciones perfectas cuando se trata del sueño de bebés y niños pequeños, y he tratado en todo momento de enfatizar que esta es una etapa que pasará, y como padres ustedes están bien equipados para encontrar sus propias maneras de manejarse. Algunos niños pequeños y bebés duermen mejor que otros - a menudo es cuestión de suerte, pero usted puede mejorar las cosas con algo de trabajo y planificación.

Primero vimos los patrones de sueño por edad, y lo que es normal para cada etapa. Esto es estupendo para ayudarle a ver que lo que puede parecer un problema es totalmente normal y pasará con el tiempo. También estudiamos cómo crear un espacio seguro para que su bebé duerma, lo cual es más importante que cualquier otra cosa. Aquí también cubrimos las ayudas para dormir, como monitores, luces nocturnas, persianas de apagón y máquinas de ruido blanco, y cuándo pueden ser una buena idea.

A continuación cubrimos las asociaciones del sueño - qué son y cómo crearlas. Y nos fijamos en una rutina básica que se puede poner en práctica para ayudar a dormir bien, tanto de día como de noche. Como siempre, un día ajetreado y una rutina estructurada, amorosa y divertida es ideal para crear las condiciones adecuadas para un sueño nocturno tranquilo.

En el capítulo tres, analizamos los problemas de sueño por edad, tanto comunes como menos comunes, y luego pasamos al entrenamiento del sueño en el capítulo cuatro, y cómo elegir el método adecuado para su bebé. También hablamos de consejos para el éxito y de cómo puede decidir que es el momento adecuado para el entrenamiento del sueño, por ejemplo, si está volviendo al trabajo o si simplemente se siente agotado y quiere abordar un poco los problemas de sueño.

También analizamos por qué seis meses es el momento perfecto para intentar por primera vez el entrenamiento del sueño. Ahora usted sabe que mientras más tiempo un bebé o un niño pequeño esté acostumbrado a comportarse de cierta manera, como mecerse para dormir, más tendrán que luchar por dejar de hacerlo. Para cuando un niño pequeño tenga dos años, lograr que deje de dormirse en su cama o en el sofá va a ser mucho más difícil. Cambiar la rutina más tarde va a implicar mucha más resistencia y mucho más dolor. Dicho esto, si usted permanece calmado y constante, el entrenamiento del sueño por lo general tendrá éxito a cualquier edad. Es sólo que seis meses es el primer y a menudo el mejor momento para probarlo. Después de eso, a medida que su bebé se convierte en un niño pequeño, puede que no sea tan fácil, y su hijo también podrá salir de su cuna y usar sus palabras para hacer que usted se sienta como un padre terrible, ¡así que puede ser mejor empezar antes!

A continuación, nos sumergimos en las principales técnicas para el entrenamiento del sueño - Desapareciendo, Llorando, Recogiendo, Dejando y Acampando. Estudiamos qué bebés (y padres) son los más adecuados para cada método, y por qué el Desvanecimiento es el que tiene más probabilidades de éxito para muchas familias. Luego analizamos por qué, desafortunadamente, el entrenamiento del sueño podría fallar, y qué hacer si eso sucede. A menudo, es simplemente un caso de volver a intentarlo más tarde. Y recuerda, como siempre, que si no funciona, o lo encuentras demasiado difícil, entonces puedes volver a lo que has estado haciendo y olvidarte de ello por completo, sabiendo que lo intentaste. Como padre, es tu decisión.

En el Capítulo Seis cubrimos los horarios de las siestas para diferentes edades, y por qué las siestas diurnas son la clave para dormir bien de noche. También estudiamos qué hacer si su bebé no quiere dormir la siesta. Luego pasamos a la regresión del sueño, y cómo manejarlos en cada etapa, y lo que es más importante, por qué suceden. Como gran parte de la crianza de los hijos, saber lo que es normal desde el punto de vista del desarrollo puede hacer que sea mucho más fácil lidiar con ella . Aquí, también nos fijamos en cómo los padres solteros y los que cuidan a los gemelos pueden manejar el sueño, las siestas y la crianza en general - los dos consejos clave aquí, y para todos los padres, son cuidar de ellos mismos y buscar ayuda si la necesitan.

Por último, nos fijamos en los bebés que lloran - lo que significa llorar, cómo calmarlo, cómo lidiar con el cólico en las primeras semanas. Luego cubrimos cómo controlar la enfermedad y el sueño, y cómo prevenir las enfermedades infantiles en la medida de lo posible.

Espero que ahora tenga mucha información y confianza para lidiar con el sueño de su bebé. Aunque no existe un secreto mágico para dormir bien en los primeros meses, hay mucho que usted puede hacer para mover las cosas en la dirección correcta. Sin embargo, trate de no culparse a sí mismo si le resulta difícil sobrellevar un sueño interrumpido y al mismo tiempo tratar de seguir adelante con otros elementos de su vida, como el trabajo y otras relaciones. Es normal, en los primeros años, estar funcionando con muy poco sueño y no sentirse lleno de energía, y muchos otros padres están en el mismo barco. En todo caso, estos años le enseñarán a ser un poco más comprensivo con aquellos que te rodean que parecen cansados y fuera de sí - es muy posible que tengan un bebé muy pequeño en casa, manteniéndolos despiertos por la noche.

Buena suerte, y que disfrute del viaje!

Eneagrama

El camino del autodescubrimiento, crecimiento personal, y las relaciones saludables. Descubre tu camino con los 9 tipos de personalidad (guía para principiantes)

Tabla de Contenidos

Introducción 221
Capítulo Uno - Entendiendo el Eneagrama 225
   Qué significa la figura del eneagrama 225
   Cómo identificar su tipo de personalidad 229
   Acerca de los niveles 230
Capítulo Dos - El Reformador (Tipo 1) 233
   Quince signos de que eres un Reformador 233
   El Reformador: Una visión general 234
   Los niveles del reformador 236
   Las alas del reformador 240
   Consejos para el Reformador 243
Capítulo Tres - El Ayudante (Tipo 2) 246
   Quince signos de que eres un ayudante 246
   El Ayudante: Una visión general 247
   Niveles del Ayudante 248
   Las alas del ayudante 251
   Consejos para el Ayudante 254
Capítulo Cuatro - El Triunfador (Tipo 3) 256
   Quince señales de que eres un triunfador 256
   El Triunfador: Una visión general 257
   Los Niveles de Triunfador 258
   Las alas de los triunfadores 262
   Consejos para el Triunfador 264
Capítulo Cinco - El Individualista (Tipo 4) 266
   Quince signos de que eres un individualista 266
   El panorama individualista 268
   Los niveles individualistas 269
   Las alas individualistas 273
   Consejos para el individualista 274

Capítulo Seis - El Investigador (Tipo 5) 276
   Quince signos de que eres un investigador 276
   La descripción general del inspector................278
   Los niveles de los investigadores................279
   Las alas del investigador................282
   Consejos para el investigador................284
Capítulo Siete - El Leal (Tipo 6)................286
   Quince señales de que eres Leal................286
   Descripción general de una persona Leal................288
   Los niveles de lealtad................290
   Las alas leales................293
   Consejos para la persona Leal................295
Capítulo Ocho - El Entusiasta (Tipo 7)................297
   Quince signos de que eres un entusiasta................297
   La visión general del entusiasta................298
   Los Niveles del Entusiasta................300
   Las alas entusiastas................302
   Consejos para el Entusiasta................307
Capítulo Nueve - El Retador (Tipo 8)................309
   Quince señales de que eres un Retador................309
   Descripción general del Retador................311
   Los niveles del Retador................313
   Las alas del Retador................316
   Consejos para el Retador................318
Capítulo Diez - El Pacificador (Tipo 9)................320
   Quince signos de que eres un pacificador................320
   Descripción general de Pacificador................322
   Los Niveles del Pacificador................324
   Las alas del Pacificador................328
   Consejos para el Pacificador................330
Conclusión................332

Introducción

El mundo en el que vivimos es un lugar complejo, lleno de voces, influencias e ideas muy diferentes. Puede ser un desafío permanecer centrado y permanecer fiel a lo que eres, conocer y entender quién eres realmente, y tomar las medidas apropiadas basadas en este autoconocimiento vital.

¿Busca claridad en un mundo que a menudo puede ser confuso? ¿Quiere crecer personalmente, con la confianza de que está creciendo en la dirección correcta? Tal vez usted busca una mejor comprensión de sus seres queridos. Una forma de evitar el conflicto y lograr más armonía. Para saber con qué socios eres compatible y para profundizar en esas relaciones. Si es así, el Eneagrama podría ser la solución que usted ha estado buscando.

Las teorías modernas relacionadas con el Eneagrama se atribuyen a las enseñanzas de George Gurdjieff, Oscar Ichazo y Claudio Naranjo. Es un sistema de nueve tipos de personalidad diferentes y combina los considerables beneficios de la psicología moderna y la sabiduría tradicional. Puede ser utilizado como una herramienta poderosa para entendernos a nosotros mismos y a los demás. También se ha utilizado ampliamente en los ámbitos de la espiritualidad y los negocios, específicamente en las áreas de formación de equipos, desarrollo de liderazgo y habilidades de comunicación.

En este libro, aprenderás los principios y principios básicos del Eneagrama y recibirás contornos completos y reveladores de cada tipo de personalidad individual. Descubrirá su propio "tipo" particular a lo largo del camino - hay nueve en total - y las diversas fortalezas y desafíos que lo acompañan. Usted llegará a entender cómo usar estas fortalezas en su beneficio y cómo superar y trascender los problemas únicos con los que su tipo particular podría tener que lidiar.

Durante toda mi vida, he tenido una profunda pasión por el autodesarrollo y las pruebas de personalidad. Va más allá del interés cotidiano; mi vida ha sido verdaderamente moldeada por mis descubrimientos. Y mi profundo conocimiento del Eneagrama me ha permitido leer a la gente de una manera que la mayoría de la gente no puede. Al identificar mi tipo de personalidad, finalmente pude identificar mis verdaderas necesidades. Si no sabes cuáles son tus necesidades, ¿cómo puedes esperar satisfacerlas?

He descubierto por experiencia personal que al profundizar y aprender quién soy realmente, mi vida es más rica y significativa. También soy capaz de tomar mejores decisiones cuando se trata de las cosas más importantes de la vida. Soy un Eneagrama Tipo Cuatro y este conocimiento me ayuda a conocer mis debilidades, a caminar ágilmente alrededor de ellas y a capitalizar y darme crédito por mis fortalezas. En cierto modo, lo hace más fácil cuando sé que hay una razón para todo esto. ¡No es mi culpa, es porque soy un Cuatro!

Este libro puede ser usado como una guía a lo largo de su camino hacia el autodescubrimiento. Puedes usarlo como una herramienta para entenderte más profundamente e identificar tus rasgos dominantes. Proporciona todo lo que necesitas saber para lidiar con todas tus maravillosas idiosincrasias y para lograr el crecimiento personal a lo largo del camino. El libro también puede proporcionar información adicional. Al identificar los "tipos" de nuestros seres queridos -ya sean amigos, parejas o miembros de la familia- logramos una mejor comprensión de cómo hacer que estas relaciones funcionen y, además, cómo profundizarlas. La comunicación puede mejorarse y los conflictos pueden reducirse.

Personas de todo el mundo y de todas las generaciones han dado su testimonio sobre el impacto positivo del Eneagrama en sus vidas. Esto puede manifestarse de muchas maneras. Los ejemplos incluyen el reconocimiento de los patrones mentales que subyacen a las emociones. Desarrollar la autoconciencia, como aprender sobre el significado de las sensaciones corporales, como la tensión. Comprender las estrategias que utilizamos para la autopreservación. Poseer sus propias emociones y establecer límites. Permitiendo la vulnerabilidad y accediendo a tu propia sabiduría innata.

Este libro proporciona una guía definitiva de todo lo que necesita saber sobre el Eneagrama y cómo utilizar el conocimiento que éste proporciona. Descubrirá su tipo. Conocerá sus fortalezas y debilidades potenciales. Obtenga acceso al poder de la autocomprensión. Tendrá un análisis más profundo y una visión de quién eres realmente y de la personalidad de todos los que te rodean. ¡Imagine lo útil que sería obtener información sobre su malhumorado compañero de trabajo o su difícil jefe! Y en su vida romántica: imagina la ventaja que tendrá a la hora de evaluar a sus posibles parejas e incluso de evitar repetir los patrones de relaciones poco saludables de su pasado.

La vida es corta. ¿Por qué perder el tiempo en la confusión cuando la claridad puede ser tuya? El Eneagrama y los conocimientos que revela pueden ser un excelente punto de partida. Se dice que una vida no examinada no vale la pena vivir. El Eneagrama puede proporcionar la conciencia que es, en última instancia, la clave de todo cambio y conduce a beneficios de gran alcance.

Los comportamientos inconscientes y los desencadenantes se ponen en primer plano, lo que nos permite finalmente hacer frente a ellos. No solo puede crecer personalmente, sino que también puede mejorar sus relaciones, tanto en el lugar de trabajo como con sus amigos y seres queridos.

La información relacionada con el Eneagrama que se encuentra en este libro ha llevado a que la vida cambie y tenga consecuencias positivas de gran alcance para muchos. Únase a las filas crecientes de personas que han experimentado cambios maravillosos en sus amistades, carreras, relaciones románticas y desarrollo personal.

Hace dos mil años, cuando los peregrinos se acercaban al templo sagrado de Delfos, eran recibidos por el signo: "Conócete a ti mismo". Este sabio consejo es igual de relevante hoy en día. El autoconocimiento es poder. Pero primero tiene que buscarlo. Entonces úselo. Este libro puede ayudarlo a hacer precisamente eso.

Capítulo Uno - Entendiendo el Eneagrama

Hay muchas pruebas de personalidad en el dominio público. Es posible que haya oído hablar de algunos de ellos. El test de personalidad de Myers Briggs es uno de los más famosos, y puede que lo haya hecho usted mismo. Pero me atrevería a decir que el Eneagrama es más que una prueba de personalidad. Se describiría con mayor precisión como una herramienta inmensamente poderosa para la transformación personal, por no hablar de la transformación colectiva.

Entonces, ¿qué es este enigma conocido como el Eneagrama? Para profundizar un poco más en su verdadero significado y orígenes, primero vamos a examinar el símbolo que lo representa.

Qué significa la figura del eneagrama

El símbolo o figura del Eneagrama se compone de tres formas individuales, cada una de las cuales tiene su propio significado. Primero examinaremos el círculo subyacente:

El Círculo

No será ninguna sorpresa que el círculo represente la totalidad o la unidad de la vida - como en el Círculo de la Vida. El círculo también sirve como una especie de contenedor dentro del cual conducimos nuestras vidas. A medida que navegamos a través de nuestra vida, la fragmentación puede ocurrir, a menudo debido al ego. El objetivo es alcanzar la conciencia de que nunca hemos perdido nuestra integridad.

El Triángulo

En muchas culturas, el tres es considerado como un número místico y mágico. Esto se conoce a veces como la Ley de los Tres. Esta ley sostiene que cada fenómeno consiste en tres fuerzas individuales. Cuando hay tres fuerzas presentes, las cosas comienzan a suceder. Pero con solo una o dos fuerzas disponibles, no pasa nada en absoluto. Cada fuerza tiene un nombre diferente. La primera es conocida como la fuerza activa o positiva o motivadora. La segunda se llama la fuerza negativa o pasiva o negadora y la tercera se llama la fuerza neutralizadora, facilitadora o invisible. Como ley esotérica, la Ley de los Tres funciona tanto en nuestro mundo interior como en nuestro mundo exterior. Usted podría ser capaz de observarlo en sus interacciones con otras personas.

Existen numerosos ejemplos culturales de la Ley de los Tres. Uno de los más generalizados y con el que la mayoría de la gente estará familiarizada es el concepto de la santísima trinidad, el padre, el hijo y el Espíritu Santo, que se basa en la tradición cristiana.

El Hexad

El Hexad es un símbolo más inusual e irregular que tiene su origen en el Sufismo - la rama mística del islam. En realidad, es una figura de seis puntas, pero sigue siete puntos, desde el principio, a través de seis cambios de impulso, y luego de vuelta a su origen, que se considera el séptimo punto. Representa la Ley de Siete, que a veces se conoce como la ley de octava. Propone que el fenómeno evoluciona en siete pasos. Junto con la Ley de los Tres, Gurdjieff, uno de los principales defensores del Eneagrama, creía que la Ley de Siete era una ley global y esencial para su cosmología.

La Ley de los Siete establece que el camino del movimiento ya sea hacia o lejos de cualquier cosa, no ocurre en línea recta. Más bien, hay períodos de esfuerzo, caída y esfuerzo de nuevo - una especie de subida y bajada de energías a lo largo del camino.

Estas tres formas se superponen para crear el símbolo del Eneagrama. Las líneas del símbolo del Eneagrama muestran un camino hacia una vida más rica y plena. Se fomenta la auto observación para evitar los diferentes desencadenantes de nuestra personalidad que pueden llevarnos a equivocarnos.

Los números, del uno al nueve, en el símbolo del Eneagrama, representan los nueve tipos de personalidad diferentes. La relación entre los números se demuestra por las líneas que los conectan entre sí. Cada número solo está conectado a otros dos números.

Acerca de las Alas

Ninguna persona está compuesta puramente de un solo tipo de personalidad. Cada uno es una mezcla de su tipo principal junto con uno de los dos tipos junto a él en la figura del Eneagrama. Cualquier tipo adyacente con el que más se identifique se conoce como su "ala".

Su ala dominante se indica por la puntuación más alta de uno de los tipos que existen a cada lado de su tipo básico. Por ejemplo, si su tipo básico es Tres, su ala será Dos o Cuatro, cualquiera que tenga la puntuación más alta. Cabe señalar que la segunda puntuación global más alta en su prueba de eneagrama no es necesariamente la de su vela.

La idea es que los tipos de alas tienen una influencia extra en tu tipo básico.

Las Tríadas (o Centros)

Los nueve tipos de personalidad del Eneagrama están dispuestos en tres tríadas, también conocidas como centros. Tres de los tipos están en el centro instintivo (Uno, Ocho y Nueve), tres en el centro del sentimiento (Dos, Tres y Cuatro) y tres en el centro del pensamiento (Cinco, Seis y Siete). Las tres personalidades que ocupan el mismo centro comparten las mismas fortalezas y debilidades entre sí.

Cada tríada o centro está asociado con una emoción en particular. El centro instintivo está asociado con la ira, mientras que el centro de sentimientos tiende a sentir más vergüenza. Y el centro de pensamiento está ligado a los sentimientos de miedo. Por supuesto, todas y cada una de las personas pueden estar sujetas a todas y cada una de las emociones, pero en cada tríada, las personalidades asociadas con ella se ven especialmente afectadas por el tema emocional de esa tríada. Encontrarás que cada tipo de personalidad tiene una manera particular de lidiar con su emoción dominante.

Los tres números dentro de cada tríada o centro tienen un patrón que siguen. El primer número en cada tríada *expresa* la emoción en la que está hipercentrado. Así que los tipos Ocho, Dos y Cinco expresan y externalizan sus emociones. Esto significa que Ocho exterioriza la ira, Dos exterioriza la vergüenza y Cinco exterioriza el miedo.

Esto significa que ellos proyectan la emoción hacia afuera o la experimentan fuera de sí mismos. Cuando estas personalidades experimentan estas emociones, se manifiestan justo frente a nosotros.

El segundo número en cada centro *reprime* la emoción en la que se enfoca. Es decir, nueve, tres y seis. Entonces Nueve reprime la ira, Tres reprime la vergüenza y Seis reprime el miedo. En otras palabras, hacen todo lo posible para fingir que la emoción no existe para ellos.

El tercer número de cada centro *interioriza* la emoción con la que más se asocia. Así, Uno, Cuatro y Siete tratan de internalizar sus emociones. Uno interioriza la ira, Cuatro interioriza la vergüenza y Siete interioriza el miedo. Estas personalidades experimentan estas emociones interiormente o las entregan en sí mismas. Esto es diferente a la represión porque todavía sienten la emoción que están ocultando, pero eligen no mostrarla. Esto puede llevar a estos tipos de personalidad, especialmente a los Cuatro, a incubar.

Cómo identificar su tipo de personalidad

Los siguientes capítulos proporcionan una guía completa de los nueve tipos de personalidad diferentes, presentados en orden numérico. Cada capítulo comienza con una lista de verificación que consta de quince preguntas que debe hacerse para determinar si es probable que sea de ese tipo en particular.

Sería una buena idea mantener un registro del tipo de personalidad para el que se marcan la mayoría de los enunciados. Esta práctica debe identificar su tipo de personalidad. De manera similar, lleve un registro del tipo de personalidad adyacente para el que obtiene la mayor puntuación. Esta será tu ala dominante.

Es bastante común encontrar un poco de usted en los nueve tipos de personalidad del Eneagrama, aunque uno de ellos debería destacarse como el más cercano a usted. Este es su tipo básico.

Todos estamos familiarizados con el debate en curso entre la naturaleza y la crianza. En términos del Eneagrama, los expertos coinciden en que nacemos con un tipo dominante. Este temperamento innato parece determinar las maneras en que nos adaptamos a nuestro entorno de la primera infancia.

Las personas no cambian de un tipo de personalidad a otro. Por ejemplo, si nace como Uno, permanecerá como Uno durante toda tu vida. Hay otros puntos que vale la pena tener en cuenta. Todos los tipos se aplican por igual a hombres y mujeres. Y un número mayor en la escala del Eneagrama no es mejor ni peor que un número menor. En otras palabras, un ocho no es mejor que un tres o viceversa. Cada tipo tiene sus propias fortalezas y debilidades inherentes. Ningún tipo de personalidad del Eneagrama es mejor o peor que otro. Todos debemos esforzarnos por ser lo mejor de nosotros mismos en lugar de tratar de emular a otros tipos.

Acerca de los niveles

Por supuesto, no todas las personas del mismo tipo serán exactamente iguales. Esto es obvio cuando consideramos la diversidad de los seres humanos que nos rodean. Entonces, ¿qué es lo que explica estas diferencias?

Cada tipo de personalidad se compone de nueve niveles de desarrollo. Don Riso llegó por primera vez a esta hipótesis en 1977. Riso, junto con Russ Hudson, desarrolló la idea en la década de 1990. El concepto de los niveles añade profundidad a nuestra comprensión del sistema del Eneagrama y explica tanto las diferencias que surgen entre personas del mismo tipo como también cómo las personas pueden cambiar, positiva o negativamente.

Los niveles de desarrollo proporcionan una comprensión más profunda de la explicación de los diferentes elementos contenidos dentro de un tipo de personalidad. Esto se relaciona con la complejidad de la naturaleza humana. Los niveles de desarrollo nos proporcionan una especie de marco esquelético que nos permite ver cómo todos los rasgos de un tipo particular están interrelacionados, y cómo un rasgo saludable puede llegar a ser promedio, o puede llegar a ser insalubre. Por supuesto, esto también puede funcionar en la dirección opuesta.

Los niveles nos muestran que la personalidad es dinámica y siempre cambiante. Nos ayuda a entender que las personas pueden cambiar estados dentro de su personalidad, cambiando dentro del espectro de rasgos que componen su tipo de personalidad.

Puede ayudar significativamente en nuestra comprensión de los demás el evaluar si alguien está en su nivel de funcionamiento saludable, promedio o insalubre.

Los nueve niveles de desarrollo se componen de tres niveles en el segmento saludable, tres niveles en el segmento promedio y tres niveles en el segmento no saludable. Las sombras de gris abundan.

El continuo de los niveles de desarrollo es el siguiente:

Saludable

Nivel 1: El nivel de liberación

Nivel 2: El nivel de capacidad psicológica

Nivel 3: El nivel de valor social

Promedio

Nivel 4: El nivel de desequilibrio/rol social

Nivel 5: El nivel de control interpersonal

Nivel 6: El nivel de sobrecompensación

Insalubre

Nivel 7: El nivel de violación

Nivel 8: El nivel de obsesión y compulsión

Nivel 9: El nivel de destructividad patológica

Intenta ser lo más honesto posible a la hora de evaluar su propio nivel. Aunque esto a veces puede exponer verdades incómodas, es el camino más seguro para el crecimiento personal.

Los niveles se pueden entender en términos de nuestra capacidad de estar presentes. Cuanto más descendemos en los niveles, menos presentes estamos y más nos identificamos con el ego y sus patrones negativos. Cuanto más bajos son los niveles a los que vamos, más defensivos, compulsivos y destructivos nos volvemos. Tendemos a ser menos libres, menos conscientes de nosotros mismos y a actuar en un nivel más subconsciente.

Por el contrario, a medida que avanzamos en los niveles, nos hacemos más y más presentes. Somos menos destructivos y cada vez más libres y abiertos. Somos mucho más conscientes de nosotros mismos y más astutos. Es menos probable que nos dejemos atrapar por la negatividad.

Hacerse más presente nos permite ser más objetivos sobre nuestra personalidad y nos volvemos adeptos a la auto observación. Esto nos hace más efectivos en todas las áreas de nuestras vidas, ya sea en las relaciones o en nuestra carrera. Puede traer paz y alegría genuinas a lo que sea que estemos haciendo.

Capítulo Dos - El Reformador (Tipo 1)

También conocido como el Perfeccionista

Quince signos de que eres un Reformador

1. Se esfuerza por hacer del mundo un lugar mejor para vivir. Usted es capaz de ver, en detalle, lo que está mal en una situación y está dispuesto a tomar las medidas necesarias para rectificar las cosas.

2. Usted posee un sentido muy fuerte de que tiene un propósito de vida o una misión que cumplir.

3. Otras personas a menudo lo describen como responsable, confiable y rebosante de sentido común. A veces también pueden acusarte de no tener sentimientos. (¡Tienes sentimientos, solo los mantienes dentro!)

4. Piensa que tiene que hacerlo todo perfectamente, llegando incluso a pensar que usted debe ser perfecto.

5. Usted es muy auto disciplinado - a veces hasta el punto de tener la culpa. Usted tiene poco o ningún problema para cumplir con un horario o una rutina.

6. Odia sentirse estancado y siempre anhelas ser útil de alguna manera.

7. Siente que tiene que controlar todos sus deseos y necesidades muy fuertes.

8. Es de vital importancia para usted que "haga lo correcto"

9. Tiene un miedo intenso de cometer errores o equivocaciones.

10. Tiende a experimentar tensión en sus hombros, cuello y mandíbula.

11. A veces le toma más tiempo que la persona promedio para completar una tarea, lo que es, por supuesto, debido a su ojo excepcional para los detalles.

12. Puede ser muy crítico contigo mismo y con los demás.

13. Puede experimentar decepción y frustración en esos momentos en que la realidad no satisface sus expectativas.

14. Se mantiene a estándares muy altos de excelencia.

¿Esto te suena a ti?

El Reformador: Una visión general

El perfeccionismo puede ser un arma de doble filo. Por un lado, puede causar resultados impresionantes y maravillosamente satisfactorios. Por otro lado, puede llevar a una autocrítica hiriente e incluso a la inacción, en la que el perfeccionista podría ni siquiera comenzar una tarea por miedo al fracaso.

El Tipo Uno del modelo del Eneagrama no carece en absoluto de rasgos admirables como la fiabilidad, la honestidad, el sentido común, la integridad y la nobleza. De hecho, este tipo puede ser francamente heroico. Sin embargo, podrían aprender a ser más amables consigo mismos. Aunque generalmente no se recomienda reducir sus estándares, algunos a veces podrían beneficiarse de tomar tales consejos, ya que las expectativas que acumulan sobre sí mismos, y sobre otros, pueden ser poco realistas y castigadoras.

Este tipo desea hacer del mundo un lugar mejor, ¡¿y qué es lo que no le gusta de eso?! Los ideales elevados están a la orden del día, junto con un fuerte sentido de propósito. ¡Estas personas hacen las cosas bien!

También puede reconocer a un Uno por su meticulosa atención a los detalles: ese compañero de trabajo en el que siempre puedes confiar. Es cierto que pueden tardar más tiempo que la mayoría en completar la tarea, pero el resultado final será, sin duda, impecable. O podría ser el amigo con la increíble autodisciplina, que se mantendrá a la dieta o el régimen de ejercicio y cuya membresía en el gimnasio se utilizará más allá de la tercera semana de enero.

Si desea conservar los buenos libros de One, asegúrese de cumplir sus promesas. Nunca diga que va a hacer algo y luego retrocede u se olvida de eso. Este es un completo no-no y rompe su código ético. ¡Esta buena gente nunca te haría lo mismo! Y no olvide tomarte las cosas en serio. Este tipo no aprecia una actitud frívola. Los sorprenderá y deleitará si usted se une a ellos para especular sobre cómo se pueden mejorar las cosas en el mundo, y hará que todos sus sueños se hagan realidad al tomar acción. Anímelos también a ser menos críticos consigo mismos. Enséñeles que un poco de auto amabilidad llega muy lejos. Por encima de todo, el Uno necesita un amigo que pueda convencerlos de que se diviertan y de que se tomen la vida - y a sí mismos - un poco menos en serio.

Los niveles del reformador

Saludable

Heroísmo

Los Tipos Uno en el Eneagrama son las cosas de las que están hechos los héroes. Me viene a la mente un hombre llamado Gandhi. Él encarnaba las cualidades de Aquel que estaba en su mejor momento, en su capacidad de extraordinaria sabiduría y discernimiento. Su humanidad inspiró una inmensa lealtad e hizo de él un gran líder que miles de personas se sintieron obligadas a seguir. Y no necesitamos buscar más allá de Juana de Arco un ejemplo histórico de Aquella que elevó a muchos y creó el cambio a través del coraje de su convicción y su disposición al sacrificio personal.

No todos pueden ser Gandhi o Juana de Arco, pero dentro de su propia esfera privada de influencia, no importa cuán grande o pequeña sea, a menudo pueden realizar actos de heroísmo cotidiano.

Acción práctica

Una cosa es tener ideales elevados. Otra cosa muy distinta es actuar de acuerdo con ellos. Pero el Uno es un maestro de la acción práctica, esforzándose siempre por ser útil, por arreglar las cosas que consideran rotas y por cumplir su poderosa misión en la vida. Estas personas ponen su dinero donde está su boca. No tienen reparos en hacer sacrificios personales para servir a una causa superior.

Lealtad

El reformador no dirá una cosa y luego hará otra. Son impecables con su palabra. Tampoco harán promesas de hacer algo y luego no hacerlo. Si tiene la suerte de tener la amistad de un Uno, sabes que tiene a alguien que siempre lo apoyará.

Atención al detalle

Uno no dejará un trabajo a medio hacer. Tampoco entregarán un proyecto de mala calidad. Siempre se esfuerzan por alcanzar la excelencia, en pensamiento, palabra y obra. Este tipo siempre está empujando el sobre y elevando los estándares - para ellos mismos y para el mundo en el que viven. Considere estos prominentes en las áreas de política, negocios y entretenimiento. Gente como: Nelson Mandela, Michelle Obama, Anita Roddick (The Body Shop), Martha Stewart, Dame Maggie Smith y Meryl Streep, Confucious, Margaret Thatcher, Plato, George Bernard Shaw, Noam Chomsky, Emma Thompson, Jane Fonda, Jerry Seinfeld, George Harrison, Hilary Clinton, Jimmy Carter, Prince Charles.

Integridad

El profundo sentido de integridad hace de él o ella un excelente maestro y, en general, un testigo y defensor de la verdad. Tienen principios hasta el fondo y los mantendrán incluso a costa de su propia seguridad o comodidad. Puede confiar en que siempre harán lo correcto, incluso si esto va en contra de la sabiduría convencional o de la opinión pública. El Reformador no será sacudido de lo que él o ella cree que es correcto y bueno.

Neutro o Promedio

Insatisfacción

El Reformador en este nivel piensa que depende de ellos arreglar todo. ¡Sienten que saben cómo se debe hacer todo 'y que es su deber absoluto decirles a todos los demás lo que deben hacer también!

Rigidez

Esta rigidez es causada por el miedo a cometer un error. Todo tiene que estar exactamente bien. No hay margen de error alguno, ni para el propio reformador ni para quienes lo rodean.

Demasiado crítico

El reformador dirige esta crítica - no solo a sí mismo - sino también a los demás. ¡Sienten la necesidad de corregir a las personas constantemente, y no de una manera especialmente sensible! Muy bajo nivel de satisfacción.

Insalubre

¡El infierno es otra gente!

No siempre es fácil ser un reformador. Encontrará constantemente a aquellos con sistemas de valores diferentes a los suyos y esto podría alterar sus ideales de alta mentalidad e insistencia en la excelencia. Puede llevarlo a ser justiciero, intolerante, dogmático o inflexible. Puede juzgar severamente a los demás por su incapacidad para ver las cosas de la misma manera que usted.

Obsesión

Existe el riesgo de que los Unos se vuelvan obsesivos por naturaleza. Esto puede manifestarse de varias maneras. Uno de ellos se encuentra en el área de la dieta y la nutrición. En casos extremos, la búsqueda de autocontrol del reformador puede llevar a condiciones como anorexia y bulimia. Algunos también pueden recurrir al alcohol para aliviar el estrés al que se someten. El trastorno obsesivo compulsivo también es un peligro para este tipo.

Ira

El reformador puede enojarse muy fácilmente y este enojo a menudo puede tener un matiz de arrogancia. La ofensa puede ser tomada fácilmente, de la negativa de otras personas a hacer lo que Uno cree correcto. Este enojo - por más justo que sea - desafortunadamente puede tener el efecto de alienar a otros. Esto es una gran lástima, ya que los Unos a menudo tienen un punto muy válido que hacer. Reprimir este enojo tampoco es la respuesta, ya que esto podría manifestarse en problemas de salud como presión arterial alta o úlceras.

Depresión

Este es un destino que puede ocurrirle a una persona con una personalidad dominante de Tipo Uno, cuando el rasgo toma un giro malsano. Un reformador menos que saludable puede ser extremadamente condenatorio, por no mencionar cruel, para sí mismo y para los demás. Las depresiones, las crisis y los intentos de suicidio son el peor resultado posible aquí.

Estándares irrealmente altos

Los de tipos Uno de eneagrama pueden luchar con una intensa decepción cuando la realidad no está a la altura de sus expectativas. Puede hacer que parezcan demasiado negativos o críticos de otros miembros de la familia, amigos o compañeros de trabajo. Puede convertirlos en maestros de tareas muy duras, pedantes e implacables. No es agradable estar en el lado receptor de las constantes críticas y decepciones de una persona malsana por sus esfuerzos.

¡Pero no todo es pesimismo!

Entonces, si usted es de Tipo Uno, un Perfeccionista, un Reformador, ¿cómo puede evitar los posibles escollos y sacar lo mejor de lo que su tipo de personalidad tiene para ofrecer?

Las alas del reformador

Tipo Uno con dos alas (1W2)

¿Qué obtienes cuando cruzas un Tipo Uno con un Tipo Dos? Bueno, para empezar, el Uno se vuelve menos reprimido y un poco más equilibrado emocionalmente por la dirección de los dos y el deseo de complacer a los demás.

A menudo se trata de una persona muy ordenada y de aspecto muy ordenado. El Uno les da una propensión al perfeccionismo y el Dos les hace más sensibles a la crítica. En otras palabras, no quieren ser criticados por su apariencia. Así que su pelo será perfecto y la ropa también lo será. Es posible que se comporten de forma muy correcta y que parezcan tener una actitud bastante condescendiente.

Este subtipo es muy duro para sí mismo. Harán todo lo posible para hacer lo correcto y si también pueden complacer a otros en el proceso, eso es aún más preferible.

La versión saludable de un ala con dos alas es una versión más relajada de uno completo con menos inclinación a ser justamente crítico. ¡Realmente pueden creer y admitir que no siempre tienen razón!

A Uno le gusta corregir a los demás. Con la influencia de los Dos, las correcciones se vuelven más útiles y menos intrusivas. También son más capaces de tolerar las diferencias con el beneficio del ala Dos.

Si el Reformador con el ala Dos experimenta una especie de despertar espiritual, puede llegar a ser un maestro muy inspirador que puede traer alegría y compasión a su práctica. Uno es sabio y Dos es amoroso. En el mejor de los casos, este subtipo puede ser un buen amigo que siempre parece saber lo que tiene que decir o hacer.

Pero ¡oh, Dios mío! Las cosas pueden empeorar cuando el Reformador no está emocionalmente sano y maduro. El perfeccionismo del Uno combinado con el orgullo del Dos puede llevar a problemas. Puede llegar a ser un gran conflicto interno. La introspección autocrítica se acelera y puede ir acompañada de ataques de rabia que descienden hacia el auto juicio y el remordimiento.

Cuando no es saludable, la ira y el orgullo se combinan para crear desesperación. Aquí, el Uno con un ala de Dos se castigará a sí mismo sin parar y el suicidio podría ser el resultado final.

No es de extrañar que el Reformador con dos alas disfrute de un trabajo que implica ayudar a otras personas a ser perfectas. Ejemplos de ello serían los profesores, dietistas y jueces.

Tipo Uno con Nueve alas (1W9)

La combinación del perfeccionismo y el juicio del Tipo Uno con el retiro del estrés del Tipo Nueve hace que sea un subtipo tranquilo, conservador y algo reprimido. No muestran mucha emoción y parecerán muy estrictos, silenciosos y prácticos. También son lentos para expresar sus puntos de vista, pero por lo general actúan a partir de un juicio de principios.

Pueden, por supuesto, brillar cuando están emocionalmente sanos y maduros. Aquí aprenderán a acceder a un calor interior y a ser capaces de ponerlo en primer plano. Aunque todavía pueden ser un poco críticos, tienen en cuenta el hecho de que a veces son capaces de equivocarse. Y, de todos modos, no importa tanto después de todo. En esta etapa aprenden a controlar la propensión de los Nueve a retirarse bajo estrés y esto les permite participar más plenamente en la vida. Son gentiles, responsables, amantes de la diversión y capaces de relajarse y simplemente dejarse llevar.

En su mejor momento, estarán cada vez más alegres y participarán en la vida con mucho gusto. Tendrán una alta autoestima en este nivel. La sabiduría del Uno se fusionará con el altruismo de los Nueve y les permitirá obtener un avance espiritual significativo.

Pero este subtipo también puede ser insalubre y cuando lo son, pueden intentar ejercer demasiado control sobre sus emociones, lo que les dará una rigidez física puntuada por fisuras de energía explosiva.

Las emociones reprimidas están siempre presentes bajo la superficie y se encontrarán como tipos "nerviosos". Serán hostiles y retraídos y sufrirán odio a sí mismos. Pueden ser muy sospechosos y participar en un comportamiento pasivo-agresivo. La mayor parte de esto será embotellado.

Si las cosas se desintegran aún más, pueden parecer robóticas y ritualistas. La ansiedad por realizar las rutinas a la perfección puede llegar a ser extrema. Pueden caer en la psicosis y quedar paralizados por la inacción.

Esta variante del Uno se mantiene erguida y ofrece pocas sonrisas, pero genuinas. Es posible que se sientan atraídos por trabajos que expresen su talento para realizar tareas precisas, como la contabilidad o la programación informática.

Consejos para el Reformador

Sé que no pediste consejo, ¡pero te lo daremos de todos modos! Como Reformador, usted probablemente no siente que necesita ningún consejo, debido a su sentido más alto que el promedio de lo que está bien y mal y a su intenso sentimiento de propósito. Y tienes razón, hasta cierto punto. Cada uno de nosotros necesitamos seguir nuestra propia estrella. Sin embargo, todos tenemos nuestras debilidades también, y a veces puede ser muy útil tener un segundo ojo, por así decirlo, para darnos un mayor sentido de perspectiva.

1. Tenga en cuenta que no todo el mundo verá el mundo en términos en blanco y negro como usted. Hay numerosos tonos de gris y a veces hay que tener en cuenta el término medio.

2. Encuentre una forma saludable de expresar y liberar su ira, una que no implique que otro ser humano tenga que sentir toda su ira, pero al mismo tiempo, significa que no lo reprime todo, lo que podría conducir a graves problemas de salud para usted. También puede ayudar a encontrar menos razones para estar enojado. Aceptar las

imperfecciones de otras personas, ¡tal vez! No olvide que la gente puede ser caótica. Si alguien llega tarde a una cita, no significa necesariamente que le falte el respeto o que no valore su tiempo. Podrían estar luchando con el desorden de sus propias vidas. Sea menos crítico con los demás. Y mientras lo haces, ¡sé menos crítico contigo mismo también!

3. Tengan en cuenta la famosa oración de la serenidad: Concédeme la serenidad para aceptar las cosas que no puedo cambiar, el valor para cambiar las cosas que puedo y la sabiduría para conocer la diferencia.

4. Tenga en cuenta que usted tiene una tendencia a almacenar la tensión en su cuerpo, particularmente en la línea de la mandíbula, el cuello y los hombros. Considere la posibilidad de tomar medidas para contrarrestar esto, como la meditación, el masaje u otras técnicas de relajación. ¡Y por qué no intentar divertirse! Este es un excelente y comprobado camino hacia la relajación. Después de todo, a nadie le gusta un mártir.

5. Es posible que usted haya tenido padres con expectativas muy altas de usted. Si este es el caso, tal vez sea el momento de volver a ser padre y mostrar más suavidad y amabilidad. Recuerda: "Los ángeles vuelan porque se toman a sí mismos a la ligera". No tiene que tomarse tan en serio todo el tiempo. Y recuérdese a menudo que todos cometen errores, incluido usted. No eres un fracaso si cometes un error. Así es como aprendemos. La aceptación de esto es clave. Además, es perfectamente aceptable tener emociones e impulsos humanos. Y a veces "lo suficientemente bueno" es lo suficientemente bueno. La perfección es una ilusión. Así que perdónese por sus imperfecciones. El perdón es un regalo para ti mismo aún más que para el que está perdonando.

6. A menudo siente que el peso del mundo está sobre sus hombros. Afortunadamente, no lo es. Usted es solo una persona y lo está haciendo muy bien.

7. Confíe en su guía interior y, sobre todo, confíe en la vida... Su tendencia a ver tan claramente donde las cosas necesitan ser mejoradas, puede hacerlo ciego a las muchas cosas que son correctas para el mundo. Si mira más de cerca, reconocerá que las cosas a menudo están funcionando.

8. Trate de no sentirse demasiado decepcionado o impaciente si las personas que lo rodean no cambian de inmediato de acuerdo con lo que podría haberles enseñado. No significa que no seas un maestro talentoso, sino que todos se desarrollan a su propio ritmo. ¡La paciencia es una virtud!

Sobre todo, no deje de ser quién es. ¡Hay una razón por la que naciste de esta manera, así que descubre por qué y aprovecha al máximo!

Capítulo Tres - El Ayudante (Tipo 2)

También conocido como el Dador

Quince signos de que eres un ayudante

1. Le encanta estar involucrado en la vida de otras personas.

2. Siempre siente la necesidad de poner a los demás antes que a usted mismo.

3. Tiende a dar mucho tiempo y dinero a la caridad.

4. Es capaz de ver lo bueno en sus semejantes.

5. Necesita que lo necesiten.

6. Puedes agotarte totalmente, corriendo por ahí haciendo cosas para otras personas.

7. Puede sentirse ofendido si alguien rechaza su oferta de ayuda.

8. Requiere aprecio por las cosas que hace por los demás.

9. Sus amigos lo describen como alguien que siempre está dispuesto a hacer un esfuerzo extra.

10. A veces te olvidas de cuidarte y esto puede llevar a un agotamiento físico o emocional.

11. Usted no considera que la vida vale la pena vivir a menos que esté dando a otros de alguna manera.

12. Tiene un miedo profundo y arraigado a la inutilidad.

13. ¡Podría ser una maravillosa cocinera y ama de casa!

14. Usted podría tener una tendencia a usar la comida para "rellenar" sus sentimientos.

15. Las relaciones personales son de suma importancia para usted.

¿Le suena alguno de los puntos anteriores?

El Ayudante: Una visión general

El enfoque del Tipo Dos del Eneagrama se centra mucho en las relaciones. Es lo que hace que estas personas se muevan - hacer conexiones y luego sentir empatía con los sentimientos y necesidades de los demás. Sin embargo, pueden ir demasiado lejos en esta tendencia y pueden retorcerse en todo tipo de formas solo para ganar la aprobación de sus compañeros. La codependencia es una trampa a la que a veces puede caer presa el tipo dos, enorgulleciéndose de lo que pueden hacer por otras personas y sintiendo vergüenza en esos momentos en los que no pueden ayudar o apoyar a los demás.

En cierto modo, nuestra cultura nutre y premia el comportamiento típico de un Tipo Dos, en el sentido de que nos anima a creer que nuestra autoestima proviene de lo que hacemos por otras personas. Especialmente a las mujeres se les enseña este tipo de comportamiento. Aunque ser amable con los demás es, por supuesto, loable, el Ayudante debe protegerse contra la tendencia a asfixiarse o abrumarse. Y nunca es bueno que alguien niegue sus propios intereses y necesidades personales. ¡El agotamiento o el martirio pueden ocurrir! Así que, si eres un Dos, harías bien en equilibrar tu impulso de ayudar a otros con tu propio cuidado.

Como Ayudante, el amor es su meta más alta. Te enorgulleces de ser desinteresado. Usted es a menudo extrovertido y también puede tener el don de crear un hogar cómodo y acogedor para su familia. Usted es un gran empático y a menudo una persona genuinamente bondadosa con un corazón muy cálido. Eres amable y generoso. Solo asegúrate de que tus motivos para ayudar a los demás sean puros.

Ejemplos de dos famosos incluyen a luminarias como el Obispo Desmond Tutu, Byron Katie, John Denver, Dolly Parton, Eleanor Roosevelt, Luciano Pavarotti, Stevie Wonder, Elizabeth Taylor, Martin Sheen, Bobby McFerrin, Lionel Richie, Nancy Reagan, Josh Groban, Paula Abdul y Barry Manilow.

Al tipo dos se le ha dado el nombre de "El Ayudante" por una razón: estas personas son las que más ayudan a los demás *o las que* más necesitan verse a sí mismas.

Niveles del Ayudante

Como con cualquier otro tipo, los Ayudantes difieren en madurez y salud psicológica. Exploraremos el estado de El Ayudante en etapas saludables, neutrales y poco saludables.

Saludable

Amando Incondicionalmente

El Ayudante en su mejor momento es capaz de dar un amor verdaderamente incondicional. Él o ella es humilde y desinteresado, sintiendo que es un privilegio dar y estar involucrado de manera significativa en la vida de los demás.

Empático

La empatía es el segundo nombre del ayudante. Este tipo puede extenderse con compasión y preocupación por sus semejantes. Además, han aprendido el arte y el valor del perdón.

Alentador

El Ayudante en este nivel puede apreciar fácilmente la bondad de otras personas. Han aprendido a equilibrar el servicio con el autocuidado y a dar por todas las razones correctas.

Neutral

La Gente Complaciente

Un aire de desesperación puede a veces arrastrarse en el deseo del Tipo Dos de ayudar a otros. Una especie de aferramiento más que de cercanía. Pueden estar tentados a dar cumplidos que no son completamente genuinos, sino que están destinados a ganar el favor de la persona a la que están halagando.

El Codependiente

Esta etapa implica posesividad e intrusión. La necesidad de ser necesitado puede llegar a ser tan fuerte que el Tipo Dos puede ser profundamente controlador y a la vez decirse a sí mismo que en realidad están siendo amorosos. Quieren que los demás dependan de ellos y, a menudo, se agoten con un comportamiento innecesariamente sacrificado.

Autoimportancia

Es probable que en este nivel se produzca un mayor sentido de la importancia de sí mismo. ¡El martirio realmente puede hacer efecto con el Ayudante creyendo que están siendo mucho más útiles de lo que realmente son! El Tipo Dos a este nivel puede sentir que él o ella es indispensable cuando realmente no lo son, y esto puede hacer que sean condescendientes y dominantes.

Insalubre

Manipulación

¡Oh, Dios mío! Las cosas empiezan a ponerse feas cuando el Tipo Dos exhibe patrones de comportamiento poco saludables. En este nivel, En este nivel, un Dos puede acumularse en la culpa, destacando cuánto creen que la gente les debe por todo lo que han hecho. Este nivel muestra la actitud general de "¡¿Cómo *pudiste* después de todo lo que he hecho por ti?!" "Si la gente no muestra el nivel de aprecio requerido, podrían socavarlas de una manera agresiva. En este nivel, los Dos carecerán de la conciencia de sí mismos para ver cuán irrazonable y dañino es su comportamiento. También pueden comenzar a usar alimentos y medicamentos como una forma de automedicación.

Dominador

En este desagradable nivel, los Dos sienten que todos los que han "ayudado" - ¡ya sea que esa persona haya pedido o no esa ayuda en primer lugar o que realmente la haya querido! - les debe una enorme deuda de gratitud y por lo tanto debe "pagar" de la manera que los Dos consideren apropiada. Hay un sentido negativo de derecho cuando este tipo afirma la influencia que sienten que se han ganado.

Resentimiento crónico

Tal resentimiento surge cuando un Dos no saludable entra completamente en modo víctima y se siente abusado injustamente por aquellos a quienes han "ayudado". Por ello, se sienten justificados para mostrar todo tipo de comportamiento irracional y agresivo. Todas estas emociones altamente negativas pueden resultar en serios problemas de salud, tanto físicos como mentales. ¡No es un lugar feliz para estar! Tanto para el Ayudante como para los que les rodean.

Las alas del ayudante

Como se discutió anteriormente, las alas de un tipo se derivan de los dos tipos de números que están físicamente a su lado en la circunferencia de la figura del Eneagrama. Para el Ayudante, el Reformador (Tipo 1) y el Triunfador (Tipo 3) son posibles alas o influenciadores de la personalidad.

Eneagrama
Tipo Dos con una sola ala (2W1)

Ya hemos visto que los Tipo Uno son perfeccionistas de corazón. En el lado positivo, son responsables, concienzudos, orientados al progreso y potencialmente heroicos. Su lado de sombra puede ser hipercrítico, ya que está dirigido tanto a sí mismos como a los demás. A veces, también pueden ser resentidos y sentenciosos. Entonces, ¿cómo puede ser un Tipo Dos con una sola ala?

Todo va bien, esta combinación de tipos lleva a una persona que es cariñosa, cálida y generosa, como cabría esperar, pero la influencia de Uno añade resolución y obligación moral. El deseo de hacer el bien se ve reforzado por la motivación del número uno para hacer todo "bien".

El enfoque de la generosidad de Uno se convierte en un impulso para la justicia social bajo la influencia del reformador. El deseo de mejorar el mundo es genuino. El Ayudante con esta ala también está más dispuesto a asumir las tareas poco glamorosas que otras personas suelen evitar, por el bien común. La influencia del Uno en los Dos puede imbuirlos con una columna vertebral más fuerte y una mejor conciencia de dónde los sentimientos pueden amenazar con sobrepasar su buen juicio.

Pero, como siempre, hay un lado negativo. El perfeccionismo destructivo podría levantar su fea cabeza, haciendo que el ayudante piense que ellos, y solo ellos, saben lo que es mejor. Esto los hace imponentes, sermoneadores e intrusivos. También pueden juzgarse a sí mismos muy severamente. Un potencial lado negativo de esta combinación de tipos también puede ser que la Dos tiene aún más problemas para reconocer sus propias necesidades y sentimientos y cree firmemente que su propio deseo personal es egoísta y debe ser aplastado.

Tipo Dos con Tres Alas (1W3)

Examinaremos el Tipo Tres en detalle más adelante. Por el momento, he aquí un breve resumen:

El Tipo Tres es conocido como el Triunfador o el Ejecutor. Como su nombre indica, estas personas tienden a ser ambiciosas, entusiastas y adaptables. Están motivados y nada más que para lograr sus objetivos y recibir la validación de los demás.

Un ala de tres hace a la de dos más social y de buen humor que un ala de uno. Todo se trata del corazón y los sentimientos cuando se trata de este emparejamiento. Las relaciones son buscadas y valoradas. Esta combinación de tipos a menudo posee mucho carisma y otros disfrutan mucho de su compañía. Son anfitriones o azafatas naturales y amables y les encanta organizar fiestas y reunir a sus amigos para celebrar. Tienen una gran generosidad de espíritu y amor para dar de sí mismos para el bien de los demás.

En tiempos de estrés, sin embargo, el 2W3, que percibe los sentimientos de los demás con tanta fuerza, puede verse abrumado por las necesidades de los demás e incluso por sus propias emociones reprimidas. Debido a que los tipos Dos y Tres pertenecen a la tríada centrada en el corazón, carecen de la autoconciencia que la influencia de un tipo de cabeza o cuerpo (como el Uno) les prestaría. Este matrimonio particular de tipos puede llevar a una sensibilidad excesiva si son objeto de críticas. Su sentido del orgullo puede llegar a ser demasiado inflado, lo que puede llevar a un comportamiento autoritario y a arrebatos de ira.

Consejos para el Ayudante

1. Cuídese a sí mismo. Está tan ocupado empatizando con otras personas y apoyándolas en sus necesidades, que se le olvida de sus propias necesidades en el proceso. Sus propias necesidades son tan importantes como las de los demás. Es importante establecer y mantener sus propios límites personales y asegurarse de que descansa adecuadamente, hace ejercicio y se alimenta adecuadamente. No cambie para ganar la aprobación de otro. Al ser usted mismo y establecer límites, puede dar a los demás de manera más auténtica, y solo puede ser de verdadero servicio a los demás si está equilibrado, saludable y centrado en sí mismo.

2. Antes de ayudar a alguien, considere si realmente necesita o quiere su ayuda en primer lugar. ¿Han pedido su ayuda? Asegúrese de no solo imponer sus ideas sobre cómo deberían ser las cosas e interferir innecesariamente. Además, no depende de ustedes exigir gratitud o decidir la manera en que se expresa dicha gratitud. En su lugar, trate de preguntarle a la gente directamente qué es lo que realmente necesitan. Solo porque usted pueda sentir la necesidad de otro, no significa necesariamente que a ellos les gustaría que usted interviniera y `resuelva' todos sus problemas por ellos. Usted debe estar dispuesto a aceptar un "no, gracias" si eso es lo que viene. Esto no debe considerarse como un rechazo.

3. En el caso de que hagas algo bueno por alguien, no hay necesidad de recordárselo. Es una tentación a la que tiene que resistir. Solo hará que la otra parte cuestione su motivación para ayudarlos en primer lugar y los hará sentir incómodos. También pueden retirarse de usted, si decide comportarse de esta manera. ¡Que la bondad sea su propia recompensa!

4. Comprender que las personas expresan su afecto y aprecio de muchas maneras diferentes. El hecho de que sea de una manera que no sea inmediatamente reconocible para usted y no necesariamente una forma en la que usted mismo habría elegido, no significa que no les importe. Aprende a reconocer las diferentes manifestaciones del amor.

5. Asegúrese de ser honesto acerca de sus propios motivos y de no mentirse a sí mismo acerca de por qué está ayudando a alguien. Si solo lo está haciendo para recibir gratitud, este no es un motivo saludable y bien podrías estar preparándote para la decepción. Usted debe protegerse contra la codependencia en todo momento.

Capítulo Cuatro - El Triunfador (Tipo 3)

También conocido como el Ejecutor

Quince señales de que eres un triunfador

1. Le gusta hacer las cosas y está más que dispuesto a trabajar duro para lograr sus objetivos.

2. Puede ser difícil reducir la velocidad y puede ser difícil encontrar tiempo para relajarse.

3. ¡La paciencia no es una de sus virtudes!

4. Los que lo rodean lo describen como una personalidad "Tipo A".

5. Tiende a almacenar la tensión en el pecho y en el área del corazón.

6. No tiene problemas para dejar de lado sus pasatiempos para perseguir el éxito en su objetivo principal.

7. Le encantan los retos y disfrutas lanzando todo lo que tiene para enfrentarse a ellos.

8. Si al principio no tiene éxito, lo intentará, lo intentará, lo intentará nuevamente.

9. Su mayor temor es el fracaso y esto puede causarle mucho estrés y ansiedad.

10. Se concentra en la apariencia. Puede preocuparse demasiado por su imagen y por cómo lo perciben los demás.

11. Una pregunta que se te hace a menudo es: "¿Cómo logras tanto?"

12. Disfruta mucho de una sensación de finalización y realización. ¡No hay nada como marcar las casillas de su lista de cosas por hacer!

13. Es altamente competitivo y esto es algo que lo impulsa.

14. De alguna manera, usted está "hecho a sí mismo", habiendo llegado a donde está en la vida mediante el trabajo duro y la búsqueda decidida de sus metas.

15. Tiene mucha energía y otros podrían describirlo como que tiene un entusiasmo por la vida que a menudo encuentran atractivo.

¿Qué opina? ¿Han resonado en usted muchos de los puntos anteriores?

El Triunfador: Una visión general

Como su nombre indica, el Tipo Tres en el Eneagrama es todo sobre el éxito. Es de vital importancia para este tipo que se reconozca su éxito. El Triunfador requiere esta validación para sentirse digno. Son altamente enfocados, trabajadores y competitivos. Estos objetivos se encuentran a menudo en el mundo de los negocios, pero no se limitan a esta esfera de ninguna manera. Los Tres son comúnmente un éxito "autodidacta", a menudo experto en el arte del trabajo en red. Generalmente extrovertido, el Triunfador puede ser a veces carismático. Hay una energía ilimitada y mucho empuje. Su lado oscuro es su miedo secreto al fracaso.

El Triunfador, o el Ejecutor, es frecuentemente consciente de la imagen y como tal, puede ser lento para dejar que su verdadero yo sea mostrado. Esto puede dificultar la intimidad. Los Tres temen que otros se acerquen demasiado para no descubrir cómo son *realmente*.

Debido al fuerte requerimiento de validación externa del Tipo Tres, a veces cometen el error de perseguir el éxito externo mientras ignoran sus necesidades y deseos más profundos. El Triunfador necesita protegerse de caer en tal trampa.

Tres notables de los mundos de la historia, la política, los deportes y las artes incluyen a Bill Clinton, Arnold Schwarzenegger, Oprah Winfrey, Madonna, Lady Gaga, Will Smith, Augustus Caesar, Tony Blair, Andy Warhol, Elvis Presley, Barbra Streisand, Richard Gere, Reese Witherspoon, Anne Hathaway, Justin Bieber, Jon Bon Jovi, Paul McCartney, Lance Armstrong, O.J, Simpson, Truman Capote, Muhammad Ali, Emperador Constantino, Príncipe Guillermo, Carl Lewis, Tony Robbins, Deepack Chopra, Michael Jordan, Sting, Brooke Shields, Tiger Woods, Taylor Swift, Tom Cruise, Demi Moore, Courtney Cox y Kevin Spacey.

Los Niveles de Triunfador

Saludable

Autenticidad

Tan genuinos y atractivos, los Tres en su mejor momento están literalmente goteando dulzura y benevolencia. Han aprendido a aceptarse plenamente a sí mismos y a escuchar sus propios sistemas internos de orientación. Estos Tres son todo lo que parecen ser, ya que han llegado a comprender que no tienen nada que ocultar. Son modestos cuando se trata de sus fortalezas y logros innatos y suelen ser personas de gran corazón con un humor deliciosamente auto despreciable.

Competencia

La alta autoestima de un Tres sano les ayuda a creer en sí mismos y en sus propias capacidades. Este tipo es seguro de sí mismo con mucha energía para hacer el trabajo y hacerlo bien. Existe una confianza intrínseca en sí mismos y una profunda conciencia de su propio valor como seres humanos. Son lo suficientemente competentes y seguros como para adaptarse a todo tipo de situaciones, y siguen siendo graciosos y encantadores en el proceso. Mucha gente se sentirá naturalmente atraída por un Tres sano.

Ambicioso

Estos Tres son ambiciosos en el mejor sentido de la palabra. Nunca despiadados, solo deseosos de ser la mejor versión de sí mismos y de realizar su potencial. La superación personal es una fuerza motriz para estas personas. El saludable Triunfador tiene en él o ella la capacidad de convertirse en un ser humano sobresaliente, que posee una tremenda cantidad de cualidades admirables. Otras personas tienden a admirarlos mucho y tratan de emularlos. Esto hace que los Tres sanos sean un maestro motivador.

Neutral

Impulsivo

El Tipo Tres promedio da mucha importancia a hacer bien su trabajo. Desafortunadamente, a este nivel, su motivación para ello puede ser ligeramente menos saludable y basarse con mayor frecuencia en un abyecto terror de fracaso. Se preocupan mucho por lo que otras personas piensan de ellos y basan su autoestima en el logro de metas. Se dice que la comparación es el ladrón de la alegría. Ciertamente lo es para este tipo. Este menos que saludable Tres se comparará a sí mismo con otros en una búsqueda de su propio estatus y autoestima. Este es el nivel del escalador social o el que cree que una carrera lo es todo.

Conciencia de la imagen

El Triunfador puede preocuparse demasiado por cómo es percibido por los demás. Esto puede hacer que sean "falsos" de alguna manera al tratar de ajustarse a las expectativas reales o imaginarias de los demás. Ciertamente pueden sobresalir en practicidad y eficiencia, pero se arriesgan a perder el contacto con sus sentimientos en su deseo de impresionar. Esto puede llevar a problemas con la intimidad.

Autopromoción

El intenso deseo de impresionar a otros puede hacer que los Tres, en este nivel de madurez, se promuevan a sí mismos incesante y agresivamente. Podrían elevar sus logros a esta causa. Puede parecer un poco como la tendencia infantil de decir "mírame". Pueden surgir nociones infladas de sí mismos y pueden parecer arrogantes y llenas de desprecio, pero esto es solo un intento de disfrazar sus celos.

Insalubre

Miedo al fracaso

El Triunfador en este nivel está dispuesto a hacer o decir lo que considere necesario para preservar su imagen. El miedo al fracaso y a la humillación es intenso en este momento y puede llevarlos a comportamientos explotadores y oportunistas. Estarán extremadamente celosos del éxito de otra persona y se esforzarán por preservar su frágil ilusión de superioridad a toda costa.

Engaño

Estas personas pueden llegar a estar tan aterrorizadas al pensar que sus errores y fechorías serán expuestos que recurrirán a todo tipo de conductas taimadas para encubrir tales fallas. Esto significa, por supuesto, que no se puede confiar en el Triunfador en este nivel insalubre. Podrían traicionar o sabotear a alguien solo para conseguir uno y sus estados celosos pueden rozar la ilusión.

Narcisismo

Este es el Tres en su peor momento absoluto, cuando sus acciones se corresponden con la descripción del Trastorno Narcisista de la Personalidad. No se detendrán ante nada para arruinar la felicidad de otra persona y su destructividad puede volverse obsesiva. La venganza de los Tres profundamente insalubres puede rozar lo psicópata.

Las alas de los triunfadores

Tipo Tres con Dos Ala (3W2)

Cuando se imagina al vendedor "típico", es muy posible que esté imaginando el Tipo Tres con un ala Dos. El deseo del Triunfador de ser admirado supera el deseo del Type Two de complacer a los demás y hacerlos sentir bien. Aunque, si es posible, pueden hacer ambas cosas. Esta variedad del número tres suele ser extrovertida y puede resultar atractiva e incluso seductora. Su personalidad es alegre y tranquila y estarán deseosos de mostrar su mejor lado y quieren que se les perciba como si estuvieran juntos emocionalmente.

La influencia del ala Dos en la personalidad de los Tres, puede hacer que su "brillo" sea más genuino. En el mejor de los casos, esta variedad de los Tres es grande en auto observación y es probable que sea un tipo humilde. También serán amigables y simpáticos con grandes habilidades sociales que hacen que otros disfruten de estar cerca de ellos. El ala Dos atempera el hambre de los Tres de ser siempre el ganador. Los sentimientos genuinos aparecen y los poderosos lazos de amistad pueden y se formarán.

Un Tipo Tres sano con un ala Dos puede convertirse en un excelente altavoz motivacional, capaz de inspirar gran confianza y optimismo en los demás. Edificante y positivo: piense en Tony Robbins u Oprah Winfrey en su mejor momento.

Sin embargo, cuando no es saludable, una frágil vanidad puede entrar en juego para el Triunfador con un ala Dos. Pueden perder contacto con sus sentimientos más íntimos genuinos mientras construyen una falsa fachada emocional. La autopromoción puede llegar a ser agresiva y agresiva, resultando en una situación de pérdida para todos los involucrados. Pueden parecer agradables y tranquilos por fuera, pero la realidad interna puede ser bastante desagradable y destructiva.

Como la apariencia exterior es importante, el 3W2 normalmente se vestirá bien y de acuerdo con la última moda dominante. Esto se debe a que querrán atraer a la mayor audiencia posible. Pueden sentirse atraídos por el trabajo "glamoroso", tal vez en el escenario, la televisión, la radio o en una posición de alto perfil en el mundo de los negocios.

Tipo Tres con Cuatro Alas (3W4)

Aunque a los Triunfadores con cuatro alas les gustarían ser admirados, preferirían que esto fuera por su singularidad en lugar de atraer a las masas en general - un grupo selecto de seguidores en lugar de atraer a las masas es lo que buscan.

Las Cuatro alas tenderán a hacer que los de Tipo Tres sean más introvertidos y menos cómodos en situaciones sociales, aunque debido a la todavía dominante personalidad del Tipo Tres, podrán ocultar esto con su competencia social. Aún podrán mantener todo junto en momentos de presión.

Un Triunfador sano y maduro con cuatro alas es compasivo, gentil y competente. Esta variante es sabia y socialmente responsable y altamente efectiva en el logro de sus objetivos, al mismo tiempo que permanece intuitiva. Un trabajo adecuado para este tipo sería como orientador profesional o mentor de negocios.

En su mejor momento, el Tipo Tres con cuatro alas es tranquilamente seguro de sí mismo, mientras que posee una visión emocional impresionante. Ellos enseñan a través del ejemplo, influenciando a otros a través de la acción compasiva. Pueden encontrarse en la cima de las organizaciones o entre bastidores, inspirando a otros a dar lo mejor de sí mismos.

Es una historia completamente diferente cuando el Triunfador con un ala de cuatro es inmaduro y malsano. Una falta de equilibrio aquí hará que el impulso de los Tres Influenciados por el éxito sea compulsivo, mientras que al mismo tiempo causará que la introspección de los Cuatro se salga de control. La manipulación sale a la luz y el deseo de ayudar ya no viene de un buen lugar. No son tan grandes socialmente y también pueden caer en el autoengaño. Es posible que sientan la necesidad compulsiva de contarle a otras personas sus logros. En el peor de los casos, pueden ser destructivos para uno mismo y para los demás.

Les gusta parecer atractivos y únicos, que desean marcar tendencias en lugar de seguir siendo la última moda. La variante 3W4 generalmente se basa en profesiones bastante llamativas, como la música, la política, la radiodifusión, el escenario, la industria de la moda y el lado comercial de las empresas.

Consejos para el Triunfador

1. ¡Tómese un descanso de vez en cuando de la incesante búsqueda de sus objetivos! Su salud se beneficiará y también lo harán sus niveles de felicidad. Y no olvidemos a sus seres queridos, que estarán encantados de tener más tiempo con usted. Sus metas le seguirán esperando cuando se despierte de una buena noche de sueño o cuando regrese de unas vacaciones. Y se sentirá más fresco y eficaz que nunca. Sin mencionar que es mejor estar cerca. La ambición y la determinación pueden ser cualidades excelentes, pero deben ser atenuadas por períodos de descanso que, además, le permitan tener tiempo para reconectarse profundamente con sus necesidades y sentimientos internos.

2. Trata de ser completamente honesto contigo mismo. A veces, los de Tipo Tres pueden quedar tan atrapados en el intento de jugar en la galería de cacahuetes que pierden el contacto con lo que realmente necesitan para ser felices. Tómese su tiempo para considerar lo que el éxito realmente significa para usted. ¿Cuáles son sus valores? ¿Qué lo hace feliz? Solo cuando te conectas verdaderamente con la realidad de lo que eres, puedes lograr una libertad real.

3. Como la intimidad a veces puede ser un desafío para usted, vale la pena tomarse el tiempo y los problemas para conectarse con algunas personas elegidas en un nivel más profundo. Esto requiere autoconciencia y la voluntad de relajarse y practicar el aprecio por aquellos que amas

4. Te beneficiará enormemente involucrarte en proyectos que no están relacionados con tu ambición final u objetivos profesionales. Te llevará fuera de ti mismo de una manera saludable y trascenderá tu preocupación por las opiniones de los demás.

Capítulo Cinco - El Individualista (Tipo 4)

También conocido como El Romántico

Quince signos de que eres un individualista

1. Necesita mucho tiempo a solas para recargarte.

2. Puede ser un artista, no solo un artista visual, sino también un bailarín, un escritor o un músico.

3. Tiene una tendencia a sentir melancolía y puede deprimirse cuando los tiempos se ponen difíciles.

4. A veces se siente atormentado por el pensamiento de que algo falta en su vida y esto contribuye a un profundo sentido de anhelo.

5. La autenticidad es importante para usted, tanto en su trabajo como en sus relaciones.

6. Usted se ve a sí mismo como fundamentalmente diferente a otras personas.

Eneagrama

7. Es probable que usted sea brutalmente honesto y no tienda a ocultar sus verdaderos sentimientos o motivaciones de sí mismo o de los demás.

8. Está dispuesto a revelar cosas sobre sí mismo que la mayoría nunca revelaría por miedo a ser avergonzado.

9. Usted tiene un profundo anhelo de conectarse con otras personas y tiende a sentirse incomprendido.

10. Ha tenido a más de una persona en tu vida diciéndole que es "complicado" o "raro".

11. Sufre de baja autoestima y a veces se siente muy solo en el mundo.

12. Es una persona muy sensible, y le cuesta mucho dejar atrás las heridas del pasado.

13. Prefiere tener una amistad cercana que cien superficiales.

14. Otros a veces lo acusan de ser temperamental.

15. Artista o no, le encanta rodearte de arte y cosas bonitas.

¿Tienes muchas alarmas en la cabeza en este momento?

El panorama individualista

Al Tipo Cuatro del Eneagrama le gusta pensar en sí mismo como diferente o único, de hecho, basando su propia identidad en esa singularidad. Sentirse diferente es un arma de doble filo para este tipo. Por un lado, puede hacer que se sientan especiales y superiores y, por otro, aislados y solos.

El Individualista a menudo se sentirá atraído por las artes. Podrían hacer una carrera en esta área, convirtiéndose en bailarines, escritores, artistas visuales, músicos o escultores, por ejemplo. O tal vez trabajen en estrecha colaboración con artistas, tal vez administrando museos o galerías o llevando las artes a la educación. O tal vez expresen este aspecto de sí mismos en la forma en que se visten o se presentan, o simplemente en los estilos de vida idiosincrásicos que llevan.

La sensibilidad de este tipo es aumentada y son almas emocionalmente complejas. La autenticidad es importante para el Triunfador y él o ella anhela ser apreciado por su propio ser auténtico. Este tipo no tiene capacidad ni interés en relaciones superficiales. A menudo se sienten poco apreciados o malinterpretados por los demás y, en estas circunstancias, tienden a retirarse del mundo.

La vida interior de los de Tipo Cuatro es rica y pasarán mucho tiempo inmersos en su propio mundo interior. Esta actividad es importante para ellos y les ayudará a procesar sus sentimientos internos. A veces, pueden expresar su vida interior de manera artística. Pero es importante que no se retiren completamente de la vida real.

Los de tipo cuatro pueden ser perseguidos por la noción de que algo fundamental falta en sus vidas y esto les deja con un sentido de anhelo, que puede transformarse en melancolía. En tiempos de gran estrés, esto puede convertirse en una depresión total. La auto absorción a un nivel poco saludable es una trampa en la que pueden caer.

Es importante que el Individualista/Romántico se esfuerce por ser su propio salvador en lugar de buscar a otros para que los rescaten. Deben aprender a valerse por sí mismos. ¡Sé tu propio rescate, número Cuatro!

Ejemplos de luminarias a lo largo de la historia que han sido de Tipo Cuatro incluyen: Rumi, Tchaikovsky, Anne Frank, Frida Kahlo, Rudolf Nureyov, Joni Mitchell, Leonard Cohen, Jackie Kennedy Onassis, Chopin, Gustav Mahler, Edgar Allen Poe, Virginia Wolfe, Anais Nin, Anne Rice, Martha Graham, Hank Williams, J.D. Salinger, Tennessee Williams, Billie Holiday, Cher, Alanis Morrisetter, Florence Welch, de Florence and The Machine, Stevie Nicks, Judy Garland, Cat Stevens, Annie Lennox, Amy WInehouse, Johnny Depp, Nicholas Cage, Angelina Jolie, Marlon Brando, Jeremy Irons, Prince, Kate Winslet y Winona Ryder.

Los niveles individualistas

Saludable

Creatividad

En su mejor momento, el Individualista sano es un ser profundamente creativo. Esta corriente creativa fluye con fuerza y libertad, ya que expresa sus propios sentimientos personales y al mismo tiempo inspira a otros a conectarse con su propia creatividad e incluso a llevarla a nuevos niveles. Los de Tipo Cuatro sanos entienden que lo personal es universal. Ella puede transformar cualquier dolor que haya experimentado en oro, inspirando a otros en el proceso. Este flujo constante de creatividad permitirá al individualista autorrenovarse y autogenerarse.

Autoconciencia

La tendencia innata de los Cuatro a la autorreflexión lleva a una comprensión profunda de sí mismos que también pueden utilizar para el servicio de los demás, ayudándoles a comprender también sus sentimientos y motivaciones. Son intuitivos, en contacto con sus impulsos internos y sensibles al extremo, pero de manera positiva. Ayudan y tratan con otras personas de una manera compasiva, con tacto y gentil.

Individualismo

¡La pista está en el nombre! Aquí, el fuerte sentido de individualismo de los Cuatro se expresa de una manera saludable. Los Cuatro en esta etapa de su desarrollo se conocen a sí mismos extremadamente bien y siempre son fieles a sí mismos. El Tipo Cuatro en este nivel es emocionalmente honesto hasta la falta y no tiene problemas para revelar su verdadero yo, debido al conocimiento de que toda la gama de emociones es común a todos. Entienden que el coraje para mostrar y expresar vulnerabilidad es en realidad una fortaleza. Profundamente humanas, estas personas pueden ser sorprendentemente divertidas y poseen una visión muy irónica de la vida. Los que los rodean confían en su fuerza emocional.

Neutral

Romanticismo

Los de Tipo Cuatro en este nivel de madurez se esfuerzan por crear una vida estéticamente bella para sí mismo. Esto se debe a que un ambiente magnífico los eleva y eleva su estado de ánimo. Esto podría manifestarse en una hermosa casa con obras de arte originales adornando las paredes. Aunque los Cuatro no son completamente inmunes a la conciencia de la imagen, él o ella está más preocupado por elegir un arte visual que le hable a su alma. El individualista o el romántico en este nivel tiene una rica vida de fantasía y da un gran valor a la pasión y a la imaginación.

Auto absorción

En un nivel algo más bajo, la tendencia de los de Tipo Cuatro es desaparecer demasiado profundamente en sus propias cabezas. Ellos internalizarán todo, volviéndose malsanamente introvertidos y demasiado temperamentales. Aquí, el Individualista será tímido y tímido y se retirará en lugar de tratar con sus problemas y enfrentarse valientemente al mundo. Son hipersensibles y harán todo lo posible por proteger su imagen de sí mismos -esencialmente manteniéndose alejados de otras personas, a las que temen que puedan dañarla con demasiada facilidad.

Autocompasión

Esta tendencia a profundizar en su interior puede descender a los Cuatro viviendo en una especie de mundo de fantasía en el que desarrollan un sentimiento de desdén por sí mismos y por los demás. Pueden usar esto como una excusa para ser indulgentes con sus emociones y hábitos y, en consecuencia, llevar una vida decadente y demasiado sensual. Una inclinación saludable hacia el soñar despierto se sale de control y se vuelven cada vez más improductivos y poco prácticos. Los de Tipo Cuatro pueden tener envidia de otros en este nivel de madurez y esto los hace aún más melancólicos.

Insalubre

Alineación

Los de Tipo Cuatro experimentan alienación de sí mismos y de los demás. Tal vez se han sentido decepcionados por sueños que no se han hecho realidad o por personas que los han defraudado. Ellos estarán muy enojados consigo mismos y esta ira puede volverse hacia adentro y convertirse en depresión. Se sienten bloqueados, tanto emocional como creativamente, y esto puede convertirse en una sensación de parálisis. El sentimiento de vergüenza puede ser profundo y todas estas emociones negativas pueden dejar a los Cuatro tan agotados que apenas pueden funcionar.

Autodesprecio

Los de Tipo Cuatro, profundamente malsanos, se tratan a sí mismos con desprecio y creen absolutamente que así es como otras personas los ven también. Están atormentados por pensamientos desesperados sobre sus fallas que lamentablemente conducen a sentimientos de odio a sí mismos. La propensión para culpar a otras personas por todo este dolor hace que los Cuatro rechacen a cualquiera que intente ayudarlos.

Desesperación

Un sentido de desesperanza abunda y conduce a pensamientos y comportamientos autodestructivos como el abuso de alcohol y drogas. Escapar del dolor profundo es el objetivo aquí. En el peor de los casos, la difícil situación de los Cuatro insalubres es el colapso psicológico o incluso el suicidio.

Las alas individualistas

Tipo Cuatro con Tres Alas (4W3)

Piensa en la creatividad, la curiosidad y una inteligencia viva. Esta variante de la personalidad del Tipo Tres tiene una multitud de ideas y sabe cómo usarlas. La rica vida de fantasía de los de Tipo Cuatro está casada con el empuje y la capacidad de acción de los Tres, lo que da como resultado que los sueños se conviertan en realidad y que los negocios creativos prosperen.

La practicidad de los Tres equilibra la propensión de los Cuatro al drama y a la melancolía. La atención se centra sobre todo en la carrera profesional y en objetivos ambiciosos. El ala de los de Tipo Tres puede dar a los de Tipo Cuatro más confianza y extroversión. ¡Puede atraer a los Cuatro normalmente introvertidos a más entornos sociales y en realidad podrían disfrutar de actividades grupales! Los de Tipo Tres también prestan energía que saca a los de Tipo Cuatro de sus cabezas y los lleva al mundo.

La otra cara de la moneda, cuando los aspectos negativos de los Cuatro se combinan con los aspectos negativos de los Tres, es una historia diferente. Entonces esta variante luchará contra la vergüenza. Se obsesionarán con la imagen que proyectan y sus relaciones se llenarán de todo tipo de drama. Pueden buscar un sentido de autenticidad fuera de sí mismos, donde nunca está. Intentarán todo tipo de tácticas para buscar la aprobación, enfureciéndose y siendo competitivos en el proceso. Incluso pueden tener dificultades financieras, ya que gastan demasiado en un esfuerzo por impresionar.

Tipo cuatro con cinco alas (4W5)

La saludable tensión de esta fusión resulta en una maravillosa mezcla del corazón y la mente. La inclinación de los de Tipo Cuatro a profundizar en los sentimientos se ve atenuada por la imparcialidad de los de Tipo Cinco. Esto puede permitir que el Individualista vea su vida de una manera más objetiva - es más probable que los hechos se pongan en juego. Además, la profundidad del sentimiento de los Cuatro combinada con la energía cerebral de los Cinco crea a alguien que es a la vez sabio y empático.

La capacidad intelectual de los Cinco complementa maravillosamente la visión profunda del Individualista. Los de Tipo Cuatro y Cinco son un grupo profundo, sensible y perspicaz, a menudo de formas innovadoras. A menudo son callados e introvertidos por fuera, pero hay mucha actividad dentro de ellos, tanto intelectual como emocionalmente.

Cuando la mezcla no va tan bien, los de Tipo Cuatro con cinco alas pueden verse abrumados por pensamientos y emociones fuera de control. Su vida interior se vuelve tan intensa que es casi insoportable para ellos. Cuando se le tortura lo suficiente, el 4W5 se retirará del mundo, incluso de aquellos que están cerca de él, sintiéndose dolorosamente solo. Sus relaciones podrían sufrir y también sus carreras. Su mundo interior se convierte en su realidad y rechazarán todas las ofertas de ayuda, porque les resulta difícil confiar. Sienten que el peso del mundo está sobre sus hombros y pueden encontrar un desafío incluso para cuidar de sus propias necesidades básicas.

Consejos para el individualista

1. El orden y la disciplina no son sus enemigos naturales, especialmente cuando son autoimpuestos. Como un Tipo Cuatro, usted necesita una dosis saludable de disciplina para llevar sus ideas

inspiradas al mundo, por ejemplo, como productos artísticos o negocios centrados en el corazón. Soñar despierto solo te llevará hasta cierto punto. ¡El mundo necesita soñadores que hagan realidad sus sueños!

2. Protéjase contra su tendencia a la autocomplacencia, por ejemplo, cuando se trata de comida, alcohol o drogas. Puede ayudarse esforzándose por mantener el equilibrio en su vida, fomentando hábitos saludables como el sueño regular, el ejercicio y una buena nutrición.

3. No sea esclavo de sus patrones de pensamiento negativos. Es muy fácil para los de Tipo Cuatro estresados ser víctimas de los demonios en sus propias cabezas. Encuentre maneras de distraerse cuando se encuentre en un camino negativo - un programa de comedia favorito, música edificante o un paseo por la belleza de la naturaleza son solo algunos ejemplos. No te dejes llevar por este camino. Es el equivalente de una paliza.

4. No eres tus sentimientos. Los sentimientos son del momento. No son fijos y no definen tu carácter - no son lo que eres. No hay necesidad de dejar que te desvíen, ya que pueden ser muy engañosos.

5. No espere hasta que esté listo para intentar algo o hacer algo. Puede que nunca te sientas preparado - ¡un Tipo Cuatro rara vez lo estará! El truco es hacerlo asustado. Para arar a pesar de todo, incluso si todas las piezas no parecen estar en su sitio. Hay un poder real en hacer un comienzo y usted se sorprenderá de cómo las cosas se juntan a medida que avanza. ¡Solo hazlo!

Capítulo Seis - El Investigador (Tipo 5)

También conocido como el Observador o el Sabio

Quince signos de que eres un investigador

1. Usted tiene una necesidad insaciable de averiguar por qué las cosas son como son - científicamente y de otra manera.

2. Tiene un fuerte impulso de cuestionar el *statu quo*.

3. Siente que un día en el que no has aprendido nada nuevo es un día perdido.

4. Si un tema o actividad capta su interés, concentre su atención en él con atención, hasta que lo haya dominado por completo.

5. ¡Usted podría haber sido descrito por otros - ya sea a la cara o de otra manera! - cómo excéntrico.

6. Odia que lo presionen para que tome decisiones rápidas.

7. Usted está inclinado a mantener la tensión en su intestino.

Eneagrama

8. A veces puedes sentir que estás "atascado" en tu cabeza y que se necesita un gran esfuerzo para volver a entrar en tu cuerpo.

9. No le gustan las charlas triviales. Lo encuentra incómodo y, francamente, una completa pérdida de tiempo.

10. Su privacidad es de suma importancia para usted y es muy común que experimente a otras personas como intrusivas.

11. Es posible que sienta la necesidad de adquirir conocimientos y experiencia en un intento por superar sentimientos profundamente arraigados de insuficiencia y duda de sí mismo.

12. Es muy probable que usted sea un experto en su campo y ese campo puede ser académico o altamente técnico.

13. Usted tiene una propensión a replegarse en la seguridad de su mente cuando la vida parece demasiado amenazante o exigente.

14. Lo más probable es que usted sea un hombre culto, por no mencionar que es considerado e inteligente.

15. Le toma un tiempo sentirse cómodo con otra persona, pero una vez que has alcanzado ese nivel de comodidad, eres un compañero devoto y es probable que esa amistad dure toda la vida.

¿Crees que podrías ser un Tipo Cinco?

La descripción general del inspector

El investigador pasa mucho tiempo en su propia cabeza. Esta es una similitud que tienen con los Cuatro, pero mientras que la zona de comodidad de los Cuatro está en el reino de la imaginación y las emociones, los Cinco existen cómodamente en el intelecto. El Inspector tiene la costumbre de retirarse al mundo del pensamiento cuando la vida es demasiado. Este es su lugar seguro, donde pueden prepararse para enfrentar el mundo exterior una vez más porque les gusta estar preparados y odian absolutamente que los pongan en el lugar. Temen, de hecho, que no tienen lo que se necesita para enfrentar plenamente la vida

El investigador, como su nombre indica, a veces tiene una orientación científica, pero también puede aspirar a la excelencia en el área de las humanidades.

El tipo Cinco puede parecer excéntrico. Esto podría tener algo que ver con su negativa a doblar sus creencias para conformarse a la opinión dominante. La libertad de pensamiento es de suma importancia para el Observador, pero pueden ser tímidos y luchar cuando se trata de tratar y expresar sus emociones. Por esta razón, las relaciones pueden ser difíciles para el tipo Cinco. Esto les hará sentirse solos a veces. Su naturaleza independiente también puede aumentar el desafío de las relaciones, tanto en el sentido romántico, como también cuando se trata de aceptar la ayuda de personas bien intencionadas.

El investigador puede ser un alma muy sensible. Esto hace que se sientan vulnerables, por lo que suelen adoptar mecanismos de supervivencia para protegerse. Esto puede hacer que parezcan intelectualmente arrogantes o descuidadamente indiferentes. ¡Esto tampoco ayuda en las relaciones! Pero si aprende a penetrar estas barreras, tiene un amigo para toda la vida.

Debido a su necesidad de privacidad y miedo a la intrusión, los Cincos suelen disfrazar sus fuertes sentimientos. Este disfraz puede ser extremadamente efectivo. Para algunos de Tipo, uno de sus mayores temores es sentirse abrumado, por lo que intentan mantener sus vidas lo más simple posible, haciendo pocas demandas a los demás con la esperanza de que tendrán pocas demandas a cambio.

Cincos históricos o famosos incluyen: Albert Einstein, Stephen Hawking, Vincent Van Gogh, Georgia O'Keefe, Emily Dickinson, Bill Gates, Eckhart Tolle, Alfred Hitchcock, The Buddha, Oliver Sacks, Edvard Munch, Friedrich Nietzsche, James Joyce, Jean-Paul Sartre, Stephen King, Salvador Dalí, Agatha Christie, Mark Zuckerberg, Kurt Kobain, Peter Gabriel, Marlene Dietrich, Jodie Foster, Gary Larson, David Lynch, Tim Burton, Stanely Kubrick, Annie Liebovitz y Susan Sontag.

Los niveles de los investigadores

Saludable

Visionario

Los de Tipo Cinco sanos son de mente abierta hasta la médula. Él o ella puede ver el cuadro completo al mismo tiempo que aprecia y comprende las minucias. Su visión del mundo es visionaria, viendo todo lo que se puede mejorar para las generaciones futuras y teniendo alguna idea de cómo hacer que estas mejoras sucedan. Son los pioneros del mundo; son los científicos que hacen descubrimientos innovadores y los intelectuales que cambian la forma en que percibimos las fuerzas que nos rodean.

Observador

Los Cinco sanos no se pierden nada. Su estado de alerta mental es extraordinariamente agudo y su capacidad para concentrarse y concentrarse es insuperable. Son perceptivos y perspicaces con una curiosidad ilimitada. Su intelecto siempre está buscando algo nuevo en lo que hundir sus dientes.

Experto

A menudo encontrarás a uno de Tipo cinco en el cenit de su archivo elegido, ya que tienen una capacidad aparentemente ilimitada para alcanzar el dominio de lo que sea que les interese. Encuentran el conocimiento muy emocionante y su pasión a menudo les hace innovar e inventar. Su trabajo es a menudo muy original y de gran valor para el mundo. El investigador a este nivel saludable es frecuentemente independiente y posee algunas idiosincrasias maravillosas.

Neutral

Conceptualización

Por lo general, los Cinco resolverán todo en sus mentes antes de actuar en base a una idea. Esto les permite afinar todo desde el principio. Les encanta estar preparados y tienen todos los recursos necesarios al alcance de la mano. Son estudiosos y trabajadores y a menudo se convierten en especialistas dentro de sus campos, sin tener miedo de desafiar la forma aceptada de hacer las cosas.

Separado

El investigador, o el observador, puede a veces involucrarse tanto en su mundo intelectual o en el complejo proyecto en el que están trabajando, que se alejan bastante de la realidad. Pierden el contacto con el mundo real, a menudo de una manera bastante desencarnada y se preocupan tanto por sus visiones que asuntos como las relaciones se quedan en el camino. En este punto, los Cinco muestran una especie de alta intensidad de encordado e incluso pueden desarrollar una fascinación con temas poco convencionales o perturbadores.

Antagonista

Cuidado con tratar de interferir con el mundo interior de los Cinco no tan maduros. ¡No te lo agradecerán! Defenderán su visión personal a toda costa, volviéndose agresivos y groseros con aquellos que se oponen a sus puntos de vista, a menudo radicales.

Insalubre

Tímido

La timidez de un Cinco insano puede ir a toda marcha. No solo se aíslan de otros humanos, sino también de la realidad. Su excentricidad ya no es agradable y su personalidad se vuelve cada vez más inestable. Evitan la compañía y tienden a vivir una existencia ermitaña.

Obsesivo

Esta es la obsesión en su forma más malsana. Sus ideas se vuelven amenazantes, incluso para ellos mismos. El investigador en este estado está delirando y sufre de fobias.

Trastornado

En el nivel más bajo posible, estamos en el área de los trastornos esquizotípicos de la personalidad. Es un estado peligrosamente autodestructivo y el resultado final puede ser la psicosis o el suicidio.

Las alas del investigador

Tipo Cinco con cuatro alas (5W4)

La influencia de las cuatro alas en la personalidad del Tipo Cinco puede hacer que se sientan más cómodos a la hora de expresar sus emociones. Todavía son curiosos, reservados y quizás un poco más creativos.

No es de extrañar que a los de Tipo Cinco con un cuatro alas les guste estar solos, ya que ambos tipos en su pureza disfrutan de un tiempo a solas.

Las fortalezas del 5W4 incluyen una capacidad de atención profunda y la capacidad de observar y comprender los detalles más pequeños. Piensan y se expresan de forma creativa y trabajan bien de forma independiente. Pero como todo el mundo, el Tipo Cinco con ala Cuatro no es perfecto. Él o ella puede ser hipersensible y también luchar, a veces, para pensar de una manera práctica y realista. Pueden ser demasiado egocéntricos y son propensos a distanciarse de otras personas.

Si usted necesita comunicarse con un Investigador con cinco alas, deberá ser lo más claro posible y darles el tiempo adecuado para que lo procesen antes de presionarlos para obtener una respuesta. Si está trabajando con ellos, se le aconsejaría que redujera al mínimo las reuniones, que fuera conciso en sus explicaciones y sensible al dar retroalimentación.

Esta variante del Observador se energiza adquiriendo conocimientos, nuevas habilidades y siendo apreciado. Se sentirán agotados si tienen que pasar demasiado tiempo con otras personas o se ven obligados a vivir situaciones que los abruman. ¡Y ciertamente no aprecian las duras críticas!

Tipo Cinco con seis alas (5W6)

Cuando las seis alas es dominante en el Tipo Cinco, el Investigador se vuelve más cooperativo. Tal persona también estará más inclinada a utilizar sus impresionantes conocimientos para resolver problemas que para intelectualizarlos. Esta modificación de los Cinco se inclina a ser lógica, independiente y práctica. Desean ser útiles y poner en práctica sus conocimientos. Quieren hacer del mundo un lugar mejor y sentirse más dignos en el proceso.

Sus rasgos más positivos incluyen cualidades como la concentración y la buena organización, por no mencionar la pasión por aprender y mejorar. A menudo tienen una gran capacidad para resolver problemas complejos y son del tipo que uno quiere tener alrededor en una crisis, ya que son expertos en mantener la calma.

Sin embargo, el Tipo Cinco con seis alas tiene varios puntos ciegos. Pueden tener dificultades para relacionarse con otros y pueden ser demasiado defensivos en su deseo de proteger su privacidad. Pueden parecer fríos y distantes y necesitan ser inspirados para tomar cualquier acción.

A este investigador alternativo le encanta resolver problemas, especialmente cuando los hace sentir como si estuvieran haciendo una valiosa contribución a la sociedad. Su búsqueda de conocimiento es entusiasta, especialmente cuando se trata de áreas en las que están personalmente interesados. Se agotan al pasar demasiado tiempo con otros y se energizan al pasar tiempo a solas. Siempre esté consciente de su propensión a dudar de sí mismo en sus relaciones con ellos.

Consejos para el investigador

1. Quédate en tu cuerpo. Su intelecto es una herramienta maravillosa, pero también es necesario estar conectado con otras personas y con el mundo real. Una excelente manera de hacerlo es mantenerse en contacto con su cuerpo y sus sensaciones físicas a través del ejercicio.

2. La confianza es un problema para los Cinco y debido a esto, pueden encontrar muy difícil abrirse a otras personas. Cuando experimentan conflicto en una relación, su tendencia natural es retirarse y aislarse. Esto, por supuesto, no es un comportamiento particularmente saludable. El investigador haría bien en recordar que los conflictos son una parte normal de toda relación y que el curso de acción apropiado es resolver las cosas.

3. Es difícil para el Tipo Cinco del Eneagrama relajarse. Esto se debe a su intensidad innata. Por lo tanto, es importante que los Cinco busquen formas de reducir la tensión que sean adecuadas y apropiadas. Se recomienda meditación, yoga y correr.

4. ¡Los Cinco pueden perder su sentido de la perspectiva y fácilmente sentirse abrumado ya que hay muchos factores a considerar! Para ayudarle a hacer una evaluación precisa en estas circunstancias, busque el consejo de alguien en quien confíe (¡después de trabajar primero en sus problemas de confianza!).

5. Sea selectivo en los proyectos en los que decida participar. Asegúrate de que son afirmativos y que te llevan en la dirección en la que quieres ir. Asegúrese de no distraerse de manera indigna y de no perder su precioso tiempo.

Capítulo Siete - El Leal (Tipo 6)

También conocido como el escéptico leal o el tradicionalista

Quince señales de que eres Leal

1. Se aferra a amistades y situaciones tóxicas por más tiempo del que debería.

2. Es percibido, y con toda razón, como un buen solucionador de problemas. Esto se debe a que usted es excelente para anticiparse a los problemas y encontrar las soluciones adecuadas.

3. Puede mantener mucha tensión en el área alrededor de su diafragma.

4. Te preocupas mucho. Seamos realistas, ¡hay tantas cosas que pueden salir mal!

5. Es leal a las ideas y a los sistemas de creencias, así como a sus amigos y familiares.

6. Puede tener problemas para conectarse con su propio sistema de guía interna. Esto puede hacer que usted no confíe en su propio juicio.

7. Una sensación de seguridad es de suma importancia para usted y

encontrar y aferrarse a esta seguridad es una fuerza impulsora.

8. Tiende a pedir consejo a muchas personas diferentes antes de tomar una decisión. Sin embargo, a medida que usted madura, la cantidad de personas en cuya opinión usted confía puede disminuir.

9. Es contradictorio en su naturaleza y tu personalidad contiene muchos opuestos. Esto se debe a que usted tiende a ir y venir entre varias influencias diferentes. Parafraseando a Walt Whitman: ¡eres grande, tienes multitudes!

10. Las personas que te rodean saben que eres de confianza y que pueden confiar en ti. Siempre estás ahí para ellos.

11. Aprecia el orden. Es importante que usted tenga una estructura firme, que haya verificado todos sus hechos y que tenga un plan de respaldo.

12. La paz mental puede ser difícil de alcanzar para usted.

13. Puede sospechar de otras personas y autoridades. Usted espera hasta que la persona u organización haya demostrado su valía antes de confiar en ellos.

14. Puede tener una tendencia a actuar desafiante contra lo que sea que encuentre amenazante. En este caso, usted puede convertirse en un rebelde y desafiar a la autoridad.

15. Es responsable, trabajador y digno de confianza. Aquellos que tienen la suerte de tener su amistad saben que siempre estarán a su lado.

¿Dijiste "ese podría ser yo" más de un par de veces? Si es así, siga leyendo. ¡Podrías ser una persona Leal!

Descripción general de una persona Leal

Como un Tipo Seis, usted anhela seguridad por encima de todo lo demás. Esto se debe a que luchas con un sentido profundamente arraigado de ansiedad que está en el centro de tu ser, seas consciente de ello o no.

El Tipo Seis en El Eneagrama tiende a preocupar mucho. No tienen ningún problema en imaginar todo tipo de escenarios, extravagantes o no, en los que todo sale mal. Temen que no hay nada lo suficientemente estable como para aferrarse a él, por lo que intentan crear esa estabilidad para sí mismos, a menudo en las relaciones personales.

Su propensión para imaginar cada uno de los posibles resultados desastrosos hace del Tipo Seis un excelente solucionador de problemas y, por lo tanto, muy útil para que otros lo tengan a mano. Pero esto no es un gran consuelo para el Lealista, que lucha por encontrar paz mental con este enfoque constante en los problemas potenciales.

Eneagrama

Esto también puede tener el efecto de hacer que los Seis carezcan de espontaneidad. Porque ¿cómo pueden llevar a cabo una acción sin una planificación meticulosa? Si no lo hacen, ¿no colapsará todo como un castillo de naipes?

Es mucha ansiedad vivir con ella. También hace que los Seis sean más sospechosos que la persona promedio. Realmente tiene que demostrar su valentía para ganar la confianza de los Leales. Pero una vez que lo logra, tiene un amigo firme de por vida. La lealtad es un rasgo fantástico, pero los Seis harían bien en asegurarse de que no se mantendrán leales a alguien o algo mucho después de que sea hora de dejar de lado.

Los Seis a menudo tienen una relación complicada con la autoridad. Por un lado, su deseo de tener a alguien o algo en lo que creer puede hacer que cedan su control a una fuerza externa. Por otro lado, también tienen la propensión a desconfiar y sospechar de la autoridad. ¡Qué confuso! A veces un individuo de Seis se inclina más en una dirección que en la otra. A veces, pueden ir y venir entre estas dos actitudes diferentes.

El Lealista también tiene dos estrategias diferentes cuando se trata de lidiar con el miedo. Una estrategia es fóbica, lo que hará que cumplan y cooperen. El otro es contra fóbico, lo que significa que los Seis tomarán una posición desafiante contra cualquier cosa que encuentren amenazadora. La rebeldía y la agresión pueden ser el sello distintivo aquí.

Hay innumerables Leales notables. He aquí algunos de ellos: Sigmund Freud, Robert F. Kennedy, Malcolm X, Diana, Princesa de Gales, Bono de U2, Julia Roberts, Ellen Degeneres, Spike Lee, Krishnamurti, Edgar Hoover, George H.W. Bush, J.R.R. Tolkein, Melissa Etheridge, Bruce Springsteen, Mike Tyson, Woody Allen, Sally Field, David Letterman, Newt Gingrich, Jay Leno, Katie Holmes, Benn Affleck, Tom Hanks, Mel Gibson, Diane Keaton, Mark Wahlberg, Dustin

Hoffman, Oliver Stone, Michael Moore, John Grisham, Prince Harry, Robert F. Kennedy, Mark Twain y Richard Nixon.

Los niveles de lealtad

Saludable

Confianza

Esta confianza es para uno mismo, pero también se extiende a los demás. Los Seis sanos tienen el equilibrio correcto, manteniendo su independencia y al mismo tiempo logrando una interdependencia cooperativa con los demás. Son capaces de colaborar con otros y trabajar juntos en armonía. Cuando los de Tipo Seis aprenden a creer en sí mismas, pueden actuar con coraje y positividad, convirtiéndola en una líder fabulosa. Ella también será ricamente auto expresiva.

Apelando por los demás

Cuando el Seis está completamente maduro y se recupera, puede ser un tipo muy entrañable y adorable. La gente reacciona fuertemente a ellos de una manera muy positiva y les tiene un afecto genuino, que es probable que reciban de vuelta en especie. Una vez que resuelven sus problemas de confianza, el de Tipo Seis saludable se mezcla con éxito con otros, lo que lleva a fructíferas amistades y alianzas.

Dedicación

Cuando el lealista sano encuentra un movimiento o un individuo en el que cree plenamente, no hay nadie más dedicado. Construirán comunidades, se sacrificarán por otros o por una causa mayor, y llevarán cooperación, seguridad y estabilidad dondequiera que vayan. Son decididos, confiables, dignos de confianza y responsables.

Neutral

Seguridad

En este nivel neutral, ocurre una especie de contracción y el Lealista tiene más bien una tendencia a jugar a lo seguro. Esto no siempre es algo terrible. En este punto de su desarrollo, los Seis invierten su energía en lo que parece probable que permanezca estable y seguro. Organizan y crean una estructura y miran a las autoridades que pueden prometer un sentido de continuidad. Nunca dejan de anticipar lo que puede salir mal e intentan establecer sistemas para evitar que ocurran tales problemas.

Indeciso

Si el Seis en modo neutro se siente confundido o si se le están haciendo demasiadas demandas, emitirá muchas señales contradictorias. Dejarán las cosas para más tarde y se volverán demasiado cautelosos, indecisos y evasivos. Serán cada vez más negativos a medida que sus niveles de ansiedad aumenten y los resultados sean impredecibles. Incluso pueden reaccionar de manera pasivo-agresiva.

Reactivo

El miedo se apodera de los Seis, aunque puede que no sean conscientes de ello. En cambio, culpan a otras personas por sus sentimientos incómodos, desquitándose con el "forastero", por ejemplo. Estarán a la defensiva a este nivel y serán muy sensibles a las amenazas, vigilando constantemente a los demás para averiguar si son amigos o enemigos. Pueden ser autoritarios y desconfiar de todo el mundo y sus maneras pueden llegar a ser beligerantes.

Insalubre

Pánico

El miedo toma el control en esta etapa poco saludable. Este sentimiento de inseguridad hace que los Seis entren en pánico y se vuelvan extremadamente volátiles. Buscan figuras de autoridad e instituciones cada vez más fuertes para alimentar sus propios sentimientos agudos de inferioridad e indefensión. Serán extremadamente críticos y difíciles de rodear.

Perseguido

Este sentimiento omnipresente de que otros están tratando de atraparlos puede hacer que los de Tipo Seis no saludables ataquen irracionalmente, lo que, en el peor de los casos, puede conducir a la violencia.

Histérico

Esto es lo más bajo que un Seis puede llegar. Es un nivel autodestructivo en el que se puede abusar del alcohol y las drogas. Es el reino de los Trastornos Paranoicos de la Personalidad e incluso podrían intentar quitarse la vida.

Las alas leales

Tipo Seis con cinco alas (6W5)

En su mayor parte, los de Tipo Seis con cinco alas son de tipo tradicional, conservadores en sus puntos de vista y deseosos de encajar en un grupo de confianza. La seguridad es lo más importante aquí. Aunque el deseo de los Seis de sentirse seguros está coloreado por la necesidad de los Cinco de analizar las cosas hasta sus componentes.

Cuando está bien equilibrado, el 6W5 es capaz de dejar ir la ansiedad. Esto los hace de buen humor, relajados y entrañables. Finalmente sienten que pueden confiar en la vida y, a su vez, esta es una persona en la que se puede confiar y en la que se puede confiar al cien por cien.

Es encantador tener el balanceado Tipo Seis con un ala Cinco como miembro de la familia. Poseedores de una confianza tranquila, serán un compañero maravilloso y una fuente de sabiduría. Podrá desarrollar un vínculo profundo con este tipo y las cinco alas agregará una percepción a su amistad duradera.

Pero a veces puede producirse un desequilibrio y la ansiedad puede volver a levantar su fea cabeza. Buscan una razón para este aumento de la tensión y si no es fácil de conseguir, ¡encontrarán a alguien a quien culpar!

Si los niveles de estrés aumentan, el mundo se convierte en un lugar cada vez más amenazador para el 6W5 y la paranoia puede empezar a aparecer. Pueden sentir que todos están dispuestos a conseguirlos y en este lugar de tensión desesperadamente incómodo, podrían buscar a alguien a quien acudir para su rescate.

Los de Tipo Seis quieren ser agradables y atractivas para los demás, pero Cinco no sabe realmente cómo lograrlo. Su atuendo tiende a no ser demasiado llamativo o llamativo.

Puede ser conveniente para los Leales con un ala de los Cinco encontrar un empleo que combine ser parte de un grupo con estar solo. Un guardabosques o un conductor de autobús podría ser un ejemplo de esto. Algunos se involucran en actividades de protección de riesgo, como la lucha contra incendios, y otros pueden buscar maneras de abogar por las personas menos privilegiadas.

El Tipo Seis con Siete alas (6W7)

El Tipo Seis con siete alas es mucho menos sometido que el Tipo Seis con cinco alas. Sus reacciones son más impulsivas y coloridas y es menos probable que analicen una situación, en vez de saltar con ambos pies. Sin embargo, la cautela de los Seis suele hacer retroceder la extravagancia de los Siete antes de que se salga de control.

Aquí hay un vaivén entre extravagancia y precaución que puede causar cierta volatilidad emocional.

En el mejor de los casos, el Lealista con siete alas es constante, tranquilo y deliberado. Cuando están en equilibrio, tanto la ansiedad de los Seis como la impulsividad de los Siete tienden a disminuir. Todavía les encanta divertirse con sus amigos, pero el deseo desesperado de seguridad se transforma en una fuerza interior. Son buenos padres o hermanos.

El 6W7 frecuentemente desarrolla un lado espiritual fuerte, experimentando un profundo sentido de pertenencia con el universo. Su fe es una gran fuente de consuelo para ellos.

Por supuesto, las cosas se pueden salir de control. Si el Tipo Seis con un ala de Siete se sale de control, la ansiedad y la inseguridad vuelven a salir a la luz. Aquí, saltarán de un estado emocional extremo al otro, buscando desesperadamente a alguien que les ayude y sintiendo una creciente desesperación.

En un estado más estresante, el 6W7 puede parecer pegajoso y desesperado, lo que ahuyenta a otras personas. Se meten en todo tipo de problemas a medida que se sienten cada vez más dependientes y tensos.

Esta variante de los Seis es a menudo físicamente atractiva y atractiva para el sexo opuesto. En cuanto al mundo del trabajo, pueden recurrir a profesiones divertidas que también tienen un elemento de seguridad inherente, como los dibujantes de dibujos animados o los críticos de cine.

Consejos para la persona Leal

1. La confianza es un problema para usted. Si eres honesto contigo mismo, lo más probable es que puedas identificar a algunas personas en tu vida en las que puedas confiar completamente. Aprecia a esta gente y mantenlos queridos. Hágales saber cuánto los aprecia, aunque esto podría hacer que se sienta vulnerable. Si usted genuinamente no tiene a nadie en su vida en quien usted sienta que puede confiar, haga un punto para encontrar a alguien, creyendo que hay personas dignas de confianza por ahí. Puede que tengas que dejar atrás tus miedos para hacerlo, pero el resultado final valdrá la pena.

2. El Tipo Seis a veces puede usar la proyección como un mecanismo de defensa, en otras palabras, atribuyendo a otros lo que no se puede aceptar en uno mismo. Esto no parece justo, ¿verdad? Ten cuidado con tu tendencia a recurrir a este comportamiento. No culpes a los demás por las cosas que usted mismo ha hecho o provocado de alguna manera. Se convierte en su peor enemigo cuando se vuelves negativo y dudoso consigo mismo, causándose más daño que a los demás.

3. Haga todo lo que pueda para calmar su ansiedad. Un paso clave podría ser aceptar que esto es parte de su naturaleza y también reconocer que hay más personas que sufren de ansiedad de lo que usted probablemente cree. Trate de relajarse. ¡Todo va a salir bien!

4. A otras personas les gustas más de lo que crees. ¡Eso es otra cosa por la que dejar de preocuparse!

5. Trate de no reaccionar de manera exagerada cuando esté bajo estrés. Esto implica manejar sus propios pensamientos de manera más efectiva y reconocer que la mayor parte de lo que le ha hecho perder el tiempo preocupándose nunca ha surgido. Los pensamientos temerosos no tienen otro propósito que debilitar su capacidad de actuar y mejorar las cosas.

Capítulo Ocho - El Entusiasta (Tipo 7)

También conocido como el Epicuro

Quince signos de que eres un entusiasta

1. ¡Usted es muy curioso y siempre está buscando nuevas experiencias para evitar que el aburrimiento se arrastre!

2. Es demasiado optimista y entusiasta, algo que otras personas a menudo encuentran "contagioso" y que les encanta estar cerca.

3. No almacena tanta tensión en su cuerpo como otros tipos y tiende a ser suelto y flexible. El desafío para ti es permanecer en tierra.

4. No está realmente preocupado por la imagen que proyecta y está más interesado en divertirse y hacer lo suyo.

5. Otras personas lo acusan de estar inquieto y pueden comentar que tiene problemas para adaptarse a una cosa.

6. Ve la vida como una aventura emocionante, con algo mejor siempre a la vuelta de la esquina.

7. Probablemente es extrovertido y un gran conocedor de las redes.

8. No niega nada - usted quiere experimentar todos los placeres que la vida tiene para ofrecer.

9. Busca distraerse de la negatividad interna en el mundo externo, por ejemplo, manteniéndose realmente ocupado y asegurándose de estar estimulado en todo momento.

10. Tiene una autoestima por encima de la media o alta, creyendo en sus puntos fuertes y en sus talentos.

11. Es versátil y a menudo puede tener múltiples talentos. Altamente práctico, puede participar en muchos proyectos a la vez.

12. Lo más probable es que sea inteligente con una mente ágil, pero no necesariamente estudioso o intelectual.

13. Puede tener una brillante coordinación mente-cuerpo y destreza manual.

14. Es naturalmente de buen humor y alegre, y normalmente no se toma demasiado en serio.

15. ¡Tiene un deseo general de vivir la vida al máximo!

¿Se reconoció a sí mismo en los signos anteriores? ¿Estaba orgulloso? Siga leyendo y descubre si este es su Tipo.

La visión general del entusiasta

Eneagrama

Para el entusiasta, la vida está destinada a ser una gran y emocionante aventura de principio a fin. Esto hace que sea divertido estar con ellos y que la gente se sienta naturalmente atraída por su *alegría de vivir*. Siempre están mirando hacia el futuro y esperando algo mejor que está a la vuelta de la esquina.

La mayoría de los Siete son extrovertidos. Tienen toneladas de energía que les gusta gastar en todo tipo de formas, siendo multi talentosos y creativos. De hecho, son muy prácticos, con múltiples habilidades y pueden poseer un espíritu emprendedor. Si tienen un defecto en este sentido, es que a veces tienen dificultades para concentrarse. Además, tienen tantos intereses y tantas esperanzas en la "próxima gran cosa" que les puede resultar difícil decidirse por un solo proyecto y llevarlo a buen término. Sin embargo, serán expertos en promocionarse a sí mismos y a sus productos, negocios o servicios, y son personas que trabajan en red por naturaleza.

Los siete no creen en negarse a sí mismos y pueden ser buscadores compulsivos de placer. A veces usan esta actividad para distraerse de cualquier cosa negativa que pueda estar sucediendo en sus vidas. Esto puede conducir a una tendencia a la adicción: drogas, juegos de azar, etc.

El típico Entusiasta, o Epicuro, como también se le conoce, no suele carecer de confianza. Si bien esto es saludable, a veces puede girar hacia el egocentrismo o hacia una sensación inflada de derecho.

A los Siete no siempre les gusta enfrentarse a las duras realidades de la vida y a los problemas de otras personas, pero si huyen de enfrentarse a tales emociones, corren el riesgo de acumular problemas para sí mismos y sufrir ansiedad o depresión en el futuro.

Por supuesto, hubo un montón de famosos de Tipo Siete. Algunos de los que probablemente haya oído hablar son: El Dalai Lama, Mozart, John F. Kennedy, Richard Branson, Bette Midler, Goldie Hawn, Robin Williams, Galileo Galilei, Thomas Jefferson, Amelia Earhart,

Kandinsky, Noel Coward, Joe Biden, Silvio Berlusconi, Suze Orman, Elton John, Fred Astaire, Joan Rivers, George Clooney, Jim Carrey, Leonardo DiCaprio, Cameron Diaz, Simon Cowell, Larry King, Howard Stern, David Duchovny, Robert Downey Junior, Brad Pitt, Cary Grant, Stephen Spielberg, Russell Brand, Miley Cyrus, Sacha Baron Cohen y Sarah Palin.

Los Niveles del Entusiasta

Saludable

Alegre

El Entusiasta en su nivel más alto es toda gratitud y aprecio por todo lo que tiene, incluyendo todos los placeres simples de la vida. Esta capacidad de asimilar las experiencias en profundidad conduce a una especie de éxtasis que bordea lo espiritual.

Entusiasta

¡Bueno, es su nombre! Este tipo extrovertido es de buen humor, vivo y espontáneo. Responden a todo de una manera excitante y entusiasta, encontrando incluso experiencias de vida "normales" bastante estimulantes.

Multitalentoso

Sus muchos dones los hacen exitosos y productivos - capaces de lograr en muchas áreas diferentes. Debido a su entusiasmo por una amplia gama de temas, a menudo pueden verse obligados a desarrollar una variedad de habilidades.

Neutral

Inquieto

Tantas opciones, tan poco tiempo - este podría ser el mantra del entusiasta promedio. Tienen miedo de perderse, lo que les dificulta elegir entre una opción y otra. El enfoque puede ser difícil de lograr ya que constantemente buscan nuevas aventuras. Pueden ser sofisticados en esta etapa de su madurez. Les gusta la variedad, mucho dinero y mantenerse al día con la última moda.

Hiperactivo

El miedo a aburrirse mantiene a los Siete en este nivel en constante movimiento. No saben lo que necesitan para sentirse satisfechos, así que se lanzan a una actividad perpetua. Actuarán, exagerarán y se comportarán de maneras cada vez más extravagantes. Les resultará difícil seguir adelante con sus ideas.

Consumidor

Nunca sienten que tienen suficiente. Consumen en exceso, ya sean compras, comida o drogas. Nunca están satisfechos, pase lo que pase, y esto puede llevarlos a ser exigentes y endurecidos.

Insalubre

Adicto

Los Siete no saludables no saben cuándo detenerse. No pueden controlar sus impulsos y están tan desesperados por calmar su ansiedad. Pueden hundirse en niveles de depravación y su comportamiento puede volverse abusivo y ofensivo.

Fuera de control

¡De mal en peor! En un intento desesperado por escapar, estos Sietes son incapaces de lidiar con la ansiedad adecuadamente y pueden caer en acciones erráticas o impulsivas.

Autodestructivo

El nivel más bajo posible para que los Siete se hundan. Probablemente han arruinado su salud en este momento y han renunciado a sí mismos y a la vida. Lo más probable es que estén profundamente deprimidos y que intenten suicidarse. Sus síntomas aquí no serían diferentes a los del trastorno bipolar.

Las alas entusiastas

Los siete con seis alas (7W6)

El sello distintivo de un Tipo Siete con seis alas es que son entusiastas y aventureros -como cabría esperar de un siete- pero con una buena dosis de responsabilidad en la mezcla. Suena como un buen equilibrio, ¿no? Todavía les encanta buscar nuevas experiencias, pero están mucho mejor capacitados para cumplir con sus compromisos anteriores.

Aunque todo esto suena perfecto, también hay una desventaja potencial: ¡un Miedo a Perderse (FOMO)! Los Siete con un ala de Seis realmente quieren honrar sus compromisos, pero ¿qué pasa si surge una maravillosa oportunidad de último minuto? Usted puede ver cómo esta variante del número Siete probablemente se sentirá desgarrada. Desean, sobre todo, sentirse felices y realizados y la manera en que los Siete lo hacen es encontrando alegría incluso en las experiencias más pequeñas. Pero los Siete con ala Seis podrían tener una tendencia a racionalizar los sentimientos negativos, convenciéndose inconscientemente de su propia felicidad cuando, de hecho, no es el caso.

Harán todo lo posible para evitar enojarse, incluso racionalizar y justificar el mal comportamiento de los demás, porque valoran la felicidad y el optimismo por encima de todo. Las relaciones son muy importantes para ellos, como lo es la búsqueda de placer en todos los niveles y este miedo permanente de perder oportunidades potenciales.

El Entusiasta con seis alas tiene muchos rasgos positivos. La inclinación es ser altamente productivo. También cooperan bien con los demás, ya sean compañeros de trabajo, clientes u otros colaboradores. Consiguen permanecer sensibles a los sentimientos de los demás, sin pasar por alto sus emociones en la búsqueda de sus propias metas y felicidad. Incluso cuando se enfrentan a una situación estresante, el optimismo de los Siete les ayudará a salir adelante y les permitirá mantenerse en forma. Son pensadores rápidos, pero no se limitan a considerar las cuestiones superficiales. Son capaces de profundizar y considerar las cuestiones de manera exhaustiva.

Pero, por supuesto, todos tenemos que lidiar con nuestros puntos ciegos y esta variante del Tipo Siete no es una excepción a esa regla. A diferencia del Tipo Siete "puro", el Siete con seis alas se preocupan profundamente por lo que otras personas piensan de ellos y es fácilmente afectado por sus opiniones. Esto puede hacer que duden de sí mismos y llevarlos a un sentimiento de ansiedad generalizada. Y la propensión de los Siete a aburrirse no desaparece. Pueden fácilmente inquietarse en un trabajo o en una relación y anhelar algo nuevo. Y cuando el estrés golpea, el Entusiasta con un ala Seis podría luchar con la organización y el enfoque.

Al tratar con un Entusiasta con esta ala, harás bien en mantenerte optimista y optimista y realmente escucharlos, tomando en serio todas sus ideas. Les encanta chatear de una manera fluida y alegre y también aprecian mucho el aliento y el apoyo. Este será especialmente el caso cuando estén expresando emociones difíciles, las cuales encuentran desafiantes.

Recuerde lo mucho que les dan energía las nuevas ideas y experiencias y cómo la creatividad les inspira. Les encanta conocer gente nueva e ir a lugares donde hay grandes reuniones de gente para conocer. Lleve su 7W6 a una fiesta o a un concierto. ¡Te amarán por ello!

En lo que no prosperan es en horarios o reglas excesivamente rígidas. No los golpees con negatividad y asegúrate de que los Siete con un ala de Seis en tu vida tengan suficiente compañía para mantenerlos contentos y energizados. Odian absolutamente la rutina y prosperan con muchas opciones interesantes, por no mencionar la libertad de tomar tales decisiones.

En resumen, el Entusiasta con seis alas es un tipo curioso y puede ser muy productivo en las circunstancias adecuadas. Aunque todavía buscan nuevas experiencias, son leales a sus amigos y familiares. Creativos y aventureros, también les encanta construir un sentido de comunidad. A veces se les conoce como "El Explorador".

Tipo Siete con Ocho alas (7W8)

Eneagrama

Las ocho alas le dan dureza al Tipo Siete. También los inclina a estar más orientados al trabajo. Siguen siendo entusiastas - como el sello principal del Tipo Siete en El Eneagrama - pero tienen una determinación añadida.

En un sentido general, todavía existe el temor de perderse, pero esto se manifiesta más en el miedo a la privación que en el miedo a perderse la emoción. La búsqueda de nuevas oportunidades sigue siendo una alta prioridad, al igual que el rechazo a la rigidez y la programación. El deseo básico de los Siete de estar contentos y satisfechos es atenuado un poco por el ala Ocho y ahora puede describirse con mayor precisión como un deseo de estar satisfechos y contentos.

Aunque todavía les encanta estar en el mundo, ir a eventos donde hay mucha gente, como grandes fiestas y festivales y también viajar a lugares exóticos, el ala Ocho da una dimensión más proteccionista a las acciones de los Siete y se defienden justificando el mal comportamiento de los demás y racionalizando sus propios malos sentimientos.

El optimismo sigue siendo una prioridad para los Siete con Ocho, al igual que la gratificación personal. Siempre están en busca de nuevas oportunidades y consideran muy importante estar abiertos a nuevas experiencias. El miedo a perderse no desaparece con la presencia del ala Ocho. Todavía anhelan y adoran la compañía de otros humanos y justificarán las acciones negativas de tales humanos para evitar que se sientan mal.

Esta variante del ala Siete tiene muchos atributos. Ellos tienen un don para permanecer positivos, no importa lo que pase, y permanecer en esa importante mentalidad de alta energía. La confianza en sí mismos les llega fácilmente y a menudo tienen un carisma natural que atrae a otras personas como las abejas alrededor de un tarro de miel. Tampoco son violetas que se encogen, y son capaces de defenderse y afirmarse. Son un buen tipo para tener a su alrededor en una crisis, ya que tienen la capacidad de mantener la calma en situaciones en las que muchas personas están en pánico.

Como todo el mundo, sin embargo, el Entusiasta con ocho alas tienen debilidades que deben esforzarse por superar. Las ocho alas hacen que el encanto del número Siete sea un poco menos omnipresente. Debido a esto, los Siete con ocho alas pueden parecer bastante contundentes a veces. Pueden ofender a la gente sin darse cuenta o sin querer hacerlo. También pueden ser impacientes con las situaciones y las personas. El Entusiasta con ocho alas podría ser acusado de centrarse demasiado en su carrera y en detrimento de otros aspectos de sus vidas como sus relaciones. También pueden ser demasiado materialistas, olvidando lo que es verdaderamente importante en la vida. A pesar de todo esto, todavía podrían sufrir de la tendencia de Tipo Siete a tener dificultades para llevar a cabo los planes, una vez que el entusiasmo inicial haya desaparecido.

Cuando usted se está comunicando con esta alternativa al Tipo Siete, ellos realmente apreciarán que usted los escuche cuidadosamente. Esto se debe a que les encanta tener conversaciones y expresarse es muy importante para ellos. Les gusta que sus conversaciones tengan un propósito, no solo ir sin rumbo y su preferencia es mantener las cosas optimistas. Quieren ir directo al grano y al mismo tiempo tener la oportunidad de compartir cada uno de los pensamientos e ideas que están ocurriendo dentro de sus cabezas. Aprecian que la gente sea directa y honesta con ellos y cooperarán gustosamente para llegar a un compromiso si surge algún argumento.

Si tiene un Tipo Siete con ocho alas en su vida, nunca pierda de vista que les encantan las nuevas experiencias, especialmente las ocasiones divertidas como fiestas y celebraciones, conciertos y festivales y viajes a nuevos y lejanos destinos. ¡Las relaciones son una gran prioridad para ellos y se llevará mejor con su 7W6 si les permites ser el centro de atención de vez en cuando! Y aman mucho un buen objetivo que cumplir.

No corte su energía con reglas y límites rígidos. Odian, sobre todo, sentirse controlados. También prosperan con la compañía, así que ¿por qué no les das la tuya?

El Tipo Siete con ocho alas es a veces conocido como el Oportunista.

Consejos para el Entusiasta

1. Te encanta tener conversaciones y expresar todas tus variadas opiniones, pero sé honesto contigo mismo. *¿Realmente* estás escuchando a aquellos con los que estás teniendo conversaciones?

La escucha activa es un arte que vale la pena cultivar. Piensa en todas las cosas nuevas e interesantes que descubrirás si realmente tomas en cuenta lo que otras personas te están diciendo. Incluso podría dar lugar a nuevas oportunidades. Y no siempre tiene que haber charla. El silencio es oro. No tenga miedo de colgar el teléfono o apagar el televisor. Hay beneficios reales y duraderos que se pueden obtener al no distraerse todo el tiempo y permanecer presente con sus pensamientos y emociones. Vivir con menos estimulación externa de esta manera, te ayudará a confiar en ti mismo. Usted podría incluso estar más satisfecho cuando empiece a hacer menos. ¿No suena eso como un gran alivio?

2. La vida es larga y no tiene que experimentarlo todo de una sola vez. ¡Imaginase tener todas las cenas que iba a comer en un solo día! No querría eso. Así, por ejemplo, ese tentador auto o pastel seguirá estando en la sala de exposición o en la tienda la semana que viene, e incluso puede que haya una alternativa mejor. Deje ir su miedo compulsivo de perder las oportunidades. Ellos vendrán de nuevo y usted podrá juzgar mejor cuáles son los que realmente son para usted.

3. Como un tipo Siete, le aconsejamos que observe sus impulsos en lugar de zambullirse de cabeza. No se rinda de inmediato, no importa cuánto quiera hacerlo. En vez de eso, aprenda a juzgar sobre cuáles son dignos de actuar. ¡No todos los impulsos son creados por igual! A medida que se vuelvas más observador y juzgues mejor todos sus diferentes impulsos, aprenderá cuáles valen su atención, tiempo y energía, y podrá empezar a vivir su vida de una manera más beneficiosa.

4. La experiencia no se trata solo de cantidad. También se trata de calidad. En otras palabras, unas pocas experiencias maravillosas y profundamente sentidas pueden ser mejores que mil experiencias dispersas en las que realmente no te permites estar presente. Un buen consejo para los Siete es que se queden en el momento y presten atención a lo que están haciendo en el ahora, en lugar de anticipar constantemente experiencias potencialmente mejores. Este último no es el camino hacia la verdadera satisfacción.

5. Cuestione sus deseos. ¿Es lo que realmente quiere? Cuando usted considera las probables consecuencias a largo plazo de sus deseos actuales, ¿aún cree que está anhelando lo correcto para usted? ¿O solo conducirá a la decepción o incluso a la infelicidad a largo plazo? Practique el discernimiento en todo momento.

Capítulo Nueve - El Retador (Tipo 8)

También conocido como el Gobernante

Quince señales de que eres un Retador

1. Le gusta estar a cargo. ¿Y por qué nadie lo pondría a usted a cargo de las cosas?

2. Odia que lo controlen. De hecho, rara vez deja que esto le suceda y a cualquiera que lo intente se le encuentra con mucha actitud.

3. Otros podrían acusarlo de ser dominante.

4. Tienen la capacidad de trabajar muy duro para manifestar sus metas.

5. Es un excelente mentor y puede mostrar a los demás cómo lograr lo que ha logrado, nutriendo así a los líderes del futuro.

6. Puede aburrirse muy rápidamente. Esto también puede llevar a la impaciencia.

7. Puede parecer un poco feroz y otros pueden encontrarle intimidante a veces.

8. El enojo puede ser un problema para usted y está inclinado a perder los estribos con bastante facilidad. ¡Algunas personas encuentran esto aterrador!

9. Como el nombre de este tipo implica, le encanta aceptar un desafío y, de hecho, disfrutar de dar a otras personas desafíos también, ayudándoles así a lograr sus habilidades e incluso a superarse a sí mismos.

10. Tiene un carisma o magnetismo incorporado. Esto lo convierte en un líder eficaz, sin importar en qué esfera viva y trabaje. Puedes fácilmente persuadir a otros para que te sigan.

11. Tiene una gran energía y la utiliza -junto con su formidable fuerza de voluntad- para dejar su huella en la sociedad.

12. Valora mucho la independencia y no tiene miedo de estar solo, desafiando las convenciones sociales si es necesario.

13. Posee una firme determinación que otros encuentran asombrosa y, a veces, incluso desafiando la lógica.

14. Tiene una actitud poderosa de "puedo hacer" y tiende a ser extremadamente ingenioso. Realizas las cosas de una manera dominante.

15. Tiene mucho sentido común y esto puede beneficiar enormemente a quienes lo rodean

Entonces, ¿qué le parece? ¿Eres un Retador? Otras personas pueden ofrecer sus opiniones, pero solo usted lo sabe con seguridad.

Descripción general del Retador

El control está en el corazón de la personalidad del Retador. En su esencia, son totalmente reacios a ser controlados, ya sea por una persona o por las circunstancias. Es de suma importancia para un Ocho que sigan siendo los maestros de sus destinos y los capitanes de sus almas. La otra cara de la moneda es que se inclinan a ser dominantes. Esto, junto con su falta de voluntad de ser controlados, puede llevarlos a tratar de controlar a otros. Irónico, ¿no es así? Un Retador sano es capaz de mantener esta tendencia bajo control, pero es algo contra lo que siempre hay que estar atento, especialmente a medida que uno baja en la escala de madurez. Puede ser un problema recurrente en las relaciones interpersonales de un Ocho.

Los ochos llevan el concepto de ser de voluntad fuerte a nuevas alturas. Tienen la mente dura hasta el extremo y su enorme energía y naturaleza práctica les ayuda significativamente a salirse con la suya.

El Retador desea sacar el máximo provecho de la vida y esto a menudo puede extenderse a sus apetitos físicos. Se entregan a esos apetitos sin experimentar un atisbo de remordimiento malsano.

La independencia financiera es una prioridad masiva para el Retador. Él o ella puede tener dificultad para tener un jefe. ¡Después de todo, ellos saben más que nadie! Los desafíos tienden a beneficiarse de trabajar en un campo en el que pueden ser sus propios jefes. Bajo ciertas circunstancias, un Ocho puede sentir la necesidad de optar por no participar en la sociedad, encontrando otras formas de ganar libertad financiera, ya que por lo general se sienten incómodos con las jerarquías.

El Retador tiene un miedo profundo y duradero a sentirse vulnerable. Esto puede ser perjudicial para su capacidad de formar relaciones íntimas porque, obviamente, la intimidad requiere vulnerabilidad. ¡Hay que bajar las defensas! Por supuesto, esto implica dejar ir la necesidad de estar en control y la confianza es de la mayor importancia en este campo. La traición de cualquier tipo hará que el contrincante sea más rápido. ¡Ay de la persona que viole a un Ocho de esta manera!

Lo creas o no, Ocho puede ser sentimental. Lo esconden bien, incluso de los más cercanos, pero es verdad. Esto es una indicación de lo mucho que los Ocho temen ser vulnerables. Sin embargo, si consigues ganarte su confianza, tendrás a alguien que te apoye pase lo que pase. El Retador protege enormemente a los que están en su círculo íntimo, especialmente a sus familiares y amigos, y moverán montañas para mantener a estas personas.

Un gran talón de Aquiles para los Ocho es su ira. En los niveles más bajos de madurez, esta emoción puede salirse de control y convertirse en rabia. Tal agresión puede incluso convertirse en violencia y los ochos malsanos pueden ser intimidantes, despiadados e incluso peligrosos.

No es de extrañar que haya muchos de Tipo Ocho que hayan logrado notables hazañas de éxito en esta vida. Algunos ejemplos de esto incluyen: Winston Churchill, Oskar Schindler, Martin Luther King, Serena Williams, Barbara Walters, Toni Morrison, Frank Sinatra, Bette Davis, Paul Newman, Richard Wagner, Franklin D. Roosevelt, Fidel Castro, Lyndon Johnson, Golda Meir, Saddam Hussein, Donald Trump, Ernest Hemingway, James Brown, Queen Latifah, Aretha Franklin, Pink, Jack Black, Sean Connery, John Wayne, Mae West, Humphrey Bogart, Jack Black, Dr Phil, Roseanne Barr, Jack Nicholson, Tommy Lee Jones, Clint Eastwood, Lauren Bacall, Chrissie Hynde, Courtney Love, Pablo Picasso, Norman Mailer, Senador John McCain y, por último, Indira Gandhi.

Los niveles del Retador

Saludable

Heroísmo

A diferencia del Tipo Uno en el Eneagrama, el Tipo Ocho posee las cualidades de las que están hechos los héroes. Aquí existe el potencial para escalar alturas impresionantes y alcanzar la grandeza histórica. En la cima de su salud y madurez, un Ocho puede contener sus impulsos menores y convertirse en un individuo verdaderamente magnánimo, logrando un verdadero dominio de sí mismo. Al poseer un valor masivo, están dispuestos a enfrentar un peligro real para lograr su visión y hacer una verdadera diferencia.

Fuerte

Esta fuerza viene con una notable autoconfianza y autoafirmación. No tienen ningún problema en defender sus necesidades y deseos. Los Ocho en esta etapa saludable están llenos de empuje y pasión y nadie es más ingenioso que ellos. Una actitud de "puede hacer" es dominante en estos tipos.

Autoritario

El líder natural o comandante. Los Ocho serán los que no tengan miedo de tomar la iniciativa para hacer las cosas y hacerlas realidad. La toma de decisiones les resulta fácil, ya que rara vez dudan de su propio juicio. Son los campeones del pueblo. Ellos proveerán y protegerán y cargarán a aquellos que carecen de fuerza. Son verdaderamente honorables.

Neutral

Autosuficiente

Es de suma importancia para el Retador, en esta etapa de su desarrollo, que cuente con recursos adecuados, tanto financieros como de otro tipo. Para ello, serán profundamente pragmáticos y emprendedores. Serán la quintaesencia de los "distribuidores de ruedas", dispuestos a negar incluso sus propias necesidades emocionales mientras asumen cualquier riesgo necesario y ponen sus narices en la piedra de afilar.

Dominador

En este nivel no tan maduro, el Retador buscará doblegar la voluntad de los demás a la suya propia. No tienen reparos en imponer su visión a los demás. Dominando a otras personas, e igualmente a su entorno, los Ocho se convertirán en un "fanfarrón" y demasiado contundente. No aprecian a nadie que tenga la temeridad de cuestionar su palabra o sus decisiones y deben sentir que la gente está apoyando sus esfuerzos. Se vuelven egocéntricos en este punto y se olvidan de tratar a otros individuos con el respeto que quieren y merecen.

Intimidante

Las cosas van de mal en peor - para los Ocho y los que los rodean - a medida que bajamos más por la escalera de la madurez. Aquí es donde el Retador se convierte en algo más que un desafío: se vuelve adversario, beligerante y confrontativos. Se negarán a dar marcha atrás, incluso si sospechan secretamente que están equivocados. Esto equivaldría a perder la cara y no pueden permitir que eso ocurra. Amenazarán e impondrán castigos para extraer la obediencia de quienes los rodean, que en esta etapa se sienten cada vez más inseguros. Pero son sus peores enemigos, ya que su actitud y sus acciones pueden resultar contraproducentes, volviendo a la gente contra ellos y quizás incluso haciendo que se unan contra los Ocho.

Insalubre

Despiadado

En este nivel de desarrollo inmaduro, las cosas empiezan a ponerse bastante feas. Aquí los Ocho no se detendrán ante nada para salirse con la suya, incluyendo el comportamiento inmoral y la violencia. Si están en condiciones de salirse con la suya de ser dictatoriales, ¡ciertamente lo harán! Podrían recurrir a conductas delictivas, sin importarles si estafan a las personas. Desafiarán todos los intentos de controlarlos.

Delirante

¡Oh, Dios mío! En esta etapa de mala salud emocional, los Ocho pensarán que son invencibles. Sus travesuras ahora bordearán la megalomanía y la imprudencia extrema estará a la orden del día. Creen que son verdaderamente invulnerables

Venganza

"¡Nunca te rindas!" será su grito de guerra, pero no en el buen sentido. En lo más bajo de lo más bajo, el Retador destruirá todo y a todos los que no se rindan a su voluntad. Descenderán a todo tipo de conducta bárbara, incluso al asesinato. Estamos en el territorio de los sociópatas.

Las alas del Retador

El ocho con siete alas (8W7)

Una persona no se pone más dura que el Tipo Ocho con siete alas. Incluso pueden parecer duros, con rasgos amplios y ásperos y un físico enorme y musculoso. Y sus acciones bien podrían coincidir con su apariencia. Esto se debe a que el Retador con un ala de Siete tiene mucha energía poderosa corriendo a través de su sistema. La abrumadora personalidad de los Ocho tiende a dominar bastante y los valores están por encima de todo lo demás, incluyendo la necesidad de los Siete de ser el alma y el alma del partido.

Su modo de apariencia puede variar mucho. Cuando están de humor y las circunstancias son las correctas, pueden estar muy bien vestidos y "unidos". Pero otras veces, cuando están preocupados, puede que no les moleste en absoluto su aspecto.

Por supuesto, cada personalidad tiene la capacidad de brillar y el Ocho con Siete alas no es una excepción. Cuando están bien equilibrados, un 8W7 puede ser encantador y con tacto. Si tienen un sentido de autoconciencia, esto puede hacerlos menos agresivos y extremos en su conducta. Se dan cuenta de que el poder real viene de dentro y que no tienen que hacer una demostración de fuerza. Descubren la paciencia y aprenden a calmar sus impulsos más destructivos.

En su apogeo, el Retador con Siete alas elegirá la bondad en lugar de la argumentación. Imagínate un gigante gentil. Usarán su poder para el bien, siendo considerados y perceptivos en su trato con la gente. Se ponen en contacto con su intuición y esto les permite juzgar con precisión varias situaciones. El 8W7, altamente integrado, dispone de opciones que no son posibles en un nivel inferior.

Pero con lo bueno viene lo malo. El Retador con Siete alas es un peligro físico para los demás. Insensible, insociable, sin tener en cuenta las reglas que rigen una sociedad civilizada, el 8W7 se convierte en un personaje muy duro. Piensa, aquí, en el matón o matón por excelencia.

Con menos integración aún, esta variante de los Ocho se desatará violentamente. Él o ella será crítico, defensivo e intolerante. Su mantra es "matar o ser asesinado".

En términos de profesiones que se adaptan a este tipo de Ocho, pueden incluir cosas como capataz de construcción, general del ejército o boxeador. ¡Por supuesto, también pueden ser una madre que se queda en casa! Todo es posible.

El ocho con nueve alas (8W9)

La potencia física sigue siendo un gran componente cuando se trata del Retador con un ala Nueve. Pero el Tipo Nueve del Eneagrama tiene una cualidad pasiva que hace que esta personalidad en particular sea silenciosa pero agresiva cuando es provocada. Imagínate un oso, normalmente lento pero capaz de violencia repentina. Las erupciones de la ira son posibles. Normalmente se mueven lentamente, pero deben sentir que la situación está bajo control antes de poder relajarse.

Cuando está bien equilibrado, esta variante del Ocho es una alegría para estar cerca. Cuando está bien balanceada, esta variante de la Ocho es un placer estar cerca. Serán amables y gentiles y estarán en contacto con su guía interior. No sentirán la necesidad de dominar. Tampoco sentirán el impulso de retirarse. Ejercen su poder sabiamente, sabiendo cuándo es beneficioso para ellos y para otros hacerlo, y percibiendo cuándo no lo es.

En el nivel más alto, el 8W9 posee una benevolencia poderosa y tiene la capacidad de ser un gran líder o maestro. Son resistentes cuando es necesario y suaves cuando es lo que se requiere.

Pero cuando no es saludable, el Ocho con Nueve alas desarrolla un profundo conflicto en su interior y se vuelve impredecible y peligroso estar cerca de él. Cuando están en silencio, puedes estar seguro de que hay ira al acecho justo debajo de la superficie. Esto puede resultar en frecuentes explosiones de ira.

En el peor de los casos, pueden descender a un estado de aislamiento paranoico. Intrusión y usted podría ser atacado o asesinado por este ser antisocial que carece de compasión o conciencia.

El Retador con Nueve alas normalmente no se preocupará por su apariencia. Prefieren simplemente relajarse. Ellos prefieren trabajos que significan que no serán molestados en exceso por otras personas. Un camionero o un guardia nocturno podría ser un buen ejemplo. ¡Por supuesto, como con cualquier tipo, usted puede encontrarlos en cualquier lugar!

Consejos para el Retador

1. Es absolutamente cierto que usted valora su independencia y esto no es necesariamente algo malo. Sin embargo, la gente necesita gente, te guste o no y va a ser necesario que dejes entrar a otros. No es posible funcionar en este mundo como una isla y la gente no es tan prescindible como crees que es. Por ejemplo, es posible que necesite empleados que sean leales y en los que pueda confiar. Si los alienas, los perderás. Del mismo modo, en tu vida personal, estarás aislado y solo a menos que dejes entrar a la gente.

2. ¡Elija sus batallas sabiamente! No tienes que ganar cada batalla y cada argumento. Deja que otros se salgan con la suya de vez en cuando. No es verdadero poder "vencer" a otras personas todo el

tiempo. Si sientes la necesidad de dominar, significa que tu ego está fuera de control y esto te llevará a un conflicto más insano. Evita esto.

3. Dese cuenta de sus verdaderos dones y capacidades, y use su poder para el bien. Conténgase si puede prever que sus acciones puedan dañar a otros. Su verdadero poder es motivar, elevar y mostrar a otros de lo que ellos también son capaces. De esta manera, usted puede ser de gran ayuda para los demás, quizás ayudándoles en una crisis. Esta es absolutamente la manera de inspirar la lealtad de la gente.

4. Otra palabra rápida sobre el poder: aquellos que se sienten atraídos hacia ti por tu poder y solo por eso, no tienen un afecto real hacia ti. Podrían estar usándote como tú los usas de nuevo. ¿Es así como quieres vivir tu vida?

5. La gente es más amable de lo que crees. Así que déjenlos entrar, sabiendo que esto es una señal de verdadera fuerza y no de debilidad. Cuando usted desconfía de los demás, ellos se darán cuenta de esto y no tendrán una disposición favorable hacia usted. En cambio, descubra en quién puede confiar y demuestre a estos leales amigos y colegas su aprecio y devoción.

Capítulo Diez - El Pacificador (Tipo 9)

Quince signos de que eres un pacificador

1. Su deseo más querido es evitar el conflicto a toda costa. Esto hace que algunas personas lo perciban como agradable y otros lo vean como demasiado pasivo.

2. Es un experto en ver todos los puntos de vista y cada lado del argumento.

3. Tiene dificultad para establecer límites personales firmes.

4. Es capaz de unir a las partes beligerantes y puede desempeñar un papel decisivo en la curación de los conflictos.

5. Puede tener una tendencia a sufrir de dolor en la parte baja de la espalda.

6. Tiene un interés activo en el lado espiritual de la vida.

7. Cuando está en una relación íntima, puede renunciar a su agenda para estar con su pareja. Tiende a fusionarse con su más cercano y querido. Esto puede resultar en que descuides tus propias necesidades y deseos personales.

8. No le gusta tener que enfrentarse a los aspectos desagradables de la vida. A veces huye de ellos o vive en la negación.

9. Es probable que usted sea una persona introvertida.

10. Tus amigos lo describirán como una persona tranquila, confiable, tolerante y agradable.

11. Su inclinación es ver lo mejor de los demás y tener una visión optimista y confiada de la vida.

12. Probablemente encuentre gran alegría y consuelo en el mundo natural.

13. A veces puede sentirse incómodo con el cambio y esto puede hacer que sea conservador - ¡pero es más adaptable de lo que se cree!

14. Debido a que usted es tan modesto, algunas personas pueden cometer el error de darlo por sentado o pasar por alto las contribuciones a menudo significativas que usted hace.

15. Puede haber sido criado en un ambiente donde se le enseñó que el conflicto es malo y algo que debe ser evitado o negado.

¿Algo le suena familiar? ¿Más de una cosa? Entonces podrías ser un Pacificador.

Descripción general de Pacificador

Como su nombre lo indica, Tipo Nueve en El Eneagrama, el Pacificador, es un buscador de armonía en todas las áreas de la vida.

El conflicto es el enemigo en sí mismo, en lo que concierne a los Nueve, y lo evitarán como la plaga, si es que es posible. Esto puede ser un desafío porque, como todos sabemos, el conflicto es una parte integral de la vida y prácticamente imposible de evitar. Así que el Pacificador tiene que desarrollar estrategias para evitar estos enfrentamientos. Estos a menudo incluyen alguna forma de abstinencia. Esto significa que el Tipo Nueve es comúnmente un introvertido. Incluso si el Pacificador es particularmente social, ellos encontrarán maneras de alejarse de los conflictos potenciales que puedan surgir dentro de su círculo de amigos. Debido a esto, su hábito es ir con la corriente. Otros los ven como tolerantes y fáciles de llevar y, en consecuencia, fáciles de gustar.

El Pacificador tiene una visión positiva de la vida y de aquellos que los rodean. Se inclinan a dar a la gente el beneficio de la duda, asumiendo que son buenos hasta que se demuestre lo contrario. Son confiables - y también dignos de confianza - y ven el vaso medio lleno en lugar de medio vacío. Es común para ellos tener una fe incondicional -espiritual o de otro tipo- que las cosas siempre están funcionando para ellos.

Un deseo profundamente arraigado por los Nueve es un sentido de conexión. Sienten esta conexión tanto con sus semejantes como con el mundo natural. El Pacificador tiene una conexión genuina con la naturaleza y tendrá la sensación de estar en casa dondequiera que sea verde. Otra arena donde los Nueve se sienten como en casa es la paternidad. Este tipo es a menudo un excelente padre - cariñoso y atento.

El cambio a veces puede ser un desafío para los Tipo Nueve, haciendo que se sientan incómodos e incómodos. ¡Les gusta permanecer en sus zonas de confort! Esto puede traducirse en una actitud bastante conservadora hacia la vida. Cuando un Nueve no está tan bien desarrollado emocionalmente, puede sufrir una especie de inercia. Esto puede impedirles tomar las medidas necesarias para llevar a cabo los cambios necesarios. Pero cuando el cambio se manifiesta, el Pacificador puede sorprenderse a sí mismo con lo adaptables que son y cómo son, de hecho, más que capaces de ajustarse a sus nuevas circunstancias. También pueden encontrar que son más resistentes de lo que ellos mismos sospechaban.

A veces no se dan suficiente crédito y esto puede ser un gran problema en sus vidas. Debido a esta humildad innata y a su negativa a acaparar la atención, los Nueve podrían encontrarse a sí mismos dando por sentado que los demás no le prestan atención. El Pacificador casi puede sentir que la gente ni siquiera los ve. Esta falta de validación puede ser difícil de soportar y pueden sentirse invisibles. Es una verdadera lástima, ya que el Pacificador es capaz de hacer y frecuentemente hace contribuciones significativas a muchas situaciones. Esto podría manifestarse como una profunda tristeza de la que pocos son conscientes. O puede ser un enojo que se acumula en el interior y estalla de vez en cuando en un breve estallido de mal genio. O, alternativamente, puede revelarse en un comportamiento pasivo-agresivo.

Es característico de los de Tipo Nueve que no siempre tienen un sentido definido de sí mismos y de su propia identidad. ¡No saben realmente quiénes son! Esto solo se ve acentuado por su inclinación a casi fusionarse con sus seres queridos. Asumen virtualmente las características de las personas más cercanas a ellos a través de un proceso de identificación. Así que, si eres un Nueve y estás leyendo esto, ¡es posible que no te reconozcas a ti mismo!

Hubo muchos de Tipo Nueve famosos a lo largo de la historia y prominentes en nuestra sociedad hoy en día. Estos incluyen Reina Isabel II, Abraham Lincoln, Carl Jung, Walt Disney, Gloria Steinem, Audrey Hepburn, George Lucas, Princesa Grace of Monaco, Claude Monet, Dwight D. Eisenhower, Ronald Reagan, Joseph Campbell, Gary Cooper, Carlos Santana, Tony Bennett, Sophia Loren, Whoopie Goldberg, Geena Davis, Lisa Kudrow, Woody Harrelson, Kevin Costner, Audrey Hepburn, Annette Bening, Jimmy Stewart, Janet Jackson, Ringo Starr, General Colin Powell, John F. Kennedy Jr, Gerald Forde, Norman Rockwell, Jim Henson y John Goodman.

Los Niveles del Pacificador

Saludable

Auto poseído

En su apogeo, los Nueve son una alegría estar cerca. Y es una alegría, de hecho, ¡ser uno de ellos! Se sienten enormemente satisfechos por todo lo que la vida les ha dado y, por lo tanto, están sumamente contentos. Se sienten totalmente presentes dentro de sí mismos. Esto hace que tengan un sentido de, no solo independencia, sino una intensa vitalidad. Son expertos en formar relaciones profundas con otros debido a este poderoso sentido de conexión.

Sereno

Esta serenidad se deriva a menudo de un profundo sentimiento de aceptación. Esto a su vez conduce a una enorme sensación de estabilidad. No dudan de sí mismos ni de los demás. La confianza total está a la orden del día. Hay una percepción de facilidad que aportan a todo lo que hacen, en gran medida porque son pacientes, de buen humor y desinteresados. No están tratando de ser algo que no son y son personas genuinamente encantadoras. Hay una simple inocencia y una falta de pretensión que hace que los Nueve profundamente receptivos y saludables sean un placer estar con ellos.

Solidario

El apoyo que el Pacificador presta a los demás conlleva una influencia sanadora y calmante. Son fantásticos para reunir a la gente y armonizar grupos dispares. Su optimismo tranquiliza a los demás. Todo lo anterior, junto con sus a menudo excelentes habilidades de comunicación, pueden hacer de los Nueve un maravilloso mediador.

Neutral

Autoeficacia

Este modo de conducta a menudo está diseñado para evitar conflictos en la medida de lo posible. No quieren sacudir el barco, por lo que, en consecuencia, tendrán que aguantar mucho. Pueden llegar a ser complacientes hasta el extremo y aceptar los deseos de los demás. Esto podría hacer que se pusieran de acuerdo para hacer cosas que realmente no quieren hacer. ¡Este no es un buen escenario para nadie involucrado!

Otra forma en que los Cinco podrían tratar de evitar sacudir el barco es adaptándose a los roles convencionales. No les gusta desafiar las expectativas de los demás. Un ejemplo de esto es una mujer que se convierte en esposa y madre. Luego, si regresa al trabajo cuando sus hijos sean mayores, podría dedicarse a una profesión tradicionalmente "femenina" como la enfermería o la peluquería. Este no es el tipo que comúnmente desafía los estereotipos.

Desconectado

Esta tendencia se debe a su deseo de evitar problemas y conflictos de cualquier tipo. Es posible que todavía estén participando en sus actividades normales, pero de alguna manera serán "retirados". ¡Podrías verlo en sus ojos! No están prestando la debida atención a propósito. ¡No reflexionarán sobre lo que está sucediendo porque simplemente no quieren hacerlo! Pueden volverse complacientes, soportando situaciones que no son necesariamente ideales pero que son demasiado difíciles de afrontar. Debido a esto, negarán los problemas y tendrán el impulso de "barrerlos bajo la alfombra". Construyen para sí mismos un mundo de fantasía reconfortante que es mucho más agradable que la realidad. El Pacificador puede desarrollar la indiferencia como un mecanismo de afrontamiento, ya que se niega a concentrarse en los problemas y a retroceder del mundo real hacia el olvido autoimpuesto.

Resignado

Esta renuncia es en un intento de tener paz a cualquier precio. Una especie de fatalismo se cuela en la atmósfera. ¿Por qué molestarse en tratar de cambiar algo cuando de todos modos no funcionará? Pueden ser muy tercos en esta postura, causando que los que los rodean se molesten y se frustren con ellos mientras luchan por obtener una respuesta significativa o hacer que las cosas sucedan. Pueden disfrutar de ilusiones e imaginar todo tipo de posibles soluciones mágicas. Apaciguarán a otros para evitar problemas, incluso cuando esta no sea la solución más saludable.

Insalubre

Represión

La propensión para retenerlo todo se vuelve cada vez más insana. Hace que los Nueve sean incapaces de enfrentarse a los problemas, ya que se disocian de todos los conflictos. No puede actualizarse completamente en estas circunstancias y el Pacificador permanece en un estado subdesarrollado. Esto puede constituir un peligro para quienes los rodean, ya que su conducta aquí puede ser negligente.

Disociación

En este punto, el Pacificador se disocia de la vida hasta tal punto que apenas puede funcionar. Una especie de entumecimiento se instala, mientras que ellos bloquean la conciencia de cualquier cosa que pueda molestarlos.

Catatónico

En este punto más bajo, los Nueve se encontrarán realmente desorientados, convirtiéndose aparentemente en nada más que un cascarón de sus antiguos yoes. Pueden surgir condiciones psicológicas, como trastornos esquizoides y de personalidad dependiente. Múltiples personalidades también son posibles.

Las alas del Pacificador

Tipo Nueve con una sola ala (9W1)

¡El Tipo Nueve con un ala es muy débil! La influencia de los Nueve permanecerá mayormente dominante, lo cual resultará en la intelectualidad del filtrado, pero no estará sujeto a una gran cantidad de pruebas de la realidad. Esto puede hacer que los Nueve con un ala desarrollen un conjunto de creencias que podrían parecer un poco extrañas para los demás. Pueden ser muy supersticiosos y "hadas airosas". ¡El Pacificador con un ala en realidad puede hacer que esto funcione para ellos!

El 9W1 es refinado y posee una forma de elegancia. En cuanto al estilo de vestir, se esforzarán por ser lo más discretos posible, eligiendo ropa que les permita encajar y hacerse lo más invisibles posible. La moda dominante está a la orden del día, ¡sin declaraciones extravagantes! Sin embargo, tienen un deseo de ser perfectos, debido a su ala Única, por lo que es probable que su atuendo sea limpio y ordenado.

¡No son los adictos al trabajo del Eneagrama y pueden ser partidarios de una agradable siesta por la tarde!

Cuando está en un estado mental saludable, una sola ala le da al tipo Nueve más presencia. ¡La luz está encendida y alguien está en casa! Los resultados concretos son más probables cuando el ala Uno ejerce su influencia. El Pacificador se volverá más ambicioso, pero no será presa de tanto perfeccionismo como el Tipo Uno en su estado puro. Por sus esfuerzos, esta variante del Tipo Nueve puede afectar a otros de una manera positiva y útil. Sin embargo, esto se hace de una manera sutil, no llamativa y el mundo en general podría no ser consciente de lo que los Nueve han hecho.

En un nivel psicológico avanzado, los de Tipo Nueve con una sola ala encuentran gran felicidad y satisfacción en el trabajo que hacen, empoderando y enseñando a otras personas. Ya no sienten la necesidad de retirarse e involucrarse de manera significativa en el mundo. Sus sueños se hacen realidad por fin y otros sienten el pleno beneficio de su poder auto actualizado.

En un estado no tan saludable, los Nueve con el ala Uno tenderán a retirarse de una manera típica de los Nueve y se volverán más críticos de sí mismos y de los demás de una manera típica de los Nueve. Pueden retirarse a un mundo de fantasía confortable y se desilusionan inevitablemente cuando sus interacciones en la vida real no están a la altura de sus fantasías.

Cuando el mal empeora, se molestan más con las discrepancias entre su mundo de fantasía interior y la realidad exterior. Enfrentan este escenario aislándose a sí mismos. En el peor de los casos, pueden llegar a ser psicóticos, donde apenas están presentes en un cuerpo que gradualmente se va a la ruina.

Sería muy típico para un Pacificador con una sola ala encontrar un trabajo que les permita usar su mente, pero no necesariamente de una manera muy exigente. Algunos ejemplos podrían ser los astrólogos, titiriteros y modistas.

El Tipo Nueve con un ala Ocho (9W8)

Estas personas son la sal de la tierra. El Pacificador con un ala Ocho puede parecer un poco áspero, pero igual de tierno, más bien como un cachorro torpe y de gran tamaño, ansioso por la felicidad. La inclinación es hacia la suavidad y la falta de sofisticación. Los Ocho prestarán a los Nueve un poco más de impulsividad y fuerza de lo que normalmente tendrían, pero retrocederán ante demasiada resistencia. El Nueve con Ocho alas no está demasiado ansioso por estar a la altura de todos los desafíos.

Cuando un Nueve con Ocho alas comienza a auto actualizarse, él o ella usará su energía y expansividad para salir de la pasividad. Entonces serán generosos, poderosos y benévolos.

Cuando se actualiza completamente, el Pacificador es una presencia verdaderamente edificante en el mundo. Son generosos, humildes y genuinamente buenos. Estar en su esfera de influencia es inspirador. No hacen nada, como tal. Son solo sus maravillosos yoes.

¡Pero no todo es arcoíris y unicornios! En un estado de estrés, los Nueve con Ocho alas pueden ser paranoicos y volverse casi ermitaños como en su existencia. Serán vagos y desconfiados.

En su nivel más bajo absoluto, la evasión se vuelve primordial ya que el 9W8 rechaza toda interacción humana. Es una especie de estado semi-comatoso y las persuasiones paranoicas empeoran.

En términos de apariencia física, el Nueve con Ocho alas es a menudo grande y frecuentemente fuerte. Rara vez se los verá con ropa llamativa y se esforzarán por la normalidad.

Consejos para el Pacificador

1. La conciencia del cuerpo es muy importante para los Nueve. El ejercicio ayudará enormemente aquí. Le permitirá descargar la agresión y le enseñará a concentrarse y enfocar su atención. Usted será más consciente de sus sentimientos y se beneficiará en términos de autodisciplina.

2. La ira reprimida causa daño, tanto a su salud física como emocional. Todo el mundo tiene emociones negativas, incluso tú. Cuando no lo reconoces, puedes perturbar la armonía que tanto anhelas en tus relaciones. ¡Es mucho más saludable para usted ser honesto acerca de

sus sentimientos - tanto consigo mismo como con sus seres queridos - y sacar los asuntos a la luz, ventilarlos completamente!

3. Le resulta muy difícil examinar el dolor. Pero mirar honestamente por qué una relación ha ido mal, e incluso peor, admitir que posiblemente ha contribuido a este problema, es necesario, tanto para su tranquilidad como para asegurar que tal situación no se repita. Así es como se crean las relaciones genuinas.

4. Si es posible ser *demasiado* amable, entonces, como Tipo Nueve, podría decirse que es el tipo más probable en el Eneagrama para caer en esta trampa. No solo es malo por su propio bien estar constantemente de acuerdo con las necesidades de otras personas, especialmente con sus seres queridos, sino que también es malo para la otra persona y para la relación en su totalidad. Mantener la paz a veces puede tener un precio muy alto. Tiene que ser usted mismo para tener una relación exitosa y genuina. Solo cuando eres completamente honesto sobre tus propias necesidades puedes estar realmente ahí para la otra persona.

5. Soñar despierto no es un malo. Sin embargo, cuando se usa demasiado como un medio para desconectarse del mundo que lo rodea, esto no es tan saludable. Usted debe tratar de comprometerse con la gente y participar de manera significativa en la sociedad.

Conclusión

Así que, llegamos al final de este libro. ¿Lo has leído todo? ¿O simplemente te has saltado a tu tipo o al tipo que *crees que* eres? De cualquier manera, está bien. Este libro puede ser tomado como un todo o sumergido dentro y fuera de él, según lo desee el lector. ¡El enfoque que usted tome puede depender de su tipo! Un meticuloso puede leer cada frase detenidamente de principio a fin, mientras que un Siete impulsivo puede saltar a las "partes buenas". Realmente no importa, ya que este libro está escrito para todos y cada uno de los tipos del Eneagrama.

El objetivo de este libro es darle una comprensión completa del Eneagrama - la teoría detrás de él, sus orígenes, cómo funciona y cómo puede funcionar para usted. Usted puede ser guiado por lo que sus amigos y seres queridos han comentado sobre usted y su personalidad a través de los años o mejor aún, puede ser guiado por su propio conocimiento de sí mismo. Lo mejor de todo es que usted puede ser guiado por su propio sistema de guía interna. Cualquiera que sea el caso, este libro tiene la capacidad de añadir a tu autoconocimiento y a tu autoconciencia. Depende de ustedes tomarla en cuenta y aplicarla a su propia vida. ¡Recuerde, el conocimiento es poder! No sobre los demás, sino sobre uno mismo. El autodominio es clave y conocerse a sí mismo es de suma importancia. ¡Aplicar este conocimiento es oro!

Hemos tratado mucho en los capítulos anteriores. En la introducción, aprendimos los orígenes de la palabra "eneagrama" y los nombres de los pioneros en el campo, ideando la metodología y desarrollando la teoría en el eneagrama que conocemos hoy en día. Por supuesto, muchos otros que no fueron nombrados a lo largo de estas páginas también han hecho contribuciones importantes.

Eneagrama

El Eneagrama es una mezcla compleja y útil de la sabiduría de nuestros predecesores y de los conocimientos de la psicología moderna. Como tal, puede prestar una comprensión profunda del yo, aumentando lo que ya hemos aprendido a lo largo de nuestras experiencias de vida. Puede ser usado para el crecimiento personal, para añadir profundidad espiritual, para trabajar con quienes somos compatibles y para entender a nuestros amigos cercanos y miembros de la familia en mayor profundidad. También podemos utilizarlo en el área de nuestras carreras. ¡Así que por eso nuestro jefe se comporta de la manera que lo hace! ¡O por qué ese compañero de trabajo a veces puede parecer tan extraño! Con la perspicacia y la comprensión viene la compasión y, con suerte, menos conflicto también.

Este libro lo ayudará a entender los aspectos positivos y negativos de cada tipo, tanto los tuyos como los de todas las personas que te rodean. Mejor comprensión en todos los aspectos.

El Capítulo Uno nos enseñó sobre el símbolo que representa el Eneagrama, cómo se construye a partir de tres formas separadas que se juntan para formar un todo. Tenemos el círculo, que representa la totalidad de la vida, el triángulo, que representa la "magia" número tres y el Hexad, una forma inusual e irregular, tomada de la tradición sufí, que representa la ley de siete y la ley de octava.

Dentro de la forma están colocados los números del Uno al Nueve que ahora conocemos como los nueve Tipos del Eneagrama y las líneas en el símbolo demuestran las conexiones entre los diferentes tipos.

Hemos aprendido además que el Eneagrama no es un instrumento contundente, sino una herramienta exacta que debe ser manejada sutilmente. Por consiguiente, cada persona no está hecha de un solo tipo de personalidad. ¡El Eneagrama te da alas! Descubres tu vela mirando los números a ambos lados de la tuya y averiguando por ti mismo cuál de ellos se alinea más contigo y con tu personaje único.

Eneagrama

Entonces descubrimos que el Eneagrama y su símbolo están estructurados en tres tríadas separadas y que cada tríada contiene una emoción diferente: Uno, Ocho y Nueve son gobernantes del instinto, Dos, Tres y Cuatro están en el centro del sentimiento, y Cinco, Seis y Siete están en la tríada del pensamiento.

Usted habrá notado cómo todos y cada uno de los capítulos comienzan con una práctica lista de comprobación, que le permite a usted, el lector, averiguar lo más rápido posible quién es usted exactamente o, al menos, orientarlo en la dirección correcta. Piense en estas listas de verificación como carteles que le indican el destino correcto.

Habrá aprendido que cuando se trata del Eneagrama, es más probable que sea la naturaleza que la crianza la que tenga la clave. Un Tipo parece nacer en lugar de hacerse y a pesar de los muchos y variados cambios que ocurren en nuestras vidas, nuestro tipo básico permanecerá sin cambios, como una constante en la que se puede confiar. Y fundamentalmente, ningún tipo es el "mejor" tipo. Todos podemos esforzarnos por ser la versión más maravillosa de nosotros mismos.

A lo largo de nuestro viaje de descubrimiento sobre el Eneagrama, también nos enteramos de los niveles. En otras palabras, que hay tres niveles básicos de desarrollo en este sistema: saludable, medio o neutro e insalubre. Por lo tanto, un Uno saludable, por ejemplo, puede parecer una criatura totalmente diferente, y de hecho de tipo, que un Uno no saludable. Cada nivel está, a su vez, dividido en subniveles, en orden descendente o ascendente, dependiendo de cómo se mire. Otro ejemplo de la sutileza del Eneagrama. Saber simplemente de qué tipo eres es no saber toda la historia.

Puede ser útil darle un breve resumen de los nueve tipos diferentes y las características básicas de cada uno de ellos. Así que, en orden numérico y no en orden de importancia, les doy el Eneagrama:

Eneagrama

1. El Tipo Uno es conocido como el Reformador o el Perfeccionista y, como siempre, estos nombres revelan mucho. El Reformador valora los principios y la integridad por encima de todo y su principal motivación es ser correcto y bueno. Se esfuerzan por alcanzar la perfección en todo momento y tratan de mantener el autocontrol. La calidad es de suma importancia y el Uno apreciará la estructura y los estándares.

El reformador o perfeccionista tiene muchas cualidades que ofrecer, como la dignidad, el discernimiento, la tolerancia, la serenidad y la aceptación. Sus lados oscuros, sin embargo, significan que pueden ser muy críticos consigo mismos y con los demás, pedantes, inflexibles y críticos.

2. El Tipo Dos es el Ayudante. Su modus operandi debe ser apreciado y apreciado. Valoran sus relaciones por encima de todo lo demás y serán generosos, amables y abnegados con este fin. A ellos les encantaría hacer del mundo un lugar mejor y tratar de hacer esto genuinamente, dando atención y apoyo amorosos a aquellos que les importan. Ellos brillan cuando se trata de ser incondicionalmente comprensivos. También son seres humildes, capaces de practicar el autocuidado saludable. En el lado no tan positivo, pueden ser manipuladores y halagadores en su modo de dar mientras se esfuerzan por recuperar lo que han dado.

3. El Triunfador, que es Tipo Tres, ¡quiere ser el mejor! Entre sus prioridades se encuentran los resultados, la eficiencia, la imagen y el reconocimiento. Son capaces de ser flexibles para lograr sus objetivos. ¡Lo que sea por el éxito! En su mejor momento, El Triunfador ofrece esperanza e integridad a quienes lo rodean. También tienen principios, son trabajadores y receptivos. En el peor de los casos, pueden parecer inconstantes y engreídos. Esto se debe a que su sentido de sí mismos se basa erróneamente en lo que hacen en lugar de en lo que son.

4. El Tipo Cuatro, el Individualista, es impulsado por su intensa necesidad de expresar autenticidad y unicidad. El individualista, como su nombre indica, es muy valorado, al igual que la autoexpresión, los sentimientos y el propósito. Son almas románticas y la belleza será muy importante para ellas, como lo es el significado. Lo mejor de los Cuatro es la autenticidad y la ecuanimidad, la sensibilidad y la satisfacción. El lado de sombra del Individualista muestra a alguien que es melancólico, temperamental y se cree incomprendido.

5. El Tipo Cinco, el Investigador, está profundamente motivado para conocer y comprender. Les encanta dar sentido al mundo que les rodea, valorando el conocimiento y la objetividad. La privacidad y la independencia son prioridades para este tipo de personas y, en el mejor de los casos, son conscientes e incluso visionarias. Pero el Cinco más oscuro es arrogante, tacaño y desconectado de sus emociones.

6. Tipo Seis, los Leales, son muy grandes en pertenencia y seguridad y su constante impulso es estar seguros y bien preparados. Como su nombre lo indica, valoran la lealtad y la confianza y son de tipo responsable. El Seis sano es valiente y devoto y posee un sentido de conocimiento interior. Cuando no están sanos, pueden dudar, sospechar o estar ansiosos y pueden temer defensas bajas y preocuparse hasta un nivel excesivo.

7. Tipo Siete, o el Entusiasta quiere experimentar todo lo que la vida tiene para ofrecer, evitando el dolor en el proceso. Valoran la libertad y son optimistas e inspirados. La vida es una gran aventura para el Entusiasta con muchas oportunidades en el camino para jugar y ser espontáneo. En el mejor de los casos, están serenos y contentos. En el peor de los casos, pueden distraerse fácilmente, perder la concentración, ser impulsivos y no comprometerse.

8. Al Tipo Ocho, el Retador, solo le gusta actuar desde un lugar de fuerza y le disgusta mostrar sus debilidades. El control es muy importante para ellos y desean tener un impacto a su manera directa. Les encantan los desafíos y protegerán a aquellos que perciben como más vulnerables que ellos mismos. A un nivel saludable, son cuidadosos, fuertes y accesibles. Cuando no son saludables, pueden ser agresivos y dominantes.

9. El Tipo Nueve, o el Pacificador, no quiere nada más que estar en armonía con el mundo. Ellos le dan gran importancia a ser complacientes y aceptantes. Aman la paz y la estabilidad mientras odian los conflictos. En su mejor momento, son vibrantes y conscientes de sí mismos. En el peor de los casos, pueden ser tercos e inclinados a postergar.

Así que espero que la información proporcionada en este libro y la forma en que ha sido presentada le sea de utilidad. Se han cubierto y ampliado los aspectos básicos, y se ha proporcionado una guía completa y esperanzadora. Espero que haya logrado identificar su tipo de personalidad y ganar autoconocimiento en el proceso. Ahora debe tener todas las herramientas a su disposición.

Le deseo la mejor de las suertes en su viaje del Eneagrama y, de hecho, en su viaje a lo largo de la vida. Si hay algo que me encantaría que le quitaras a este libro, es esto: que no hay tal cosa como un tipo bueno o malo. Cada tipo de personalidad abarca todos los aspectos y ningún tipo es mejor que otro. Al examinar nuestro tipo y los diferentes niveles, mi esperanza para todos nosotros es que nos esforcemos por alcanzar la cima de la salud y la madurez, sabiendo que estamos destinados a lo mejor.

www.ingramcontent.com/pod-product-compliance
Lightning Source LLC
Chambersburg PA
CBHW031056080526
44587CB00011B/710